POUSO FORÇADO

LIZ HOFFMAN
Editora de negócios e finanças da Semafor

POUSO FORÇADO

A HISTÓRIA CONFIDENCIAL sobre como as maiores empresas do mundo sobreviveram a uma ECONOMIA À BEIRA DO COLAPSO

ALTA BOOKS
GRUPO EDITORIAL
Rio de Janeiro, 2024

Pouso Forçado

ALTA BOOKS é uma empresa do Grupo Editorial Alta Books (Starlin Alta Editora e Consultoria LTDA).

ISBN: 978-85-508-2210-5

Translated from original Crash Landing. Copyright © 2023 by Liz Hoffman. ISBN 9780593239018. This edition published by arrangement with Crown, an imprint of Random House, a division of Penguin Random Houce LLC. PORTUGUESE language edition published by Starlin Alta Editora e Consultoria Eireli, Copyright © 2024 by Starlin Alta Editora e Consultoria Eireli.

Impresso no Brasil — 1ª Edição, 2024 — Edição revisada conforme o Acordo Ortográfico da Língua Portuguesa de 2009.

Dados Internacionais de Catalogação na Publicação (CIP) de acordo com ISBD

H710p Hoffman, Liz

Pouso Forçado: a história confidencial sobre como as maiores empresas do mundo sobreviveram a uma economia à beira do colapso / Liz Hoffman ; traduzido por Vanessa Schreiner. - Rio de Janeiro : Alta Books, 2024.
288 p. ; 15,7cm x 23cm.

Tradução de: Crash Landing: The inside story of how the worlds biggest companies survived an economy on the brink
Inclui índice.
ISBN: 978-85-508-2210-5

1. Economia. 2. Covid-19. 3. Condições econômicas. 4. Empresas. I. Schreiner, Vanessa. II. Título.

2023-3374 CDD 330
CDU 33

Elaborado por Vagner Rodolfo da Silva - CRB-8/9410

Índice para catálogo sistemático:
1. Economia 330
2. Economia 33

Produção Editorial: Grupo Editorial Alta Books
Diretor Editorial: Anderson Vieira
Editor da Obra: Gorki Starlin
Vendas Governamentais: Cristiane Mutüs
Gerência Comercial: Claudio Lima
Gerência Marketing: Andréa Guatiello

Assistente Editorial: Andreza Moraes
Tradução: Vanessa Schreiner
Copidesque: Wendy Campos
Revisão: Denise Himpel e Kamila Wozniak
Diagramação: Rita Motta

ALTA BOOKS
GRUPO EDITORIAL

Rua Viúva Cláudio, 291 — Bairro Industrial do Jacaré
CEP: 20.970-031 — Rio de Janeiro (RJ)
Tels.: (21) 3278-8069 / 3278-8419
www.altabooks.com.br — altabooks@altabooks.com.br
Ouvidoria: ouvidoria@altabooks.com.br

Editora
afiliada à:
abdr
ASSOCIADO CBL

Para meu pai

"Que Deus proteja nosso império da maldição
Da guerra, da fome, da peste ou da destruição
E de todas as forças do mal,
E guarde o poder sempre nos corações
Daqueles que lutaram contra outras nações,
Que combateram e conquistaram de forma triunfal."

— Winston Churchill, 1890

"Acredito que nunca mais perderemos dinheiro."

— Doug Parker, CEO da American Airlines, 2017

SUMÁRIO

NOTA DA AUTORA

Em uma manhã fria e ensolarada de sexta-feira no final de março de 2020, eu me sentei na varanda de meu apartamento no Brooklyn, imerso em um silêncio sinistro, para verificar meu e-mail. Era a terceira semana da pandemia de coronavírus, e a cidade de Nova York estava em lockdown. Meu empregador na época, o *Wall Street Journal*, havia fechado sua redação duas semanas antes, junto com o restante da cidade; então passei a tomar meu café da manhã ao ar livre, no que parecia tanto uma mudança emocionante de ritmo quanto uma atitude silenciosa de insubordinação corporativa. No topo de minha caixa de entrada, havia um e-mail de um de meus editores do jornal com o título: "Idos de março."

Minha pauta no *Journal* era Wall Street — o fluxo de dinheiro entre grandes bancos, corporações gigantes e os investidores por trás deles. Eu havia passado as semanas anteriores escrevendo sobre o impacto do vírus nos mercados financeiros, que, após uma década operando com tranquilidade, agora estavam totalmente apavorados. Mas o impacto foi muito além dos day traders. O vírus que viria a ser conhecido simplesmente como "Covid" havia matado centenas e contaminado milhares. Ninguém estava comprando nada. Todos os dias, as empresas anunciavam que haveria demissões em massa. Foi um evento sísmico para a economia global, causando um grande impacto em todos os setores. A tarefa do meu editor naquela manhã era tentar capturar o momento e sua complexidade. A matéria foi publicada no primeiro sábado de abril, uma crônica de 8 mil palavras sobre o mês de março de 2020, o mês em que o mundo parou. Nela, ele contou a história de duas dúzias de executivos corporativos e investidores enquanto eles enfrentavam o maior desafio de suas carreiras.

O que ficou claro ao longo das entrevistas foi que a elite econômica estava tão atordoada quanto todos nós. Para a maioria deles, a última década havia sido muito tranquila — inclusive para mim. Eu me tornei jornalista de economia no início dessa década, em 2011, no começo do que se revelou ser um período extraordinariamente monótono e bom para a economia. As ações subiram. A dívida estava baixa. Os lucros corporativos atingiram novos recordes. Ninguém de Wall Street perdeu uma quantia absurda de dinheiro, ou pelo menos não de uma forma que rendesse matérias divertidas no jornal. Escrevi sobre um boom de fusões e narrei o retorno do lucros no setor bancário após a crise de 2008. Foi divertido o suficiente e aprendi muito. Mas, às vezes, eu sentia um pouco de inveja dos profissionais mais antigos, que se estabeleceram na profissão em meio a reportagens sobre crises passadas.

E, de repente, estourou outra crise.

No início, não parecia uma crise, é claro. Esse começo de pandemia de coronavírus, nos primeiros meses de 2020, não tinha um paralelo na história recente. Então, naquele momento, isso era a única coisa que importava. Ao escrever este livro, minha intenção era capturar essa sensação de um início lento para, então, começar a acontecer tudo de uma vez. Assim, optei por explorar as decisões que os líderes executivos de algumas das maiores empresas do mundo estavam tomando com base em perspectivas que mudavam de hora em hora.

A maioria das pessoas não administra corporações gigantes, mas quase todas conseguem se lembrar da inquietação que dominou o mundo em março de 2020, quando as coisas estavam bem, até que não estavam mais, até que os elos que mantinham nossa rotina diária, de repente, se soltaram. Lembro-me vividamente de estar sentada, sem máscara, em um voo de Tampa para Nova York no dia 8 de março, voltando de um período de férias em família em uma ilha do Golfo — onde, uma semana antes, havíamos brincado sobre o cancelar o voo de volta —, limpando os apoios de braço da poltrona do avião com guardanapos roubados da rede de fast-food Chick-fil-A. Três dias depois, deixei o escritório do *Journal*, no centro de Manhattan, para trabalhar de casa. Eu não voltaria à redação por quase dois anos.

Nos dias que se seguiram, todos tomaríamos decisões importantíssimas de maneira rápida e com informações, digamos, incompletas sobre como viver nessa nova realidade. Em retrospecto, algumas dessas decisões se mostraram tolas — comprei um oxímetro e não uma bicicleta ergométrica —, mas algumas afetariam profundamente o curso de nossa vida. Nós nos mudamos de casa; abandonamos nossos empregos; decidimos escrever um livro. Três anos depois, estamos vivendo com essas decisões e suas consequências inesperadas.

A ideia para este livro surgiu de minhas primeiras reportagens sobre a carnificina econômica imediata da pandemia. Começou como uma tentativa de registrar os eventos econômicos extraordinários que ocorreram quando a pandemia congelou a economia do país. Eu queria entender como era estar no comando das maiores e mais influentes empresas do mundo, empresas cujos líderes estavam acostumados a falar sobre estratégias trimestrais, ou até mesmo anuais, e que foram forçados a tomar decisões imediatas — das quais dependia a sobrevivência da própria empresa. Quem saiu perdendo — e houve algum vencedor que conseguiu surpreender a todos?

Para responder a essas perguntas, comecei a buscar as histórias corporativas mais atraentes que encontrei, que capturassem diferentes tipos de empresas e seus líderes — empresas financiadoras de Wall Street, indústrias do Meio-Oeste, uma novata no setor de viagens do Vale do Silício e uma empresa legada que ela estava tentando "disruptar", além de uma empresa aérea à beira do colapso, que implorava por ajuda do governo para se salvar.

Comecei este projeto sem saber se essas empresas e a situação econômica em que elas se encontravam sobreviveriam a esse período ou como o tipo de negócio delas poderia ser reestruturado. Como tantas coisas durante a pandemia, com o tempo, meu projeto começou a ganhar novas dimensões. Ao longo dos meses, percebi que queria que este livro fosse mais do que apenas um relato do maior evento cisne negro da história econômica contemporânea. Eu queria usar o pano de fundo desse momento para explorar o trabalho de um CEO moderno — e como ele seria alterado por essa crise, pelo luto, pela agitação social e pela ansiedade geral que ela fomentou. Em teoria, a hierarquia corporativa em 2023 pode ser parecida com a de 2019, mas o trabalho ganhou outras e novas dimensões. Os CEOs ocuparam uma posição de liderança frente à crise, o espaço vazio deixado pelo governo Trump, cuja resposta hesitante e obcecada pela ótica custou milhares de vidas. Isso, aliado à percepção da politização e a reviravolta das agências de saúde pública, corroeu a fé de milhões de norte-americanos nas instituições; muitos olhavam para seus empregadores em busca de uma liderança estável que lhes passasse alguma segurança. O furor sobre máscaras e vacinas colocou os CEOs na berlinda política, e eles foram forçados a escolher entre adotar as diretrizes federais e alienar uma parte dos funcionários e clientes.

Cada capítulo da economia pós-industrial trouxe um arquétipo próprio do que é um líder corporativo. Os barões ladrões do século XIX deram lugar à primeira classe de chefes hábeis na ciência da administração financeira e corporativa. A era do pós-guerra produziu administradores lentos e paternalistas. Diante de uma ou duas decisões críticas ao longo de seus extensos mandatos, eles construíram os conglomerados preguiçosos e dispersos que deram origem aos invasores corporativos destruidores de impérios da década de 1980. Os invasores não duraram, mas a disciplina financeira e a busca pelo lucro que trouxeram com eles para dentro dos conselhos corporativos, sim. Os CEOs que os sucederam fundiram, terceirizaram e projetaram seus balanços em uma escala nunca antes vista, durante um período que testemunhou uma explosão de inovação, mas também dois colapsos ao longo de uma década. Os maiores e mais carismáticos entre eles — Jeff Bezos, da Amazon, Jamie Dimon, do JPMorgan, Bob Iger, da Disney — pareciam ter se libertado completamente do mundo corporativo, como celebridades genuínas que tinham o número das instituições públicas na discagem rápida e viravam notícia pelo simples fato de abrirem a boca.

Isso mudou em 2020. O mundo deles se tornou virtual, pequeno e bem planejado. As idas e vindas pararam no mundo inteiro e foram substituídas por intermináveis chamadas e happy hours dolorosamente desajeitados via Zoom. Funcionários entraram em pânico. Centenas de decisões tiveram que ser tomadas em um instante. À medida que a pandemia se arrastava, a política tóxica em torno dela se infiltrou em aparentemente todas as decisões da diretoria.

Há sinais de que estamos em um novo capítulo de significado e gestão corporativa, iniciado antes da pandemia, mas alimentado por ela, assim como pela agitação social, política e racial que a acompanhou. A pandemia está chegando ao fim. Mas suspeito que, assim como o legado dos invasores corporativos da década de 1980, reproduziu novas características nos CEOs que os sucederam, as forças que moldaram as empresas e seus líderes durante a crise vieram, até certo ponto, para ficar:

navegando por políticas saturadas, criando as reservas de emergência, descartando procedimentos e tomando decisões de última hora e genuinamente — não apenas no jargão daqueles relatórios anuais brilhantes, mas de uma maneira vital e cotidiana — procurando um equilíbrio entre o lucro e as pessoas.

Este livro é o resultado de entrevistas com mais de cem pessoas, e tentei escrevê-lo de uma maneira que captasse a tensão narrativa do momento — um momento que se tornava obsoleto, e até tolo, à medida que a pandemia se prolongava e se transformava em um trauma global, cujas consequências humanas e econômicas enfrentaremos nos próximos anos. Os diálogos são reproduzidos com base nas lembranças das pessoas presentes ou que foram informadas sobre as discussões e, sempre que possível, tem como base notas, e-mails e mensagens de texto da época. Os leitores não devem presumir que alguém, em determinada cena, foi a fonte do relato que ela contém.

Uma observação sobre a precisão: sempre que possível, corroborei os fatos que me foram relatados por meio de registros de calendário, comunicações pessoais, documentos públicos e reportagens da mídia. Quando as lembranças individuais entraram em conflito com os documentos de fonte primária, optei por usar os documentos. Mas, como a maioria de nós pode atestar, a pandemia fez algo estranho com nossa memória, distorcendo-a, prolongando e comprimindo o tempo de maneiras que, invariavelmente, introduziram alguns erros — inadvertidos e imateriais, acredito — neste livro.

PRÓLOGO

11 de fevereiro de 2020

Bill Ackman estremeceu ao ver a fila de pessoas que se formava para tirar selfies com ele. Passavam alguns minutos das 21 horas e Ackman, com uma camisa branca engomada e uma gravata azul-clara, acabara de dar uma palestra na London School of Economics. Enquanto ele pegava o paletó, pendurado nas costas da cadeira, uma multidão de jovens estudantes de finanças correu pelo corredor do auditório com seus smartphones na mão.

Esse tipo de coisa acontecia com uma frequência surpreendente para o gerente de fundos de hedge de 54 anos. Graduado pela Harvard Business School em 1992, Ackman mais tarde fundou uma empresa de investimentos, a Pershing Square Capital Management, e, ao longo de quase três décadas em Wall Street, ele se tornou uma celebridade genuína para a multidão de aspirantes a bilionários. Seu nome se tornou sinônimo de investimentos arrojados no mercado — uma reputação reforçada por ternos refinados feitos sob medida para os tabloides de Nova York, onde ele era um caça-clique confiável, e para a TV a cabo, onde ele divulgava seus investimentos e, ocasionalmente, falava mal de rivais. Com olhos castanhos profundos, sobrancelhas escuras e uma mecha de cabelos brancos que o acompanha desde os 20 anos, Ackman poderia ser confundido com um ator protagonista de Hollywood reconhecido, ou pelo menos um belo comentarista do canal de golf.

Ele ganhou mais de US$3 bilhões ao salvar da falência uma empresa proprietária de um shopping, a General Growth Properties, em 2010, depois perdeu US$1 bilhão em uma campanha para provar que a Herbalife, a fabricante de shakes de proteína e suplementos vitamínicos, era uma fraude. Ele ganhou grandes apostas contra o mercado imobiliário no período que antecedeu o colapso de 2008 e perdeu investimentos ainda maiores na empresa farmacêutica proprietária do Botox, um desastre que o levou a fazer uma retratação pública. No alvorecer do novo século, ele se dedicava a identificar executivos que eram uma combinação de gordos, felizes e preguiçosos. Nenhuma sala de reuniões do conselho de empresas importantes estava fora do alcance de sua mira: JCPenney e Borders (erros), Wendy's e Canadian Pacific Railway (acertos).

Em meados da década de 2010, quando estava em seu auge, a Pershing Square administrou mais de US$20 bilhões para investidores que variam de bilionários a fundos de aposentadoria de professores do Arkansas e, embora seus ativos tenham diminuído após uma série de investimentos ruins, em 2020, ele ainda era o modelo de um grande apostador de Wall Street: charmoso e eloquente, erra quase tão frequentemente quanto acerta, mas nunca fica em dúvida, e tem bilhões de dólares para investir em suas ideias. Era uma reputação que inspirava medo nos CEOs corporativos, cujas ações ele comprou e cujas estratégias ele tendia a alfinetar publicamente. Isso também lhe rendeu uma legião de fãs, especialmente entre os jovens financiadores bajuladores de Nova York, onde podia ser avistado facilmente nas ruas do centro de Manhattan. Geralmente, ele dava atenção a esses fãs.

Não esta noite.

Seis semanas haviam se passado desde os primeiros relatos sobre um vírus misterioso circulando pela China. No início de janeiro, as autoridades de saúde de Wuhan, uma cidade industrial do interior do país com 11 milhões de habitantes e que fica a cerca de 4 horas de trem de Beijing, haviam sinalizado algumas dezenas de casos de uma nova doença respiratória que causava pneumonia, muito grave em alguns pacientes. Todos os casos pareciam estar ligados a um "mercado úmido" na periferia da cidade — termo que dá nome a mercados muito comuns na Ásia, que vendem frutos do mar e animais vivos, inclusive exóticos, para abate. A primeira morte confirmada ocorreu em 11 de janeiro, um homem de 61 anos que se dizia frequentador do mercado.

Quando Ackman subiu ao palco na London School of Economics em fevereiro, havia mais de 40 mil casos relatados na China e alguns milhares em países vizinhos. Mais de mil pessoas haviam morrido. Enquanto ele palestrava, cerca de 350 norte-americanos estavam deixando a zona quente no centro da China — uma cortesia de aviões fretados pelo governo dos EUA — para passar duas semanas em quarentena em bases militares norte-americanas na Califórnia.[1] No dia da palestra de Ackman, a Organização Mundial da Saúde havia divulgado o nome atribuído ao vírus. "Vou soletrar", disse o diretor-geral do grupo aos repórteres: "C-O-V-I-D–19."

O nome era uma mistura do pouco que se sabia na época. COVI: indicava que pertencia à família do vírus coronavírus; D: que causava doenças, distinguindo-o da miríade de vírus que cumpriam seu destino genético sem adoecer seus hospedeiros; 19: foi descoberto pela primeira vez nos últimos dias de 2019. Os cientistas rapidamente sequenciaram o código genético do vírus e o identificaram como um tipo de coronavírus, uma família de patógenos conhecida pelos virologistas como um incômodo público: na maioria dos casos leve, mas propenso a variantes desagradáveis. Eles são chamados assim porque as proteínas espiculadas que cobrem sua superfície — que perfuram as células hospedeiras humanas e permitem que o vírus se replique — se assemelham ao formato de uma coroa desenhada por uma criança.

Ackman estava acompanhando todas as notícias sobre a China, que confirmaram que o vírus poderia ser transmitido entre pessoas, mesmo entre aquelas que não apresentavam sintomas e não sabiam que estavam doentes — um indicador importante da rapidez com que um vírus pode se espalhar. Quando o prefeito de Wuhan admitiu, no final de janeiro, que cerca de 5 milhões de pessoas haviam deixado a cidade nos dias após o Ano-novo Chinês, em 25 de janeiro, antes de ser imposto um bloqueio regional, isso confirmou os temores do gerente do fundo de hedge. "Isso não continuará sendo um problema apenas dos chineses", disse Ackman à esposa.

Ele se preocupou com seu pai, um sobrevivente de câncer de pulmão, e levou os pais para se hospedarem em um dos quartos de sua propriedade nos Hamptons. Ele vendeu a participação da Pershing Square na Starbucks, que tinha mais de 3 mil lojas na China.

E quase cancelou sua viagem a Londres. Por fim, ele manteve o compromisso, porque o principal evento era a reunião anual de acionistas da Pershing Square em Guernsey, a pequena ilha do Canal da Mancha conhecida por sua costa extensa e leis fiscais brandas que a tornavam um domicílio popular para fundos de investimento. A ilha era negligente com muitas coisas, mas as reuniões anuais eram obrigatórias. O cancelamento teria causado uma dor de cabeça e muita burocracia.

No final de sua palestra na London School of Economics, Ackman abriu espaço para perguntas. Um membro da plateia trouxe para a discussão o espectro do novo coronavírus e, quando Ackman começou a responder, um aluno na primeira fila tossiu. Ackman se inclinou bruscamente para trás, meio em tom de brincadeira, o que levou a multidão aos risos. Então, ele deu uma resposta em um tom mais sério: "É um dos cisnes negros lá fora agora", ele disse.

"Cisne negro" é um termo universal na economia. Vem de uma crença histórica de que todos os cisnes eram brancos, e ela durou séculos, até que os colonizadores europeus chegaram à Austrália e encontraram cisnes negros dentre as estranhas criaturas da variada fauna do continente. Adotado mais recentemente por economistas, atualmente o termo serve como um alerta: as crises mais perigosas e custosas surgem quando algo que nunca aconteceu antes — algo que todos presumiram que nunca poderia acontecer — acontece.

O economista que cunhou esse termo, Nassim Taleb, atribuiu três características aos eventos de "cisne negro": eles são raros, extremos e, uma vez deixados para trás, a retrospectiva tende a racionalizá-los. É claro que uma rede de alianças mal concebidas entre países europeus poderia arrastar o mundo para uma guerra em 1914. É claro que terroristas determinados poderiam derrubar um arranha-céu de Nova York com um avião. É claro que os preços das casas podem tanto cair quanto subir, uma lição aprendida em 2008 a um custo enorme.

Em fevereiro de 2020, enquanto Ackman falava para a próxima geração de profissionais de finanças e executivos corporativos em Londres, a ideia de que o coronavírus se espalharia de maneira descontrolada, paralisando e reestruturando a economia global, parecia absurda. Sustos com supervírus, incluindo o da gripe aviária e da gripe suína, há muito alimentavam a programação de notícias da TV a cabo, mas, no fim, foram um fiasco. A ideia de que o coronavírus seria exclusivamente perturbador ou mortal parecia uma teoria excêntrica.

Mas, em teoria, essa ideia preenchia os dois primeiros critérios na lista de Taleb. Primeiro, as verdadeiras pandemias são raras. A última grande pandemia, o surto de gripe de 1918, ocorreu há mais de um século. Seria necessário voltar mais cem anos para encontrar o flagelo global da cólera que teve início em 1817, e mais de quatrocentos anos até alcançar a Peste Negra, nos anos 1300. Mais recentemente, o surto de Síndrome Respiratória Aguda Grave, ou SARS, de 2004 na China e o surto de Ebola no leste da África desafiaram os pessimistas e permaneceram praticamente contidos.

Mas, quando as pandemias acontecem, elas são extremas, satisfazendo o critério seguinte na lista de Taleb. A gripe de 1918 matou cerca de uma em cada trinta pessoas no planeta e adoeceu uma em cada três.[2] O mundo atual está muito mais interconectado, Ackman disse aos alunos reunidos naquele auditório em Londres. Os custos, tanto em vidas perdidas quanto em consequências econômicas, quase certamente seriam piores dessa vez.

Com uma esposa e um filho de 9 meses em casa, em Nova York, Ackman não tinha interesse em ser um dos primeiros infectados pelo vírus no país. A regra, nessas palestras, era permanecer ali um tempo após a fala e dar atenção às pessoas presentes. Em vez disso, Ackman esgotou seu tempo de fala, respondeu a algumas perguntas extras da multidão para esticar o tempo de discussão até às 20h30, o total que fora programado. Fim do tempo. Enquanto os fãs das finanças percorriam os corredores — muitos deles estudantes de outros países que haviam acabado de voltar das férias na Ásia, presumiu Ackman —, ele acenou por cima do ombro, desculpando-se, e saiu rapidamente em direção a um carro que o esperava no frio de Londres.

Meses depois, ele usaria na palestra um termo que já havia sido adicionado ao vocabulário das pessoas. Ele se preocupou, sem nem ter vocabulário para isso na época, que sua noite com aqueles estudantes universitários fosse um evento de superdisseminação (SSEV, na sigla em inglês).

CAPÍTULO 1

TEMPO EMPRESTADO

Steven Mnuchin estava cansado de falar sobre o aquecimento global.

Meia hora após o início de um jantar exclusivo no Fórum Econômico Mundial, em Davos, na Suíça, o assunto da conversa não havia mudado muito. Os executivos das maiores empresas do mundo se reuniram no famoso Grandhotel Belvédère, na elegante cidade turística que atrai uma legião de fãs de esqui. O hotel, aninhado na encosta da montanha íngreme de Davos, é a versão europeia de um santuário do século XIX voltado para o bem-estar. Nos últimos tempos, ele serviu como o centro de poder da cúpula anual. Durante uma semana por ano, no final de janeiro, franco-atiradores patrulham os telhados do hotel enquanto a elite corporativa mundial se reúne lá dentro. Era uma viagem longa e tediosa, mesmo em um jato particular, mas a chance de conviver com seus pares e com altos funcionários do governo — e de ser considerado um dos donos do Universo, líder de pensamento do século seguinte — era irresistível. Entre os participantes do jantar daquela noite estavam a CEO da Uber, Dara Khosrowshahi; a do Facebook, Sheryl Sandberg; o da Chevron, Mike Wirth, o da IBM, Ginni Rometty; o presidente do conselho diretor da Volkswagen, Herbert Diess, e o negociador de Wall Street, Ken Moelis, junto com Mnuchin e seu colega no gabinete de Trump, Wilbur Ross, o octogenário secretário de comércio.

Esse tipo de jantar era exatamente o motivo pelo qual esses executivos vinham para os Alpes. Espremidos em torno de uma longa mesa coberta por uma toalha de linho branco, decorada com flores recém-colhidas e velas elegantes, o grupo discutiu de maneira sombria — se não sóbria — a necessidade de uma ação mais radical com relação à mudança climática.

Era o tipo de assunto batido que fazia parte de Davos tanto quanto as parcas forradas com lã de alpaca e os mocassins Armani cobertos por galochas. A organização por trás de tudo isso, o Fórum Econômico Mundial, foi fundada em 1971 por um professor universitário suíço como um humilde local acadêmico para discutir sobre conflitos internacionais e promover a prosperidade compartilhada.

Mas, nos últimos anos, tornou-se uma celebração ao capitalismo, onde os ingressos mais caros custam mais de US$500 mil, e até um quarto de hotel mais simples chega a custar mais de US$600 por noite. Executivos das maiores empresas do mundo, titãs de fundos de hedge e funcionários do governo desembarcaram de helicópteros e carros pretos para passar cinco dias distribuindo conselhos sobre gestão para o mundo em desenvolvimento e se parabenizando por isso. Em 2020, mais de cem bilionários compareceram ao evento, e mesmo para Mnuchin — ele próprio um homem rico, um ex-executivo do Goldman Sachs que se tornou produtor de Hollywood e foi uma das primeiras escolhas de Trump para o gabinete — a hipocrisia era um pouco excessiva. Ele também achava que a atenção deles estava sendo mal direcionada.

"O aquecimento global é um problema, mas não é o único", disse ele às pessoas reunidas naquela sala, enquanto garçons vestidos de smoking circulavam para reabastecer as taças de vinho. Segundo ele, o programa nuclear do Irã estava ficando mais sofisticado a cada dia e deveria estar no topo da lista de preocupações de todos ali presentes. "Além disso, neste momento, há uma cidade na China onde 11 milhões de pessoas estão trancadas em suas casas."

Era 25 de janeiro de 2020 e haviam se passado mais de três semanas desde que o vírus fora relatado pelas autoridades chinesas. Cerca de quinhentas pessoas no país já haviam sido infectadas e dezessete haviam morrido, segundo a contagem oficial do país.

Mas quão ruim era a situação? Relatos sobre o vírus chegaram até os ouvidos de muitos dos participantes da reunião como o tipo de evento que surgia de tempos em tempos em um mundo em desenvolvimento — na China, em particular. Décadas depois que o líder revolucionário comunista Mao Zedong escreveu um poema de "despedida do deus das pragas", prometendo erradicar uma febre parasitária mortal, espalhada por meio do uso de dejetos humanos como fertilizante, e levar a China para a era moderna, o país permaneceu um terreno fértil para patógenos. As cidades em rápida expansão conviviam com os teimosos costumes do velho mundo, criando as condições ideais para o que os epidemiologistas chamam de "transbordamento", no qual doenças que, de outro modo, poderiam ter circulado inofensivamente entre as populações de animais, passaram a infectar os humanos, com consequências imprevisíveis. Em 2004, uma doença respiratória, a SARS, matou centenas de pessoas na China. Depois, ela foi atribuída geneticamente a uma colônia de morcegos que vivem em cavernas, da qual, segundo a teoria dos especialistas, saltou para as civetas, pequenos mamíferos felinos comumente vendidos para o abate como uma iguaria nos mercados das aldeias. Antes disso, em 1997, era uma cepa mortal de gripe que passou das aves para os humanos, eliminada apenas por meio do abate de milhões de galinhas. Outra variante da gripe se originou em Hong Kong, em 1968, e acabou matando 1 milhão de pessoas em todo o mundo.

Agora, no final de janeiro de 2020, um novo vírus havia surgido. Ele ainda não tinha nome, muito menos vestígios de sua origem ou protocolo de tratamento. Mas, para aqueles analistas globais que sabiam o que procurar, tinha todas as características de um vírus mortal. Embora muitas coisas permanecessem incógnitas enquanto Mnuchin advertia os companheiros da elite por não se atentarem para esse problema, ficou claro que o vírus poderia se espalhar entre as pessoas. Estudos iniciais sugeriram que ele era capaz de sobreviver em superfícies, possivelmente por dias. Autoridades chinesas agiram para isolar Wuhan antes do Ano-novo Lunar, um feriado importante no país que levaria milhões de pessoas de cidades que eram criadouros de uma doença altamente contagiosa de volta para suas casas nos subúrbios e nas aldeias rurais. As autoridades cancelaram viagens de avião e de trem para fora da cidade e suspenderam o serviço de metrô e da balsa dentro dela.

Já era tarde demais. Os casos já haviam se espalhado para países vizinhos, incluindo Taiwan e Japão. E alguns dias antes da conferência em Davos, havia sido noticiado o caso da primeira pessoa infectada nos Estados Unidos, um homem de 35 anos do estado de Washington que tinha retornado recentemente da China. Um funcionário do Departamento de Saúde e Serviços Humanos dos EUA alertou que "o vírus já pode estar no país. Nós simplesmente não temos um teste para saber ao certo".[3]

Mas nada disso estourou a bolha de otimismo em Davos. Quando o vírus era mencionado, era amplamente menosprezado, principalmente pelo presidente dos Estados Unidos, Donald Trump, que, ao contrário de seus predecessores Barack Obama e George W. Bush, optou por comparecer ao conclave de elite. Nos últimos meses, ele havia se gabado sobre os Estados Unidos ter "a maior economia de todos os tempos", e acreditava que isso o levaria à reeleição para um segundo mandato no outono daquele ano. "Temos tudo sob controle", declarou Trump a um repórter em Davos — o primeiro do que viria a ser uma série de comentários excessivamente otimistas e, muitas vezes, deliberadamente enganosos do presidente sobre um vírus mortal.

Trump, apesar de sua visão limitada sobre política, não foi o único a ignorar os relatórios do outro lado do mundo. Parecia que ninguém em Davos estava particularmente preocupado com o vírus, nem as centenas de executivos presentes, nem os repórteres que os perseguiam pelas calçadas geladas e em festas exclusivas, na esperança de conseguir abocanhar um ou dois canapés. "Tudo está indo muito bem", disse o CEO da gigante farmacêutica Novartis para um âncora da CNBC, o canal de notícias financeiras. Os participantes se amontoaram em filas de guarda-volume e roubaram palitos de azeitona e gruyère em cubos das bandejas dos garçons que circulavam entre a multidão. Lotaram o piano-bar de um chalé para ouvir a estrela pop Jason Derulo se apresentar e ficaram para o after hour, uma mesa de som montada por David Solomon, o CEO do Goldman Sachs, que, além de dirigir o sexto maior banco do país, era DJ amador de house music.

Mesmo quando Mnuchin expressou sua preocupação durante o jantar, ele não estava exatamente acionando um alarme publicamente. Em uma entrevista para a CNBC naquela manhã, ele não foi questionado sobre o coronavírus e não tocou no assunto. Passou a maior parte da entrevista falando sobre os planos do governo Trump para novos cortes de impostos. Jamie Dimon, o CEO do maior banco dos EUA, também ignorou o assunto. O JPMorgan havia acabado de relatar seu ano mais lucrativo já registrado e resumiu o clima na Suíça com um entusiástico endosso ao sistema econômico que enriqueceu os participantes de Davos: "O capitalismo é a melhor coisa que já aconteceu à humanidade."

Ninguém faz amigos em Davos sendo estraga-prazeres.

Os executivos reunidos naquele jantar na Suíça não poderiam ser criticados por seu otimismo. No início de 2020, a economia global era, devido a inúmeras medidas tomadas, a mais forte desde o final da Segunda Guerra Mundial. Os mercados de ações em todo o mundo estabeleciam novos recordes quase diariamente. Nos Estados Unidos, o mês de julho anterior marcara dez anos consecutivos de crescimento econômico — a mais longa expansão já registrada, ultrapassando o boom da era Clinton, nos anos 1990. Com o desemprego no nível mais baixo dos últimos cinquenta anos, o maior problema para muitos executivos corporativos era a dificuldade em encontrar trabalhadores.

Mas, olhando mais de perto, a história da economia pós-2008 estava se desenrolando em duas telas separadas. Em uma, havia as empresas que compunham a espinha dorsal da economia prosperando. Os lucros corporativos atingiram um recorde de quase US$2 trilhões em 2019, reforçados pelos cortes de impostos do governo Trump, aprovados dois anos antes.[4] Os campi do Vale do Silício e as torres de escritórios urbanos estavam lotados de funcionários de colarinho branco cuja renda só aumentava. Com os bolsos cheios de dinheiro, eles esbanjaram, comprando casas e carros novos, contratando serviços de streaming e investindo suas economias no mercado de ações, que atingia um recorde após o outro.

A outra tela mostrava uma economia excepcionalmente vulnerável a crises. Os empregos sindicalizados estáveis e bem remunerados, que alimentaram as expansões econômicas anteriores e formaram a classe média, estavam desaparecendo em um ritmo alarmante. Os salários eram estáveis, ajustados à baixa inflação, o que fazia com que muitos trabalhadores tivessem dificuldade para pagar até mesmo pelo essencial. Benefícios como aposentadorias e seguro-saúde pagavam menos ou deixaram de ser pagos completamente.[5] Em pouco mais de uma década, a parcela dos rendimentos pagos aos trabalhadores por empresas do setor privado encolheu 5,4%.

Quando o vírus começou a se espalhar para países do mundo inteiro, em fevereiro de 2020, dados do governo dos Estados Unidos mostravam que a grande maioria dos adultos trabalhadores inscritos no Medicaid ou em programas de assistência alimentar não eram desempregados nem recebiam seguro-desemprego; na verdade, eles estavam trabalhando em período integral, mas seus salários estavam em um nível aquém da subsistência e eram subsidiados pelos contribuintes. Um dia de trabalho já não garantia sua sobrevivência.

Em meados do século XX, as crescentes fortunas das empresas norte-americanas foram compartilhadas com os trabalhadores. Agora, esse dinheiro, cada vez mais, era direcionado para os acionistas, uma reformulação unidirecional de um contrato social que havia sustentado o crescimento capitalista por meio século. Além do mais, milhões de pessoas não eram mais funcionários corporativos, mas, sim, "trabalhadores temporários". Eles dirigiam carros para aplicativos de carona, digitalizavam documentos para escritórios de advocacia e alugavam suas casas no Airbnb, muitas vezes sem os benefícios recebidos quando se tem um contrato de trabalho, como fundos de garantia e planos de aposentadoria, com os quais as gerações anteriores contaram para construir seu patrimônio. "Construímos uma economia sem amortecedores", o economista ganhador do Nobel, Joseph Stiglitz, diria mais tarde. E a dívida havia crescido em todos os níveis — doméstico, corporativo, governamental. "Essas condições", alertou o Federal Reserve Bank de Boston em setembro de 2019, na linguagem formal dos banqueiros centrais, "têm o potencial de amplificar uma desaceleração da economia, caso ela aconteça".

A dívida corporativa, que diminuiu após o colapso de 2008, voltou com força à medida que as empresas tomavam grandes empréstimos para financiar aquisições e recomprar as ações da própria empresa. Entre o final de 2010 e o final de 2019, essa dívida passou de US$6,1 trilhões para US$10,1 trilhões.[6] Bancos e investidores em títulos fizeram de tudo para reduzir os custos, dispostos a ignorar os altos níveis de dívida existentes e os modelos de negócios não comprovados para continuar concedendo empréstimos. Em uma palestra para um comitê da Câmara dos Comuns no início de 2019, Mark Carney, presidente do Bank of England, alertou para a situação, que se parecia muito com o boom imobiliário do subprime anterior a 2008, quando os bancos, ansiosos para alimentar uma máquina de títulos hipotecários de Wall Street, concediam empréstimos de olhos fechados.

Em uma análise mais detalhada, mesmo o mercado de ações em alta apresentava sinais preocupantes. O aumento do lucro corporativo, embora ainda robusto, desacelerou em 2019, e uma guerra comercial fervilhante estourou entre os Estados Unidos e a China, as duas maiores economias do mundo. No entanto, o mercado de ações mal se moveu, atingindo um recorde após o outro. Entre 2013 e 2020, o índice S&P 500 subiu duas vezes mais rápido do que os lucros produzidos pelas empresas que o compõem. A relação preço/lucro do índice S&P 500 atingiu 25/1 em janeiro de 2020, a maior diferença entre os preços das ações e os lucros corporativos reais desde 2009.[7] Décadas de teorias sobre investimento estavam sendo deixadas de lado em um frenesi.

E não foram apenas as ações que subiram. A década de alta beneficiou quase todo tipo de investimento. O índice de títulos de referência dos EUA subiu 6% em 2019. O preço do ouro também subiu. Isso é bastante incomum. As altas do mercado de ações geralmente são acompanhadas pela queda de ativos mais seguros, como títulos e ouro, e vice-versa. Os investidores correm para investimentos mais seguros em tempos de crise e voltam para o mercado quando o medo diminui. Mas, em 2019, tudo subiu.

A sabedoria convencional diz que nenhuma tendência econômica tem uma única causa, mas uma década de mercado em alta após os destroços do colapso de 2008 pode chegar muito perto de provar que isso está errado. O Federal Reserve, o banco central dos EUA, manteve as taxas de juros historicamente baixas nos anos após a crise financeira global, que começou com a quebra do mercado, mas rapidamente se transformou em uma crise de crédito. O crédito disponível é essencial para as empresas lançarem novos produtos, expandirem e contratarem mais trabalhadores. Ao manter as taxas de juros baixas, o governo tentou forçar os bancos a emprestar dinheiro, colaborando com a economia.

Os títulos do Tesouro dos EUA de 10 anos renderam cerca de 5% ao ano em 2007; em 2019, os investidores estavam recebendo metade desse valor. Quando o investimento financeiro mais seguro do planeta — o governo dos EUA nunca deixou de pagar sua dívida, e os títulos do Tesouro estão entre os ativos mais fáceis de se ganhar dinheiro — está retornando frações de um centavo, os investidores procuram alternativas. Eles optam por investir ações, títulos corporativos, imóveis e qualquer outra coisa que prometa um retorno maior. Então tudo sobe.

A expansão econômica de dez anos deixou os investidores cegos para o risco e esquecidos de que os mercados podem cair com a mesma facilidade com que sobem. Com os preços das ações continuando a subir, os executivos corporativos começaram a se sentir invencíveis. Eles abraçaram a engenharia financeira que Wall Street almejava — dívida barata, gastos bilionários para bancar acionistas e uma onda de consolidação corporativa sem precedentes em vinte anos. As empresas que aproveitaram a onda de crescimento econômico pós-2008 ficaram cada vez mais confiantes de que os bons tempos nunca mais teriam fim. Os executivos gastaram bilhões de dólares comprando de volta as ações da própria empresa, um movimento que serviu para aumentar o preço delas, enriquecendo os investidores e a si mesmos. Eles tomaram muito dinheiro emprestado e investiram pouco. As maiores companhias aéreas dos EUA, por exemplo, gastaram 96% de seu fluxo de caixa livre entre 2009 e 2019 em recompras de ações.[8] Tudo isso sustentado por uma falsa sensação de segurança provocada por um mercado em alta durante uma década.

A economia global estava à beira de um precipício, mas todos estavam apenas admirando a vista.

EM SEMANAS, EM um mundo transformado da noite para o dia pela pandemia, tudo naquele encontro em Davos passaria a parecer ridículo: o número de pessoas reunidas, os jatos particulares em que muitos deles viajaram até lá, as degustações de vinhos e os jantares exclusivos. Era o tipo de piada de bastidores que havia desaparecido sob o brilho da raiva populista após a crise de 2008, mas estava de volta, à medida que os Estados Unidos prosperavam. E, bilionários ou não, era o tipo de aglomeração de pessoas que logo pareceria uma memória dos "velhos tempos", quando a proximidade no mundo dos negócios representava um ativo — um negócio selado, uma venda antecipada — e não uma potencial infecção viral.

À medida que o coronavírus se espalhava pelo mundo, nos primeiros meses de 2020, os momentos de ajuste de contas chegaram rapidamente para os líderes corporativos norte-americanos, que enfrentaram uma paralisação econômica mais rápida e total do que qualquer outra na história moderna. No final do mês de março, os líderes das maiores empresas do mundo ligaram suas antenas. As lojas de departamentos da Macy's e as fábricas da Ford paralisaram suas atividades. Assim como a Disney World e os esportes profissionais. Os estúdios de Hollywood literalmente berraram "corta". Voos foram suspensos, e os aeroportos ficaram desertos. O pânico que se instalou do mercado de Wall Street foi tão grande que se falou em fechar os mercados, o que não acontecia desde os ataques terroristas do 11 de Setembro.

À medida que o vírus ganhava força, os CEOs tinham operações globais e cadeias de suprimentos que deveriam ter lhes dado uma melhor visão da disseminação. Eles mantinham contato com funcionários do governo em todo o mundo e com forças de trabalho globais que deveriam ter acionado os alarmes em relação à saúde mundial. Mas poucos viram a crise chegando. E, quando isso aconteceu, eles seguiram no escuro, assim como todos, sentindo que nunca tinham informações suficientes para administrar as empresas que dirigiam, em alguns casos, por quase uma década em um mundo benevolente e onde havia dinheiro fácil. Muitos procuraram funcionários do governo ou especialistas em saúde, entrando em contato com conselhos de curadores, associações de clubes de campo e outras redes de contato informais indisponíveis para um norte-americano comum, a fim de encontrar uma saída.

As decisões que tomaram, eles esperavam, salvariam suas empresas e preservariam o motor da economia dos EUA para quando o vírus finalmente perdesse força. Assim como eles não previram a paralisação brusca da economia global, não poderiam ter previsto o fluxo sem precedentes de dinheiro do governo federal que seria filtrado nos mercados privados, a fim de impedir sua ruína.

E provocariam uma reflexão sobre a governança corporativa ortodoxa que havia se estabelecido de maneira concreta nos anos pós-2008. A busca pelo crescimento a qualquer custo, base do capitalismo norte-americano, seria questionada.

O estopim estava pronto. A economia que eles dominaram mudou nas últimas quatro décadas de uma forma que a tornou mais vulnerável a um choque como o coronavírus. A dívida corporativa disparou. Os salários estagnaram. Milhões de trabalhadores foram empurrados de seus empregos corporativos estáveis para uma economia de trabalhadores temporários, alugando suas casas no Airbnb, seus carros no Uber e seu tempo no TaskRabbit. A manufatura, uma indústria que provavelmente se recuperará mais rapidamente após a paralisação, conforme as empresas voltarem a fazer pedidos de peças e produtos, não é mais o motor econômico. Em vez disso, os Estados Unidos se tornaram uma economia de serviços, alimentada pelo consumo de bens não duráveis — cortes de cabelo, coquetéis e estadias em hotéis — cuja demanda tem demorado mais para se recuperar.

Uma corrida implacável em direção à eficiência deu origem a estratégias de gerenciamento just-in-time, que valorizavam pequenos estoques e dependiam de uma cadeia de suprimentos vibrante, ajustada para entregar um parafuso para uma fábrica industrial exatamente no momento em que era necessário, de modo que o precioso dinheiro do acionista não fosse desperdiçado financiando aquele parafuso antes que a porta que ele deveria afixar no chassi fosse retirada da linha de montagem. Os hospitais estocavam menos máscaras, ventiladores mecânicos e medicamentos, além de converterem o excesso de leitos em ambulatórios que poderiam gerar lucros. As empresas cortaram as despesas de escritório. As companhias aéreas fizeram o mesmo com seus aviões. E Wall Street aplaudiu a iniciativa. Os analistas davam classificações positivas para empresas que focaram os cortes de custos. Os fundos de hedge e as empresas de aquisição identificavam aquelas que não optaram por realizar essas mudanças, comprando grandes posições em suas ações e demitindo seus CEOs.

Para os líderes empresariais de todo o país, a pandemia de Covid-19 seria uma prova de fogo. Eles descartaram seus planos de negócios e se ajustaram à vida em quarentena. Nos primeiros dias da pandemia, tentaram tranquilizar os funcionários que tinham tanto medo do desemprego quanto do próprio vírus. Ao longo do tempo, eles lidaram com a dificuldade de tentar fazê-los voltar ao escritório, em virtude do recém-descoberto senso de autonomia do trabalho em qualquer lugar. Eles se consideravam donos do universo corporativo, fruto de três décadas de aprimoramento de gestão, mas se viram submetidos à volatilidade das políticas do banco central, atingidos por uma abertura sem precedentes da torneira monetária enquanto Washington se desdobrava para impedir a implosão da economia.

CAPÍTULO 2

A DÉCADA DE CHAMPANHE

Chris Nassetta fechou os olhos e deitou a cabeça no encosto da poltrona para o voo de cinco horas até Cabo San Lucas, a cidade litorânea do México onde diversos outros casais, todos amigos de longa data, esperavam por ele e pela esposa para as tradicionais férias em casais planejadas anualmente. Faltavam poucos dias para o Natal e o executivo-chefe da Hilton estava pronto para o balanço geral de 2019.

Ele havia passado mais de 250 dias na estrada durante o ano, rodando o mundo para abrir novos hotéis, encontrar-se com investidores e participar das muitas comemorações que marcavam o centenário da empresa. Fazia cem anos desde que Conrad Hilton, filho de um imigrante norueguês e de uma mãe norte-americana de descendência alemã e no que, na época, eram os territórios do Novo México, comprou sua primeira propriedade: uma pousada de tijolos em Cisco, no Texas, com quartos em oito blocos, alugados por hora para os trabalhadores dos campos de petróleo próximos. A empresa que Conrad havia construído era, agora, a segunda maior rede hoteleira do mundo, com 970 mil quartos em 119 países, uma receita anual de US$9,45 bilhões e uma avaliação de mercado de US$31 bilhões.[9] Embora ainda estivesse atrás da Marriott, o rei do setor, ele estava conseguindo diminuir a diferença, e 2019, o 12º ano de Nassetta no cargo, tinha sido um ano bom.

Ele havia tocado o sino da Bolsa de Valores de Nova York e bebido piña coladas no set do programa *Good Morning America*, brindando a uma década de boom econômico que tinha sido muito bom para as empresas norte-americanas e para a Hilton. Em 2019, a rede havia aberto mais de um novo hotel por dia, aproveitando o aumento contínuo nas viagens ao redor do mundo e o apetite dos investidores de Wall Street, que estavam ansiosos para alocar seu dinheiro em novas propriedades, incentivados por políticas de crédito fácil em Washington que os impulsionava a investir em qualquer setor, em tudo o que era possível imaginar. A Hilton estava se preparando para lançar sua 18ª marca em meados de janeiro, em cerca de duas semanas. Batizada de Tempo, era voltada para viajantes mais jovens, que, cada vez mais, estavam deixando de lado os hotéis, com seus concierges chatos e altos preços de frigobar, em favor de sites como Airbnb e Vrbo, que ofereciam um senso de aventura e autenticidade. Nassetta havia visitado maquetes de seus quartos com conexão Bluetooth e espaços de trabalho comuns, confiante de que atrairiam os viajantes da geração millennial — a quem a empresa chamava de "empreendedores modernos" —, que era o que seus acionistas queriam. As ações da Hilton haviam começado o ano a US$71 e fecharam a US$112, uma alta histórica. Os investidores estavam satisfeitos. O mesmo aconteceu com a diretoria da empresa, que logo aprovaria um pacote salarial de US$21,4 milhões, que faria de Nassetta um dos CEOs mais bem pagos do mundo.

Mas, agora, dentro do avião pronto para decolar rumo às suas primeiras férias em um ano, o homem de 55 anos não estava com disposição para comemorar a vitória. Nassetta estava cansado — e também preocupado. O boom econômico de onze anos que se seguiu à crise de 2008 foi bom demais e durou tempo demais para continuar assim. A Hilton pode estar abrindo novos hotéis em um ritmo historicamente rápido, mas suas propriedades mais antigas estavam enfrentando dificuldades. As receitas dos hotéis existentes, que costumavam ter um bom aumento, entre 5% e 6% ao ano, agora estavam em ponto morto. A demanda dos viajantes a negócios da Hilton estava diminuindo, um sinal de que as grandes empresas não estavam buscando novos negócios com otimismo em todo o mundo. Isso não era uma má notícia apenas para os hotéis Hilton que ficavam em centros de convenções como Washington, Las Vegas e Atlanta. Também era um sinal de problemas maiores à frente. Quando as empresas globais paravam de acelerar, Nassetta sabia que a economia tendia a estagnar. Era a repetição de um filme a que ele já tinha assistido, que fez com que ele se tornasse realista sobre a inevitabilidade das recessões e a euforia que as precede.

De cabelos prateados e sorriso largo, Nassetta era trabalhador e caloroso, um empreendedor nato. Ele cresceu nos subúrbios de Washington, D.C., limpando calçadas no inverno e trabalhando no departamento de engenharia de um Holiday Inn local durante o verão, onde seu presente de despedida foi um desentupidor de vaso sanitário pintado com spray dourado. Ele iniciou sua carreira no começo da década de 1990, revirando os destroços da crise de poupança e dos empréstimos, reestruturando financiamentos hipotecários de imóveis comerciais atingidos pelos padrões desleixados dos bancos. Era um jovem que tinha acabado de se tornar CEO quando a bolha das empresas pontocom estourou em 2001, provocando outra recessão, e assumiu o mesmo cargo na Hilton em outubro de 2007, apenas alguns meses antes do início de um colapso econômico do qual a empresa mal conseguiria sair.

Agora, em uma carreira marcada por crises, Nassetta estava determinado a enxergar a próxima com mais precisão. Durante meses, mesmo com as ações atingindo novas máximas e a economia continuando a crescer em ritmo acelerado, ele discretamente preparou a Hilton para uma retração que ele tinha certeza que estava por vir, mesmo sem saber de onde. Reduziu os gastos com marketing, desativou projetos de tecnologia que não eram essenciais e pediu ao diretor financeiro, Kevin Jacobs, para refinanciar a dívida da Hilton, a fim de que não houvesse grandes reembolsos de títulos no curto prazo, o que lhe daria algum fôlego financeiro se a situação piorasse. "Ciclos são ciclos", ele disse a Jacobs antes de fazer as malas para o feriado de Natal. "E este ciclo não vai durar para sempre."

No México, ele visitou o resort Waldorf Astoria, empreendimento recém-inaugurado pela Hilton, e passou a véspera de Natal em uma suíte no resort da empresa em Los Cabos com sua esposa e seis filhas, vestidas de acordo com a tradição familiar — com macacões e chapéus de elfo combinando. Ele trocou gentilezas com o secretário do Tesouro, Steven Mnuchin, e Steve Schwarzman, presidente do conselho da gigante de private equity Blackstone, que por acaso estavam passando as férias na cidade litorânea do México. Sondou-os em busca de confirmação do estranho aperto em seu estômago, mas não notou nada de diferente.

Enfim, ele desabafou com David Solomon, o diretor da poderosa Goldman Sachs de Wall Street. Os dois eram amigos íntimos. Eles se conheceram no início da década de 1990, quando Nassetta estava se destacando como investidor imobiliário e Solomon, na época executivo júnior do banco de investimentos Bear Stearns, ajudou a levantar dinheiro para os negócios de Nassetta. Nas duas décadas que se seguiram, eles chegaram ao topo de seus setores, agora ambos CEOs de empresas listadas na Fortune 500. Eles se consideravam confidentes, membros de um pequeno clube de líderes que estavam no topo de seus respectivos setores. Após uma partida de golfe no El Dorado, os amigos vestidos em suas camisas polo bebericaram um rosé escolhido por Solomon, um aficionado por vinhos.

"Estou com um mau pressentimento", Nassetta disse a seu amigo e ex-banqueiro. Segundo ele, a economia dos EUA era "como um carro ficando sem gasolina. E não vejo um posto de gasolina em lugar nenhum."

Alguns dias depois, ele ofereceu um jantar de Réveillon para sua família e seus amigos em um salão de jantar privado em Cabos Waldorf, que levava o nome Hilton. O grupo brindou o ano novo, e Nassetta tentou deixar um pouco de lado sua angústia. Todos pareciam alegres. E por que não estariam? A classe executiva dos Estados Unidos estava encerrando uma década que tinha sido boa demais para ser verdade.

A mais de 11 mil quilômetros de distância, as autoridades de saúde de Hong Kong tinham acabado de emitir um relatório que teve pouca repercussão na imprensa estrangeira.[10] Eles estavam monitorando 27 casos de pneumonia, dos quais 7 eram graves. "O patógeno causador" ainda é desconhecido.

Algumas semanas depois, centenas de convidados lotaram um prédio de estilo neogrego de oito andares na parte baixa de Manhattan, posando para fotos em um tapete vermelho coberto por uma tenda improvisada que os protegia de uma gelada noite de inverno. Era final de fevereiro e não havia uma máscara à vista.

Os financistas de Nova York estavam lá para brindar a si mesmos, naturalmente. Era o baile de gala anual do Museum of American Finance, que estava sendo realizado em um local que, por si só, era um monumento à expansão global do capitalismo norte-americano. Os lustres no alto cintilavam sobre o salão de seis andares que era a antiga sede do National City Bank, que evoluiu para o moderno Citigroup à medida que Wall Street continuava sua consolidação e seu domínio global na parte final do século XX.

Era fácil identificar o convidado de honra enquanto ele flutuava pelo espaço monumental. James Gorman tinha 1,85m de altura, cabelos penteados para trás e compleição esguia, vestindo um terno azul-marinho e uma gravata roxa, carregando um copo de uísque que era, principalmente, um adereço. Um pouco maníaco por controle, Gorman bebia com moderação em locais públicos e, de qualquer maneira, essa noite ele tinha um discurso a fazer.

Os simpatizantes que pararam para cumprimentá-lo não apenas o parabenizaram pelo prêmio de liderança da noite. Eles estavam saudando o mais recente magnata das fusões de Wall Street. Alguns dias antes, Gorman havia causado um frenesi ao desembolsar US$13 bilhões para a compra da E*Trade, a gigantesca corretora de comércio varejista. Foi o maior negócio em mais de uma década em Wall Street e uma grande aposta no mercado em alta que agora entrava em sua segunda década.[11] O Projeto Eagle, como a aquisição da E*Trade ficou conhecida dentro do Morgan Stanley, foi negociado em segredo durante meses e finalmente anunciado na manhã de 20 de fevereiro. As ações dos EUA haviam fechado a noite anterior em um recorde de alta.

O acordo dizia muito sobre o passado e o futuro de Wall Street. A alta finança havia saído da crise de 2008 devidamente enfraquecida e, com a mesma razão, subjugada por novas regras e pelo desprezo de um público ferido. Nos anos que se seguiram, a negociação de títulos mobiliários que a colocou em apuros em primeiro lugar caiu em desuso e foi substituída pelo negócio de ajudar pessoas comuns a administrar seu dinheiro e a planejar sua aposentadoria. Três das maiores corretoras de varejo — Scottrade, TD Ameritrade e Charles Schwab — haviam se fundido em rápida sucessão. A E*Trade foi a última a permanecer no mercado, provavelmente pequena demais para sobreviver sozinha, mas com mais de 5 milhões de clientes que os grandes bancos, de olho nesse espaço, adorariam ter.

Ao contrário do trading ou do banco de investimentos — o negócio de ajudar empresas a se fundirem, abrirem o capital e emitirem novos títulos para levantar dinheiro —, a gestão de patrimônio é relativamente estável. Quando os mercados mudam, as fusões desaparecem e os chefes das empresas recuam. Mas as pessoas ainda precisam de alguém para administrar seu dinheiro e, em sua década de trabalho, Gorman apostou no futuro do Morgan Stanley, ajudando-as a fazer isso. Até o final de

2019, a empresa administrava US$2,7 trilhões para mais de 3 milhões de cidadãos norte-americanos. Mas isso não foi o suficiente. A gestão de dinheiro é o que é conhecido em Wall Street como um "negócio em escala". Com custos indiretos fixos, os lucros aumentam a cada conta incremental. A compra da E*Trade traria outros US$360 bilhões em dinheiro de clientes para a empresa, extraindo mais lucro de cada dólar. Além disso, colocaria um ponto de exclamação no mandato de Gorman — uma aquisição que ganhou as manchetes e foi, de longe, a maior em Wall Street desde os dias de glória anteriores a 2008.

O Morgan Stanley era um pretendente um tanto improvável. A empresa quase faliu em 2008 e, durante anos depois disso, manteve-se como o ponto fraco de Wall Street, passando de uma crise para outra. A aquisição da E*Trade — um acordo que os colocou na primeira página do *Journal* — foi um golpe. Foi a maior aquisição realizada por um grande banco desde a crise de 2008. O fato de ter vindo do Morgan Stanley, não muito tempo atrás o caso perdido do setor, era uma prova da reviravolta da empresa sob o comando de Gorman e, naquela noite de neve, uma semana depois, o imprevisível CEO estava de bom humor.

Há, geralmente, dois tipos de chefes em Wall Street: trader impetuoso e banqueiro de fala mansa. Gorman, de 61 anos, não era nenhum dos dois. Nascido em uma família de dez pessoas em um subúrbio de Melbourne, ele decepcionou tanto o pai, que esperava que ele fosse engenheiro, quanto a mãe, que esperava que ele fosse padre, ao se tornar advogado. Depois de trabalhar na McKinsey, a empresa de consultoria, e no Merrill Lynch, o banco de investimentos, ele ingressou no Morgan Stanley em 2006 com a missão de transformar seu "rebanho estrondoso" de corretores de ações, que ganhavam comissões vendendo ações para a América Central, em uma força geradora de lucros que oferecia assistência de consultoria financeira para clientes mais ricos.

Clínico e indiferente, Gorman era osso duro de roer até mesmo para os membros de longa data do Morgan Stanley. Mesmo quando ele demitiu os 2 mil consultores com desempenho mais baixo, os colegas o flagravam em momentos mais humanos, deliciando-se em passar horas na janela de seu escritório no subúrbio de Nova York, observando de binóculos os pastores australianos mantidos lá para afugentar cervos.

Grande parte do Morgan Stanley ficou de fora quando novos tipos de negociações exóticos e arriscados invadiram Wall Street no início dos anos

2000. Sob o comando do antecessor de Gorman como CEO, John Mack, a empresa entrou no pior momento possível, exatamente quando os custos do crédito e dos imóveis estavam atingindo o pico. Em 2007, ele perdeu US$9 bilhões em uma única operação de crédito imobiliário, dando início a uma espiral que levou a empresa à beira da falência um ano depois. Uma enorme injeção de dinheiro do Mitsubishi, o banco japonês, lhe deu algum tempo. Se os órgãos reguladores não tivessem intervindo, é quase certo que a empresa teria falido.

A crise facilitou a saída de Mack e a entrada de Gorman. Era um contraste e tanto. Mack era um negociador de títulos sulista, um ex-jogador de futebol americano universitário que gostava de se misturar com as pessoas no refeitório do Morgan Stanley. Gorman preferia o silêncio de seu escritório, onde todas as noites anotava à mão os números da receita diária de cada um dos principais departamentos da empresa, guardando as folhas soltas em uma pasta em sua mesa. Ele eliminou as mesas de negociação proprietárias do Morgan Stanley e reduziu suas operações de negociação de títulos, fonte de repetidos erros. Vendeu uma frota de navios petroleiros e um cassino semiacabado em Atlantic City, resquícios da cultura liberal que outrora dominava Wall Street. Em vez disso, ele se dedicou ao negócio mais estável de gerenciamento de dinheiro e consultoria financeira doméstica, acrescentando a corretora de comércio varejista Smith Barney em seus primeiros anos no cargo.

Agora ele tinha pescado um peixe gigante na E*Trade. A queridinha das empresas pontocom, antes conhecida por seus anúncios no Super Bowl com um bebê falante, há muito dominava o mundo dos investimentos no varejo, atendendo a pequenos comerciantes que buscavam enriquecer no mercado. Foi um golpe para todos os padrões, um golpe violento para Wall Street.

Enquanto, do lado de fora, uma leve neve cobria as ruas da parte baixa de Manhattan, Gorman pegou o microfone. Ele fez os devidos agradecimentos e, em seguida, opinou sobre o dever dos capitalistas — sob seu ponto de vista — de "ajudar os emissores e investidores a se encontrarem e ajudar poupadores e tomadores de empréstimos a se encontrarem", e fazer isso sem perder o controle. Ele lembrou ao público o que acontece quando os riscos são negligenciados, quando o entusiasmo sobrepõe a razão. "Como vimos doze anos atrás, pode ser catastrófico", ele disse.

UMA BRISA FORTE soprava nas palmeiras do deserto do lado de fora enquanto os dois homens estavam sentados na grande sala, emoldurada pela sombra crescente das montanhas de San Jacinto. Jim Hackett, executivo-chefe da Ford Motor Company, e Bill Ford, presidente-executivo da empresa e descendente da família fundadora, estavam apreciando os últimos dias de suas férias de Natal, vestidos casualmente e bebendo água mineral gelada.

Hackett tinha vindo de carro de Newport Beach, onde passou as férias em um bangalô alugado a uma curta distância de onde seus filhos e uma neta bebê estavam hospedados. Ele se encontraria com Ford no famoso Smoke Tree Ranch, nos arredores de Palm Springs, Califórnia. Era uma comunidade rústica e abastada tão propositadamente isolada que Hackett havia se perdido ao usar o Google Maps para chegar lá e precisou que Ford o orientasse por telefone. Bill passava o inverno lá quando criança, na casa de campo da família, onde acenava para Walt Disney, que tinha uma casa na mesma rua, e esperava o pai, o Sr. William Clay Ford, o último neto sobrevivente de Henry Ford, voltar de suas partidas de golfe com Frank Sinatra, a quem o jovem Bill chamava de "Tio Frank".[12] Mais tarde, ele mesmo comprou uma casa no rancho e, naquele dia, havia convidado Hackett para bater um papo.

Fazia apenas dois anos que Hackett estava no cargo. Ele havia sido nomeado como alguém de fora após uma longa carreira como diretor da Steelcase, a maior fabricante de móveis de escritório do mundo, e após um ano e meio como diretor esportivo da Universidade de Michigan, onde havia sido reserva no time de futebol americano na década de 1970. (Ele pode ter sido um raro forasteiro na Ford, mas suas raízes profundas no estado e seu amor permanente pelos Wolverines da Universidade de Michigan o ajudaram a conquistar a base de funcionários e os membros do sindicato.)

Na descida, os pensamentos de Hackett voltaram para um artigo que ele havia lido em um iPad surrado no bangalô, sobre o crescente número de casos de coronavírus na China. A Ford, assim como a maioria das potências industriais dos Estados Unidos, dependia muito de fornecedores chineses para fornecer as peças brutas que compunham suas caminhonetes e seus carros sedã. A Ford havia adotado o modelo "just-in-time", iniciado por sua rival japonesa, a Toyota, uma década antes, que desaprovava grandes estoques em favor da chegada do rebite ou do encosto do banco certo pouco antes de sua instalação. Isso fazia parte de um incentivo mais amplo das empresas norte-americanas em direção à eficiência e ajudou a aumentar os lucros. Porém deixava pouca margem de manobra. Os armazéns da Ford não mantinham o suprimento de componentes e peças como antes, e qualquer atraso nas remessas da China poderia custar caro. Fazia duas semanas desde que as autoridades chinesas haviam anunciado que estavam rastreando o vírus, e os portos chineses já estavam começando a registrar atrasos.

Mas esse não foi o tema da reunião deles naquele dia no deserto. Os dois homens estavam lá para discutir o futuro da Ford — especificamente, por quanto tempo Hackett permaneceria como CEO. O homem de 64 anos sempre foi uma espécie de chefe temporário, contratado depois que seu antecessor, Mark Fields, foi destituído após perder o apoio dos acionistas e da família Ford, que detinha 5% das ações da empresa, mas controlava 40% de seu poder de voto.

Os dois formavam uma dupla e tanto. O patrício Ford nasceu na realeza industrial, filho de um descendente da família Ford e herdeiro da fortuna de pneus Firestone. Ele havia estudado em Hotchkiss, o colégio interno de elite de Connecticut, depois estudou em Princeton e dirigia um raro Mustang verde. Hackett era o caçula de quatro filhos cujos pais católicos irlandeses haviam parado de ter filhos porque não podiam arcar com os custos de mais nenhum. Intelectual e carrancudo, ele abriu caminho para seu primeiro cargo de CEO aos 39 anos.

No entanto, os dois homens haviam se tornado extraordinariamente próximos. Ford tinha apostado em Hackett. Ele nunca havia trabalhado no setor automotivo antes de ingressar na Ford em 2016, para administrar sua unidade skunkworks, que explorava tecnologias de direção autônoma e compartilhamento de carros em uma tentativa desesperada de alcançar o Vale do Silício. Quando Fields saiu, Ford ofereceu o cargo a Hackett. Ele aceitou o trabalho com frieza, alertando seu contratante: "Wall Street não vai gostar de mim." E ele estava certo. Wall Street não gostava dele, ou de maneira mais carinhosa, eles não o entendiam — assim como uma grande parte dos próprios funcionários da empresa.

Hackett tentou fazer com que a Ford, que era conservadora a ponto de ser antiquada, fosse mais rápida e pensasse mais alto. Mas, às vezes, sua visão era difícil de ser seguida e não repercutia entre os engenheiros que se esforçavam para seguir seu roteiro. Ele se tornou conhecido por seus e-mails noturnos, que costumavam chegar muito depois que os seus funcionários do Meio-Oeste, mais voltados para a família, iam para a cama. Às vezes, os e-mails incluíam links para palestras TED — a meca para grandes pensadores e influenciadores, mas ridicularizadas por outros como demonstrações autoindulgentes de intelectualismo — e para artigos de revistas científicas. Certa vez, ele respondeu a uma pergunta sobre por que a Ford deveria estar no negócio de carros inteligentes, dizendo que "a natureza do que faz uma empresa vencer ao longo do tempo não é diferente de qualquer outro tipo de sistema — a maneira como nosso corpo vence uma batalha, a maneira como um time de futebol conquista a vitória ou a forma como um mercado se movimenta.[13] Sou um estudante dessa teoria da complexidade." Esse foi o tipo de resposta estranha que não conseguiu conquistar a lealdade dos funcionários. Quando ele determinou que todos os novos modelos da empresa fossem conectados por Wi-Fi até 2019, os engenheiros reclamaram que a tecnologia poderia apresentar falhas, que a reputação de qualidade da Ford poderia ser prejudicada e, afinal, quem precisava que seu carro fosse um computador?[14]

Ele costumava citar economistas comportamentais para confundir analistas de Wall Street. A Ford ficou aquém das próprias projeções de lucros diversas vezes no início do mandato de Hackett. Quando questionado por um analista do Morgan Stanley no verão de 2018, após a Ford ter adiado um evento para investidores marcado para setembro, se ele ainda estaria no cargo até lá, ele disse: "É claro que sim."[15] No entanto, as ações haviam caído 20% sob seu comando. Será que a fabricante de automóveis pioneira dos Estados Unidos havia perdido o rumo?

Quando 2020 amanheceu e os dois homens se encontraram em Palm Springs, havia notícias promissoras no horizonte para a Ford. O Mustang movido a eletricidade acabara de ser lançado em Los Angeles, uma nova versão do clássico muscle car — seus três modos de direção eram "whisper", "engage" e "unbridled".* (Mais tarde, ele derrotaria os modelos da Tesla, Audi, Volvo e Porsche no cobiçado prêmio de Carro do Ano da *Car and Driver*.) O desenvolvimento da primeira picape F-150 elétrica da

* Engage é o modo padrão para uma direção equilibrada. O modo whisper permite uma aceleração suave e a condução com um só pedal. O unbridled combina a experiência clássica do Mustang com um veículo elétrico potente para uma capacidade de aceleração maciça. Como você pode imaginar, o unbridled consome mais energia da bateria do que o engage ou o whisper [N. da T.].

empresa estava acontecendo em segredo. Hackett tinha acabado de encerrar as negociações com Bob Iger, executivo-chefe da Disney, para veicular uma série de vídeos promocionais do novo Bronco nas propriedades de TV e streaming da Disney. Por mais obscuros que tenham sido os últimos anos, por mais que a empresa tenha se afastado do espírito empreendedor de Henry Ford, agora parecia ter encontrado o caminho de volta.

"Você não quer ver tudo isso concluído?", Ford perguntou a Hackett.

Mas Hackett tinha 64 anos e achava que agora era a hora de partir. Ele disse à Ford que acreditava que Jim Farley, chefe de estratégia e tecnologia da empresa, era o sucessor certo. Farley tinha pouca experiência direta com o funcionamento financeiro da empresa — o que não era um ponto cego insignificante, visto que a Ford estava altamente endividada e dependia de uma intrincada rede de subsidiárias financeiras para levar seus carros do chão de fábrica até as concessionárias e as garagens em todos os Estados Unidos. Mas ele era louco por carros — tinha meia dúzia de carros esportivos coletivos e corria com um Ford GT40 1966 vermelho em competições amadoras na Europa — e isso contava muito na Ford.[16]

"A decisão é sua, Jim", disse Ford com toda diplomacia, enquanto os raios do sol batiam nas árvores yucca do lado de fora.

"Bom, a empresa é sua, Bill", respondeu Hackett. Eles concordaram em começar a preparar o terreno, incluindo a promoção de Farley a diretor de operações, e ver o que 2020 traria. Talvez fosse uma rampa de acesso fácil para o novo funcionário.

BRIAN CHESKY PASSOU as férias se preparando para o momento mais importante na vida de qualquer startup: uma oferta pública inicial (IPO, na sigla em inglês). A empresa que ele dirigia, o Airbnb, cresceu de uma ideia concebida às pressas — que ele compartilhou em um e-mail com seu colega de quarto em São Francisco, para ganhar um pouco de dinheiro extra alugando um colchão de ar no chão da sala de estar — a uma gigante do Vale do Silício. Em sua mais recente rodada de captação de recursos, a empresa havia sido avaliada em US$31 bilhões por capitalistas de risco, e Chesky, de 38 anos, decidiu que era o momento certo para abrir o capital.

O Airbnb tinha todos os requisitos de uma queridinha do Vale do Silício: crescimento rápido, uma avaliação elevada e uma marca que havia saído da prisão gramatical para se tornar um verbo por si só — e nenhum dos dramas dos investidores ou das queixas no local de trabalho que haviam atormentado outras startups de alto nível, como a Uber. A empresa estava se expandindo para além de seu negócio tradicional de conectar proprietários de imóveis e turistas. Ela havia contratado um ex-CEO da Virgin America, a companhia aérea, para liderar uma investida no setor de transportes; Chesky imaginou que o Airbnb poderia ser dono não apenas das férias, mas também de como as pessoas chegavam lá e como elas se deslocavam após chegarem. Falou-se em parcerias com operadoras de ônibus de turismo, frotas de táxis e, até mesmo, guias de barcos fluviais. E, como convém a qualquer empresa de tecnologia que se preze em 2019, ela estava se estabelecendo na mídia. Ela havia lançado uma revista primorosa com a Hearst, a gigante da mídia, e tinha como objetivo participar de Hollywood, produzindo um programa de televisão para o serviço de streaming da Apple, que apresentava casas extravagantes em todo o mundo. Como dizia uma manchete: "O Airbnb quer entrar na mídia de streaming... e por que não?"

Tudo o que restou foi uma oferta pública inicial espetacular, o momento em que uma empresa privada lista suas ações para negociação pública e se junta às fileiras da elite corporativa. O Airbnb pretendia fazer um IPO já naquele verão, um IPO que, segundo os consultores de Chesky em Wall Street, poderia avaliar a empresa em US$50 bilhões ou mais. Isso consolidaria o status do Airbnb como uma empresa de elite do Vale do Silício e faria de Chesky um multibilionário antes de seu 40º aniversário. Para as férias de Natal, sua equipe havia preparado uma pesada pilha de documentos para a oferta, conhecidos como "prospectos", que outras startups do Vale do Silício tinham usado para lançar seus IPOs.

Pulando da cidade de Nova York para Orlando e para o Caribe, ele rabiscou algumas anotações na margem da papelada sobre o que gostava e o que não gostava. O documento anunciaria o Airbnb para o mundo, e Chesky, que havia frequentado a escola de arte e era obcecado por design e branding, queria que o lançamento do Airbnb fosse diferente. Tinha em mente um artigo que havia lido no *Times* de Londres, publicado nos últimos dias de 2019, que chamava a década e 2010 de "a década da desconexão".[17] A tecnologia móvel e as mídias sociais deveriam aproximar as pessoas, mas, em vez disso, semearam a divisão e o isolamento. A praça pública passou a ser o ambiente online, deixando vazios os antigos locais de encontro. Ele estava comprometido em usar o Airbnb para preencher essa lacuna e reunir as pessoas. Era um objetivo compartilhado por muitos dos tecno-evangelistas da geração de Chesky — a missão do Facebook há muito era tornar o mundo mais "aberto e conectado" —, mas Chesky achava que o Airbnb tinha uma chance de alcançá-lo sem os danos causados por outras empresas.

Ele escreveu uma missiva para si mesmo no aplicativo Notes de seu iPhone: este ano, 2020, seria sobre *conexão*.

ED BASTIAN ENTROU apressado no amplo hangar do aeroporto Hartsfield-Jackson de Atlanta, tentando deixar para trás seu aborrecimento.

O CEO da Delta Air Lines havia acabado de dar uma entrevista para a televisão, na qual foi envolvido em uma discussão ao vivo sobre a etiqueta no uso dos assentos reclináveis em aviões. Algumas semanas antes, um vídeo havia viralizado na internet, mostrando um passageiro de um voo da American Airlines socando diversas vezes o encosto do assento totalmente reclinado à sua frente. Isso ainda não havia acontecido em um voo da Delta — *graças a Deus pelos pequenos favores*, pensou o profundamente religioso Bastian —, mas era uma questão sem volta para o CEO de uma companhia aérea, após uma década em que os passageiros foram amontoados em assentos cada vez menores e cobrados por espaço extra para as pernas. Bastian, um entrevistado muito gentil, transformou o momento em uma oportunidade. Ele disse ao entrevistador que, mesmo com seu 1,80m de altura, quando viajava na classe econômica — o que acontecia com frequência — não reclinava seu assento. Segundo ele, caso fosse preciso, o mais educado a se fazer era perguntar para o passageiro da poltrona detrás. *Boas maneiras*. Agora, enquanto corria apressado até o guichê 12, ele estava ansioso para voltar sua atenção para assuntos mais alegres. Afinal, era Dia dos Namorados.

Bastian estava lá no maior terminal da Delta para entregar uma espécie de carta de amor a seus funcionários. A empresa havia anunciado recentemente os resultados financeiros para 2019 que a tornaram a companhia aérea mais lucrativa do mundo, com US$4,1 bilhões em lucros e US$44,9 bilhões em receita. Com um terno risca de giz preto e uma gravata verde-floresta, ele anunciou que a Delta pagaria aos funcionários parte desses lucros — US$1,6 bilhão no total, o que equivaleria a cerca de dois meses de salário para um funcionário médio. A plateia aplaudiu e levantou os braços. "O Dia dos Namorados para nós agora não é vermelho, é verde", ele disse à multidão. "É o dia da participação nos lucros." O hangar de 466 mil metros quadrados foi à loucura.

Era um acordo incomum em uma empresa moderna, um legado do pedido de falência da Delta mais de uma década antes. Em 2005, a empresa havia implorado aos funcionários que aceitassem cortes em seus salários e em seus fundos de garantia previdenciária, prometendo-lhes que, quando a empresa se recuperasse, eles compartilhariam a recompensa. Esse acordo foi fundamental para os esforços da Delta em evitar diversas iniciativas de organização sindical ao longo dos anos; apenas os pilotos e os despachantes da Delta eram sindicalizados, enquanto seus 25 mil comissários de bordo, além de seus mecânicos e agentes de atendimento ao cliente não eram. (A presidente do sindicato nacional dos comissários de bordo, Sara Nelson, estava no meio da multidão no aeroporto de Atlanta, observando atentamente os procedimentos. Seu sindicato havia feito três tentativas de sindicalizar os comissários de bordo da Delta e estava se preparando para a quarta.)

Fiel à sua palavra, a Delta pagou cerca de 15% dos lucros anuais aos funcionários desde então. A princípio, enquanto a empresa tentava sair da recuperação judicial, era uma quantia modesta. Agora, pelo sexto ano consecutivo, somava mais de US$1 bilhão — o maior pagamento desse tipo feito por qualquer empresa na história, Bastian disse à plateia.

Ele gesticulou para um funcionário da manutenção, que apertou um botão. Uma enorme cortina branca, ostentando os nomes de cada um dos funcionários da empresa e um "Obrigado" em letras maiúsculas vermelhas da Delta, caiu para revelar um Airbus A321, um jato de 199 assentos e US$116 milhões que havia saído de uma linha de montagem em Hamburgo, na Alemanha, dois meses antes. Noventa mil nomes, muitos pertencentes a pessoas que tinham apoiado a Delta no que Bastian chamou de o "momento mais sombrio da empresa" e, agora, estavam sendo recompensadas por isso.

Os funcionários não sabiam disso na época, nem Bastian, mas outra hora ainda mais sombria estava se aproximando. Ao final do ano, 18 mil deles não estariam mais recebendo um salário da empresa.

Apenas algumas semanas antes, Bastian havia subido ao palco no Las Vegas Convention Center, onde milhares de jornalistas, analistas e formadores de opinião se reuniram para o Consumer Electronics Show, a maior conferência anual de gadgets de tecnologia. Bastian faria o discurso principal, o primeiro executivo de uma companhia aérea a fazê-lo em um evento que geralmente recebia executivos de empresas como Netflix, Mercedes e National Football League. Durante anos, Bastian vinha reposicionando a Delta não como uma companhia aérea — um setor comoditizado, de capital intensivo e competitivo que recebia notas baixas de clientes e investidores de Wall Street —, mas como uma empresa inovadora. Ele acreditava que a Delta não vendia um produto, mas, sim, uma experiência.

Para ter certeza, a Delta, a companhia aérea, tinha muitos motivos para se gabar: a melhor tarifa pontual de qualquer grande companhia aérea dos Estados Unidos, as finanças mais saudáveis e um status premium percebido que lhe permitia comandar preços de passagens 10% acima da média do setor por milha de assento disponível. E de volta à sede em Atlanta, a equipe de Bastian estava quase terminando de analisar os resultados financeiros da empresa em 2019, que tornariam a Delta a maior companhia aérea do mundo em termos de receita. O verão anterior havia sido o melhor já registrado pela Delta, cujos aviões estavam voando, em média, com 90% de sua capacidade, transportando 600 mil passageiros por dia para mais de 300 aeroportos em todo o mundo. A empresa estava prevendo um crescimento de 6% nas vendas em 2020.

Mas Las Vegas não era o lugar para falar sobre tudo isso. Em vez disso, Bastian apresentou uma visão futurística das viagens aéreas que era perfeita e agradável ao mesmo tempo — uma nova era do jato que traria de volta a magia das viagens aéreas.[18] Quiosques biométricos conduziriam os viajantes às salas de espera dos aeroportos. O rastreamento de bagagem em tempo real lhes garantiria que sua bagagem também estaria no voo. Ele fez uma demonstração de um exoesqueleto robótico que permitiria aos carregadores de bagagem levantar malas pesadas com facilidade. Bastian passou sete minutos entrevistando o diretor de *The Farewell*, um filme disponível nos sistemas de entretenimento de bordo que a Delta estava apresentando a Hollywood como uma nova maneira de atingir o público de filmes, um complemento para plataformas de streaming como Netflix e Hulu. (Ele citou dados mostrando que as pessoas são mais propensas a chorar em aviões, o que, segundo ele, pode ser um ponto de venda para filmes de drama.)

Não pense mais na Delta apenas como uma companhia aérea, disse o executivo-chefe à multidão em Las Vegas, rotulando-a como um concierge de viagens digital que organizaria as viagens compartilhadas dos passageiros até o aeroporto e extrairia dados em tempo real da Administração de Segurança de Transporte para direcioná-los a filas de segurança mais curtas. As "telas de realidade paralela", desenvolvidas em conjunto pelo braço interno de capital de risco da Delta, reconheceriam os viajantes que parassem diante das telas de informações de voo do aeroporto e mostrariam a eles, em seu idioma, apenas seu itinerário e o de mais ninguém. Era a próxima iteração do que a Delta chamou por anos de "travel ribbon", embalando toda a experiência em um laço perfeito — desde o momento em que o passageiro reservava a passagem até o momento em que ele pegava sua bagagem.

Em vez de depender dos caprichos da cadeia de suprimentos de petróleo para seu combustível de aviação, a Delta comprou a própria refinaria na Filadélfia. Ela também fabricava as próprias telas para os encostos dos assentos. Sua equipe de mecânicos não estava apenas consertando os aviões Delta; eles tinham mais de 150 clientes de outras companhias aéreas e aeroportos pagando pelos mesmos serviços. Em algumas semanas, a Delta anunciaria US$1 bilhão em investimentos para ajudá-la a se tornar neutra em carbono na década seguinte.

Sob o comando de Bastian, a empresa havia chegado ao topo do setor — a ponto de parecer ultrapassá-lo. Ela era a dona do próprio destino.

E não foi apenas a Delta. O setor aéreo havia desfrutado de uma década de champanhe. As falências que varreram as grandes companhias aéreas norte-americanas em meados dos anos 2000 eram uma lembrança distante. Uma onda de fusões, sancionada por órgãos reguladores sem intervenção em uma série de administrações, tanto republicanas quanto democratas, havia consolidado dezenas de companhias aéreas dos EUA em três grandes empresas — Delta, American e United — cujo domínio lhes permitiu cortar custos impiedosamente, fazer negociações mais duras com seus sindicatos e cobrar dos passageiros por vantagens que costumavam ser gratuitas, como bagagem despachada e alimentação a bordo. Os passageiros já haviam superado suas queixas sobre o assunto — e mesmo que não tivessem superado, isso não os impedia de viajar. Os gastos com viagens aéreas dobraram entre 2006 e 2019, chegando a mais de US$800 bilhões.[19] O setor se tornava, cada dia mais, um motor da economia dos EUA, impulsionando 5% do produto interno bruto do país e sustentando, direta ou indiretamente, um em cada quatorze empregos no país.

Os executivos pagaram suas dívidas e substituíram aeronaves antigas por aviões novos e mais modernos. E gastaram dezenas de bilhões de dólares comprando de volta suas ações, usando 96% de seu fluxo de caixa livre entre 2010 e 2019 em recompras, tamanha era sua confiança de que os dias de expansão e recessão dos anos 2000, 1990 e 1980 tinham ficado para trás. Os lucros do setor quase quintuplicaram entre 2011 e 2017, chegando a US$38 bilhões. A maior preocupação deles era a iminente escassez de pilotos. Durante os primeiros dias de março de 2020, o chefe do grupo de lobby do setor, a Airlines for America, havia sondado os CEOs das nove companhias aéreas do país antes da reunião anual de estratégia do grupo, marcada para 5 de março, na qual os esforços ambientais e de sustentabilidade estavam no topo da agenda do dia. Seis deles lhe disseram para se certificar de que não seriam desviados do assunto pelo coronavírus.

A ironia era que o setor estava prestes a ser derrubado por uma doença que ele próprio ajudou a disseminar. Em 2020, o mundo estava conectado como nunca antes, com o aumento do comércio global e das passagens aéreas ao alcance de um número cada vez maior de pessoas, a um nível que permitiu que o vírus se espalhasse por travessias terrestres, instantaneamente. O número de pares de cidades globais conectados por um voo direto dobrou em menos de duas décadas, chegando a 22 mil no final de 2019. Desde os primeiros casos relatados na China, no final de dezembro, o vírus conquistou países e oceanos, primeiro a Tailândia, Taiwan, a Coreia do Sul e o Japão, depois o Irã e a Itália; no final de fevereiro, foi para o epicentro global.

O primeiro caso relatado nos Estados Unidos, um homem de 35 anos que morava no estado de Washington, havia estado no aeroporto de Seattle-Tacoma em 15 de janeiro em um voo de volta da China.[20] Durante o voo, ele se sentia bem.

CAPÍTULO 3

O GRANDE PROBLEMA

James Gorman olhou nervoso para a caixa de lenços folheada a ouro.

Ele estava no palácio real em Riad, na Arábia Saudita, sentado à direita do príncipe herdeiro do país, Mohammed bin Salman. Era início de março, uma semana após a premiação no Cipriani's, e o CEO do Morgan Stanley estava no segundo dia de uma viagem de três dias pelo Oriente Médio para visitar clientes e dignitários. Os Estados Unidos haviam acabado de registrar sua primeira morte por Covid-19 alguns dias antes — um homem na casa dos 50 anos do estado de Washington. Parecia haver um surto de casos em uma instituição de longa permanência para idosos perto de Seattle, e também havia alguns casos isolados na Califórnia, em Illinois e em Massachusetts. Mas, como a vida seguia quase normal nos Estados Unidos, não lhe ocorrera cancelar a viagem.

Viajar pelo mundo era parte fundamental do papel de qualquer CEO moderno, especialmente em Wall Street, em que os banqueiros faziam fila para assumir a função de conselheiros dos governos, ajudando-os a modernizar suas economias e a investir seu dinheiro. Essas viagens também proporcionavam uma visão das tendências globais que era difícil de obter mesmo em Nova York, o principal centro do capital global, e, no início de março, essas visões eram difíceis de encontrar.

A primeira parada de Gorman foi no Kuwait, onde um oficial de segurança colocou um medidor de temperatura em sua testa antes de autorizá-lo a entrar no edifício para uma reunião com executivos do fundo soberano dos Emirados Árabes Unidos. Essa verificação de temperatura deixou Gorman preocupado. O emirado havia passado pela síndrome respiratória do Oriente Médio (MERS), outro tipo de coronavírus que atingiu a península saudita em 2012. (A MERS foi extraordinariamente letal, matando quatro em cada dez pessoas que contraíram a doença — mais mortal do que a varíola —, mas acabou não sendo particularmente contagiosa e se extinguiu por conta própria.) Dada a experiência recente com um vírus mortal, Gorman considerou a cautela de seus anfitriões do Kuwait como um sinal de que o Ocidente estava subestimando os perigos desse novo vírus. Dois dias depois, quando desembarcou na Arábia Saudita, Gorman já estava bastante assustado e avisou aos oficiais de protocolo do palácio real que ele não apertaria a mão deles. Eles perguntaram se ele estava doente. "Não, apenas preocupado", ele respondeu.

Ele conseguiu manter seu plano de contato físico limitado, embora o ministro de energia saudita tenha insistido, durante uma breve reunião, em colocar o braço em volta do CEO esguio e deixá-lo ali. E, agora, enquanto Gorman conversava com o polêmico príncipe herdeiro de 34 anos sobre como a Arábia Saudita poderia diversificar sua economia e reduzir sua dependência do petróleo, o jovem membro da realeza não parava de espirrar. Cada vez que espirrava, ele pegava um lenço de papel de uma caixa ornamentada e revestida a ouro pousada sobre a mesa de mármore ao lado de um vaso de tulipas brancas recém-cortadas e, em seguida, jogava os lenços amassados em uma cesta de lixo que ficava no chão, entre os joelhos dos dois homens. Gorman já estava em dúvida quanto a aceitar participar da reunião; a Arábia Saudita era uma economia em rápido crescimento e estava usando suas riquezas petrolíferas para se tornar um importante ator nas finanças e nos investimentos globais, mas o assassinato de um jornalista do *Washington Post* em 2018 — atribuído pela inteligência dos EUA diretamente ao jovem príncipe herdeiro — havia manchado sua reputação no Ocidente. Agora, à medida que a pilha de lenços aumentava, também aumentava a angústia de Gorman. Ao deixar o palácio, ele compartilhou suas preocupações com Franck Petitgas, chefe de negócios internacionais do Morgan Stanley, que o havia acompanhado na viagem. "Este pode ser o grande problema", refletiu Gorman.

O grande problema. Executivos do setor farmacêutico, e especialistas em saúde pública, vinham alertando há anos sobre um patógeno mortal, uma superbactéria perfeitamente evoluída em formas grandes e pequenas, coniventes e acidentais, para causar o máximo de danos. Esse tropo foi uma fonte de inspiração popular para Hollywood, que aproveitou histórias de pandemias em sucessos como o clássico *Epidemia* dos anos 1990, inspirado no livro best-seller *Zona Quente*, no qual uma febre tropical mortal devasta o mundo, que tem como hospedeiro um macaco capturado em uma selva africana e vendido para uma loja de animais exóticos. O ebola, a coisa mais próxima desse vírus fictício na vida real, surgiu em meados da década de 2010 na África, matando mais de 11 mil pessoas e semeando o pânico quando fotos de pisos de hospitais manchados de sangue e piras funerárias foram distribuídas pelos serviços de notícias globais.

Mas doenças tropicais como o ebola simplesmente matam suas vítimas rápido demais para se tornarem globais. Aqueles que não morrem ficam muito doentes para se aventurar em restaurantes, cinemas ou outros locais de encontro, onde podem infectar outras pessoas. E essas doenças, em sua maioria, são transmitidas pelo sangue, o que significa que a transmissão ocorre apenas com o contato próximo com fluidos corporais.

Os especialistas em saúde pública alertaram que a ameaça real era muito mais mundana: um vírus que se espalhava pelo ar ou pelo toque casual, algo semelhante à gripe sazonal. Ele seria mais parecido com o vírus SARS, que surgiu na China em meados dos anos 2000, do que com qualquer coisa inventada em um estúdio de Hollywood. Ele não se daria ao trabalho de liquefazer órgãos ou romper vasos sanguíneos. Em vez disso, criaria raízes no órgão do corpo humano em que ele se alojava — os pulmões —, causando um estrago mais lento e silencioso. Os primeiros sintomas se assemelhariam a qualquer um dos milhares de vírus que normalmente são menosprezados como um resfriado forte. E, em vez da morte quase certa que os patógenos fictícios prometiam, "o grande problema" viveria no ponto ideal de mortalidade que aterroriza os virologistas. Ele mataria um número suficiente de vítimas para causar alarde nos corredores dos departamentos de saúde pública, mas deixaria a maioria delas viva e até bem-disposta, com uma carga viral alta o suficiente para ser infecciosa, mas bem o suficiente para continuarem com sua rotina normal.

Esse meio-termo pode muito bem ser uma peculiaridade biológica, uma mutação em uma parte do código genético. No entanto, seria um triunfo evolutivo. Os vírus têm um único objetivo: se espalhar. Matar um hospedeiro muito rápido é contraproducente.

Quando chegou março de 2020, a Covid-19 parecia preencher todos esses requisitos. Embora os sinais apontassem para uma origem no mercado de Wuhan, os primeiros casos na China incluíam diversos membros de uma família, e era improvável que cada pessoa tivesse sido infectada pela mesma marmota, porco-espinho malaio ou outro animal exótico à venda nesse mercado. Isso sugeria que o vírus era transmitido pelo contato próximo, possivelmente por gotículas transportadas pelo ar que todos os humanos trocam quando falam. E um dos primeiros estudos científicos, realizado em fevereiro, havia estimado a taxa de mortalidade em 5,25%, cerca de metade da mortalidade da SARS e cinquenta vezes mais letal do que a gripe típica de inverno.[21] Esse era exatamente o ponto ideal virológico. Os primeiros relatórios sugeriam, e os posteriores logo confirmariam, que as pessoas com Covid-19 podiam transmitir o vírus antes mesmo de apresentarem sintomas, o que tornaria a contenção da doença drasticamente mais difícil. Como qualquer local de trabalho ou escola pode atestar, já é bastante difícil fazer com que as pessoas fiquem em casa quando sabem que estão doentes. Então fazer com que uma pessoa saudável fique em quarentena seria quase impossível.

O vírus saltou fronteiras internacionais com facilidade e escapou de um bloqueio do governo chinês — reconhecidamente tardio, mas muito mais drástico e rigorosamente aplicado do que qualquer coisa que provavelmente seria viável em países menos autoritários. E embora compartilhasse suas raízes genéticas com uma família de vírus muito conhecida pela medicina moderna, os vírus são notoriamente imprevisíveis. Alguns respondem bem aos tratamentos, outros não. Alguns podem ser combatidos com vacinas, outros não. (Ainda não há cura para o resfriado comum, e décadas de pesquisa falharam em produzir uma vacina contra o HIV.) Os vírus são astutos, complexos e obstinados. E esse teve uma vantagem inicial.

Alguns dias depois, Gorman desembarcou de volta a Nova York, onde a vida parecia seguir normalmente. Ele jantou no Elio's, um refinado restaurante italiano no Upper East Side, com outros três casais, incluindo o cônsul-geral australiano em Nova York e sua esposa, que estavam na cidade para um evento no consulado no dia seguinte, no qual Gorman receberia a Ordem da Austrália, a mais alta honraria civil do país. Quando questionado, meses depois, sobre a última coisa normal que ele havia feito — sua última saída tranquila no que, na linguagem sombria e irônica da pandemia, se tornaria conhecido nos Estados Unidos como "os velhos tempos" — ele mencionaria esse jantar.

Ed Bastian tomou um gole de sua bebida enquanto o sol se punha no deserto. Era final de janeiro e o CEO da Delta estava no deserto do Atacama, no norte do Chile, com meia dúzia de assistentes para comemorar o recente investimento de US$2 bilhões na LatAm, a maior companhia aérea da América do Sul. O negócio, que havia sido concluído algumas semanas antes, foi um golpe: a Delta havia conseguido cooptar a LatAm — parceira de longa data de sua concorrente nos Estados Unidos, a American Airlines — negociando o acordo durante meses em reuniões secretas em Nova York e Miami. A viagem de quatro dias ao Atacama foi a primeira vez que os dois grupos de gestão mais amplos se reuniram. A equipe da LatAm estava ansiosa para mostrar seu país, e a equipe da Delta estava ansiosa para ver o que seus US$2 bilhões haviam comprado. Caminhadas em grupo, banhos de lama em fontes termais locais e um passeio pela maior mina subterrânea do mundo deram lugar a coquetéis e churrasco chileno no terraço de um hotel com vista para uma paisagem marciana, vermelha e irregular.

Bastian tinha assuntos mais pesados em mente. Ele se afastou discretamente da multidão, fazendo sinal para que o presidente da Delta, Glen Hauenstein, e o chefe de negócios internacionais da companhia aérea, Steve Sear, o seguissem. Eles se juntaram em um canto do terraço. "Precisamos descobrir o que fazer com relação à China", Bastian disse a eles.

O número de mortes relatadas pelo coronavírus na China ficou em torno de 170, com cerca de 7.700 casos, superando um marco terrível de infecções estabelecido pelo surto de SARS em 2003. Somente em Beijing, 50 milhões de pessoas estavam efetivamente em quarentena, uma população equivalente à de toda a costa oeste dos Estados Unidos. E esses eram apenas os números oficiais. Houve relatos generalizados de autoridades chinesas suprimindo informações em aplicativos de mídia social e silenciando aqueles, incluindo alguns profissionais médicos, que tentaram se manifestar sobre a ameaça.[22,23] A comunidade empresarial de todo o mundo já havia visto isso antes, durante o surto de SARS, e muitos rapidamente passaram a acreditar que o coronavírus era quase certamente pior do que o governo estava divulgando — ou, pelo menos, que os números oficiais não eram confiáveis.

Agora eles estavam começando a recuar. Uma semana antes, a Disney havia fechado seus parques em Xangai. O McDonald's fechou seus restaurantes em Wuhan, a cidade no centro do surto da China. A Starbucks fechou seus cafés em toda a província de Hubei e estava distribuindo máscaras para os baristas em outras partes da China, seu segundo maior mercado global. A própria Delta reduziu pela metade sua programação de voos diários entre os Estados Unidos e a China depois que a demanda por novas reservas começou a cair, enquanto a United Airlines cancelou as principais rotas de Los Angeles para Xangai e Beijing.

Bastian achava que era apenas uma questão de tempo até que o governo dos EUA os obrigasse a parar de voar para a China. Tom Cotton, um senador conservador do Arkansas, vinha pressionando publicamente a Casa Branca de Trump a fazer isso, e altos funcionários do governo disseram a executivos de diversas companhias aéreas que uma mudança estava sendo considerada.

Bastian queria agir primeiro, principalmente devido à tendência de Donald Trump de simplesmente tuitar suas decisões políticas. A empresa já havia permitido que milhares de clientes com passagens na última semana de janeiro mudassem seus voos sem pagar taxa, mas Bastian disse a seus assistentes que essa era uma medida insatisfatória. Eles deveriam suspender toda a programação da China, o que significava cancelar dezenas de voos diários que eram alguns dos mais lucrativos da empresa em termos de milhas.

"Esse é um passo muito drástico", Hauenstein disse. "Tem certeza disso?" Hauenstein sabia que esse pronunciamento acarretaria um tumulto no setor e causaria pânico entre os passageiros que já estavam no exterior. Além disso, a Ásia era responsável por cerca de 7% dos negócios da Delta, menos do que algumas concorrentes, mas grande o suficiente para prejudicar a companhia. Além do impacto financeiro imediato, a Delta havia trabalhado duro para estabelecer uma posição na China, que era cada vez mais importante para os viajantes de negócios ocidentais. Não foi fácil. A China não é um país de "céu aberto", o que significa que as viagens aéreas são controladas pelo governo. As companhias aéreas estrangeiras precisam passar por uma série de agências para adicionar portões de aeroportos e garantir as rotas mais procuradas. Em 2015, a Delta investiu US$450 milhões para comprar uma pequena participação na China Eastern, uma das três principais companhias aéreas do país, em um esforço para aprofundar suas incursões e provar suas intenções ao governo chinês. Uma reação precipitada poderia prejudicar as ambições da Delta no país, alertou Hauenstein, especialmente se o vírus for mais brando do que o temido. Uma coisa era a ordem da Casa Branca, ele disse, mas o cancelamento voluntário de todos os serviços para a China não seria bem aceito pelas autoridades, de cuja bênção a Delta precisaria ao vislumbrar uma maior expansão no país. Ele pediu gentilmente a seu chefe que considerasse todos os argumentos.

Os olhos de Bastian se estreitaram. "Sabendo tudo o que sabemos, você gostaria de tripular esses voos?" Afinal, os passageiros podiam escolher se o risco de embarcar em um voo internacional valia a pena. Os pilotos e os comissários de bordo da Delta, por outro lado, tinham que ir para onde fossem enviados. Além disso, ele acrescentou, se a Casa Branca fosse obrigá-los a fazer isso de qualquer maneira, era bom se antecipar.

O vice de Sear, Perry Cantarutti, aproximou-se com um drink na mão. "Acho que acabamos de tomar a decisão de cancelar nossa programação na China", Sear disse ao colega atônito.

A decisão seria anunciada alguns dias depois, junto com os planos semelhantes da United Airlines e da American Airlines. O fato de as três maiores companhias aéreas dos Estados Unidos, concorrentes ferozes, terem tomado a mesma decisão mostrava que o medo era grande. Não era hora de tentar roubar participação de mercado, de avançar enquanto um concorrente recuava.

Mas, embora estivessem unidos em sua preocupação e, ao mesmo tempo, buscassem o instrumento mais contundente possível, não havia consenso sobre quanto tempo uma suspensão nos voos para a China poderia durar. O plano da American era parar de voar para o país imediatamente até 27 de março. A Delta e a United manteriam os voos programados por mais uma semana antes de zerarem suas programações — a United até 28 de março e a Delta até 30 de abril. Ninguém tinha ideia de quanto tempo o vírus continuaria sendo uma ameaça. As companhias aéreas, que planejam suas programações com meses de antecedência e alimentam seus softwares com grandes quantidades de dados para decidir, por exemplo, se devem adicionar uma rota extra de Chicago para

Orlando ou aproveitar um aumento do turismo para a Islândia, inspirado em *Game of Thrones*, não tinham nada em que se basear.

Enquanto executivos e analistas tentavam avaliar o possível impacto no setor aéreo, o único precedente real que eles tinham para se basear era a SARS. Esse surto, em 2003, eliminou cerca de US$10 bilhões em receita global de companhias aéreas depois que voos transpacíficos foram suspensos e os viajantes temerosos ficaram em casa.[24] Mas a importância da China para o setor explodiu nos anos seguintes. Em 2020, as viagens internacionais dentro e fora do país eram dez vezes maiores do que em 2003, representando um acréscimo de 450 milhões de passageiros por ano. Os viajantes de negócios, os passageiros mais lucrativos para as principais companhias aéreas, estavam migrando para o país para abrir fábricas, fechar negócios e obter informações sobre o crescente cenário tecnológico da China e a próspera classe de consumidores. Dessa vez, seria muito pior. Mas não se sabia quão pior seria.

Assim, teve início um esforço vacilante dos CEOs corporativos para reformular seus planos existentes sem ter ideia do que aconteceria em seguida. À medida que a contagem de casos aumentava diariamente e a ciência biológica obscura começava a ser preenchida, as diretrizes mudavam na mesma medida. Os executivos que estavam acostumados a planos de três anos passaram a tomar decisões imediatas, apenas para ter que alterá-las dias depois, repetidas vezes.

MARY FLEURY ESTAVA sentada em um corredor discreto de um hotel sem grandes atrativos perto do aeroporto de Detroit quando ouviu seu nome. Chefe de segurança da Ford há muito tempo, Fleury era encarregada da proteção de dezenas de fábricas e executivos em todo o mundo, além de políticos e outros dignitários em sessões fotográficas no chão de fábrica. Sua atribuição atual era relativamente de baixo custo. Ela estava de vigia do lado de fora de uma suíte de hotel em que seu chefe, Jim Hackett, e Bill Ford, o presidente da empresa, trabalhavam em um projeto ultrassecreto. Fazia algumas semanas desde que os dois homens haviam se reunido em Palm Springs para definir um cronograma para a aposentadoria de Hackett e, agora, eles estavam planejando a primeira etapa: uma reformulação administrativa que levaria o antigo chefe da divisão automotiva da empresa a ser substituído por Jim Farley, chefe de estratégia da Ford, ungido como o suposto sucessor de Hackett.

Essa era a próxima etapa na reestruturação de US$11 bilhões feita por Hackett na Ford, que se arrastava por anos, superada por concorrentes na China e no Vale do Silício e sob fogo cerrado de Wall Street.[25] As discussões eram delicadas demais para serem realizadas na sede da empresa, nos arredores do centro de Detroit, onde Hackett, que mantinha uma política de portas abertas, se preocupava com olhares curiosos. Por isso, Hackett reservou a suíte no hotel do aeroporto, cujas paredes agora estavam cobertas de organogramas simulando as mudanças de gerenciamento. Ele havia colocado Fleury do lado de fora para ficar de vigia.

Durante uma pausa nas discussões, a mente de Hackett voltou ao vírus. Uma semana antes, ele estivera em Las Vegas em uma conferência de revendedores da Ford, cumprimentando muitos dos 3 mil participantes vindos de todo o país. "E se o vírus já estiver aqui?", ele refletiu com seu chefe de gabinete. Essa preocupação só se intensificou nos dias que se seguiram, quando o vírus saltou para o Irã e, depois, para a Itália, que agora era o foco da cobertura apocalíptica dos noticiários, com hospitais cheios e sem ventiladores mecânicos, pacientes sufocando até a morte enquanto as enfermeiras seguravam iPads cobertos de plástico para se despedirem dos familiares. Hackett não era um epidemiologista de fim de semana. Mas seu pai havia sido veterinário de animais de grande porte, e Hackett se lembrava de como seu rosto mudava à mesa de jantar quando ele falava sobre surtos que estava tratando em rebanhos de gado. As doenças avançavam rapidamente sem se preocupar com mais nada.

Ele colocou a cabeça para fora da porta do quarto, no corredor, e olhou nos olhos de sua chefe de segurança. "Mary, temos uma equipe de gerenciamento de crises? Tipo, algum tipo de força-tarefa de resposta a emergências?" Hackett perguntou à chefe de segurança. Ela disse que a Ford de fato tinha uma força-tarefa para crises, composta por executivos de toda a empresa. "Preciso que você ligue para eles", pediu Hackett.

O vírus em rápida evolução e seu potencial de causar estragos ameaçavam atrapalhar o planejamento de sucessão cuidadosamente elaborado por Hackett. Na segunda-feira seguinte, uma manhã no início de fevereiro especialmente fria até para os padrões de Michigan, Hackett estava em seu escritório às 6 horas da manhã para a primeira das ligações que seriam semanais, depois duas vezes por semana e, então, diárias com aquela equipe de força-tarefa, composta por executivos em regiões importantes do mundo todo. O foco era a China, o epicentro da doença. Como outros fabricantes industriais, a Ford contava com uma cadeia de suprimentos bastante ajustada, trazendo peças e materiais brutos, em grande parte da Ásia, e montando-os em produtos acabados em fábricas nas Américas do Norte e Central. Os bloqueios dentro da China, bem como a diminuição dos voos comerciais e de carga para fora do país, inviabilizaram a entrega de milhões de componentes destinados à montagem dos automóveis da Ford. Qualquer atraso custaria caro, e os contêineres de transporte estavam começando a se acumular nos portos chineses, retidos pela falta de trabalhadores e pelas restrições do governo ao comércio e ao transporte. Assim, a empresa fretou diversos aviões comerciais, Boeing 747, que estavam parados nas pistas dos aeroportos chineses devido à paralisação das viagens transpacíficas. Eles aterrissaram em Detroit em meados de fevereiro, sem assentos e com as cabines abarrotadas de caixas de fixadores de cabos elétricos, tampas de combustível, acionadores de janela e outros componentes.

Agora, Hackett disse a sua equipe que o foco precisava mudar. Não se tratava mais apenas de uma questão da cadeia de suprimentos da Ford na China. A empresa precisava considerar a probabilidade de o vírus chegar aos Estados Unidos e se espalhar por suas fábricas. Se isso acontecesse, ele alertou, talvez não houvesse trabalhadores suficientes para atender à linha de montagem. Mesmo que a Ford conseguisse manter a produção, os compradores poderiam ter receio de ir aos showrooms. Na pior das hipóteses, ele disse, apresentando um cenário apocalíptico que soava rebuscado mesmo quando ele o descreveu — semanas de bloqueio total nos Estados Unidos, seguidas de uma retração econômica prolongada — isso significava más notícias para as montadoras. Quem gastaria dezenas de milhares de dólares em um carro novo, especialmente quando não havia lugar algum para ir?

BRIAN CHESKY OLHOU os números do Airbnb no iPad, passando por gráficos coloridos que retratavam uma tendência preocupante. As reservas na China, um mercado pequeno, mas em rápido crescimento para o Airbnb, caíram 80% nas três semanas entre o início de fevereiro e o último dia do mês. Como os casos de coronavírus continuaram a aumentar em todo o país — já havia mais de 80 mil casos registrados, com 2.900 mortes — as novas reservas praticamente desapareceram, e os pedidos de reembolso de viagens já reservadas começaram a chegar aos montes. O pânico estava começando a se espalhar pela Coreia do Sul, depois pelo Japão e, até mesmo, a milhares de quilômetros de distância, na Itália, onde, no início de março, havia 1.700 casos confirmados e mais de 30 mortes. O painel de controle diário dos negócios do Airbnb que Chesky recebia parecia uma imagem espelhada dos dados que estavam sendo divulgados pelas autoridades de saúde globais e estampavam as páginas iniciais dos sites de notícias: um conjunto de gráficos subindo acentuadamente e o outro caindo absurdamente.

Chesky enviou uma nota para seu conselho de administração: "Pela primeira vez, o Airbnb é uma empresa menor do que era há um ano. Agora estamos encolhendo."

Encolhendo. Esse termo era um palavrão no Vale do Silício, no qual o crescimento voraz não era apenas aplaudido, mas esperado. Embora os acionistas esperem que as empresas de capital aberto maduras gerem lucro, um estranho éthos havia se enraizado na terra das startups na década anterior: um foco único no aumento da receita, no aumento do número de clientes e na eliminação de concorrentes, sem se importar com os lucros. As startups de tecnologia de ponta queimavam centenas de milhões de dólares todos os anos, mas, desde que sua receita continuasse aumentando e que novos usuários continuassem acessando seus aplicativos e sites, essas perdas eram perdoadas e, até mesmo, encorajadas por capitalistas de risco, que lhes davam cada vez mais dinheiro. A ideia era que, com dinheiro suficiente, as empresas poderiam comprar seu caminho para o sucesso, subsidiando novos usuários até dominarem o mercado.

O Airbnb ficou feliz em atender. A receita da empresa aumentou de US$919 milhões, em 2015, para US$4,8 bilhões, em 2019. E seus custos aumentaram com a mesma rapidez, com os prejuízos quintuplicando durante esse período, chegando a US$500 milhões. Em 2019, um em cada três dólares arrecadados pela empresa foi destinado a despesas de marketing. Outro dólar foi destinado ao pagamento de servidores, engenheiros e taxas para as empresas que processavam seus pagamentos online. Em 2019, o último ano completo antes de Chesky esboçar um IPO, a empresa perdeu US$674 milhões. Mesmo assim, sua avaliação continuou subindo. Na última vez em que levantou dinheiro de investidores privados, em 2017, ela valia US$31 bilhões, tornando-a a segunda startup mais valiosa do país, atrás apenas da Uber, que ainda não havia aberto o capital.

Agora tudo isso estava em risco. As reservas brutas do Airbnb para fevereiro de 2020 foram de US$3,5 bilhões, não um recorde histórico, mas próximo disso. Em um mês, esse valor seria negativo — ou seja, a empresa estava desembolsando mais dinheiro para clientes em pânico que estavam cancelando viagens futuras do que recebendo com novas reservas. Chesky, uma das estrelas mais brilhantes do Vale do Silício, estava prestes a descobrir o que acontece quando uma empresa não lucrativa — que gera muita receita, mas gasta com a mesma rapidez — de repente vê seus negócios caírem para zero.

Uma onda semelhante atingiu o setor que o Airbnb estava tentando desestabilizar.

Em meados de janeiro, Chris Nassetta, CEO da Hilton, estava fazendo ligações diárias para seu chefe da Ásia, Alan Watts. A empresa tinha quatro hotéis em Wuhan e centenas em toda a China, parte de um grande impulso internacional que havia sido um ponto central do mandato de Nassetta.

A Hilton já foi referência de glamour para o público do jet-set de meados do século XX, abrindo hotéis opulentos em lugares exóticos como Bogotá e Istambul. Nos primeiros anos do século seguinte, a empresa reviu a ideia da expansão internacional e recuou, tornando-se menos ativa. Sua sede na Califórnia passou a fechar ao meio-dia nas sextas-feiras. Quando Nassetta assumiu o controle em 2007, com a incumbência de restaurar a antiga glória da marca agora desbotada, ele impulsionou a empresa para os mercados internacionais. Na época, cerca de 15% dos quartos de hotel da Hilton em construção estavam no exterior; em 2014, esse número subiu para 70%, incluindo uma grande investida na China, onde a empresa logo construiria uma nova sede corporativa, em Shenzhen, para ficar de olho no mercado em expansão do país. Um em cada três hotéis construídos no país em 2019 carregava a marca Hilton. Nesse mesmo ano, a Hilton havia anunciado planos para um hotel de mil quartos em Singapura, que seria um de seus maiores hotéis em todo o mundo. E, no início de 2020, estava em negociações com uma incorporadora chinesa, a Country Garden, para assinar um acordo para mil novos hotéis, o que a tornaria, de longe, a maior rede hoteleira estrangeira no país.

Agora aquela expansão desenfreada parecia um risco. No final de janeiro, com 10 mil casos confirmados na China continental e pelo menos 250 pessoas mortas em decorrência da doença, dois dos hotéis Hilton em Wuhan haviam sido totalmente reservados pelas autoridades locais para abrigar pacientes em quarentena. Os outros dois foram fechados. Watts organizou uma força-tarefa de crise em toda a Ásia com gerentes da Hilton pela primeira vez desde o terremoto de Fukushima, no Japão, em 2011. Incapazes de confiar na contagem de casos divulgada pela mídia estatal chinesa, eles se debruçaram sobre dados mais confiáveis, como os cancelamentos de voos internacionais, para calcular a rapidez com que os negócios evaporariam, e decidiram fechar dezenas de hotéis, além dos que haviam sido fechados por ordem dos governos locais.

No início de março, 60% dos hotéis Hilton na China haviam sido fechados pelo menos temporariamente, desde o início da pandemia. No mercado em que a empresa havia apostado seu futuro, onde Nassetta havia abraçado novamente o credo corporativo de Conrad Hilton — "encher a terra com a luz e o calor da hospitalidade" — os quartos estavam escuros.

CAPÍTULO 4

BOLHAS

Bill Ackman acordou suando frio e com um único pensamento: o mercado de ações vai despencar.

Era a madrugada de 23 de fevereiro, um domingo. A ansiedade do investidor só se intensificou depois que ele voltou de Londres para Nova York, onde a vida parecia estar seguindo normalmente. Naquela semana, ele observou o índice S&P 500 atingir um novo recorde de alta e se perguntou por que ninguém mais parecia preocupado.

Uma pessoa com quem ele compartilhava suas preocupações era sua esposa, Neri Oxman. Os dois haviam se casado um ano antes, e Ackman atribuía a grande virada da Pershing Square ao relacionamento deles. A empresa acabara de enfrentar seu pior período de cinco anos já registrado, em meio ao qual seu casamento de 22 anos havia terminado. Ele conheceu Neri em 2017, um ano em que sua empresa perdeu dinheiro pelo quarto ano consecutivo. Em 2018, a empresa permaneceu estável e, em 2019, teve seu melhor ano de todos os tempos, com ganhos de quase 60%, e ele atribuiu parte dessa reviravolta ao romance deles. "Quando se está passando por um período difícil, é bastante útil estar em um excelente relacionamento", ele disse aos participantes de uma conferência reunidos em uma sala naquela primavera. Junto o casal prosperou. Eles deram as boas-vindas a uma menina, Raika, na primavera de 2019.

Ackman e Oxman pareciam fazer bem um para o outro. Não era só a Pershing Square que estava ganhando dinheiro novamente, Neri também havia conseguido uma exposição no Museu de Arte Moderna e levou Ackman, vestido a rigor, para uma noite de fevereiro excepcionalmente agradável. A peça central da exposição era uma espécie de tenda de nove metros de altura toda tecida por bichos-da-seda, um exemplo do tipo de arte orgânica e funcional que Neri Oxman chamou de "ecologia material". Os 17 mil insetos haviam sido importados de Pádua, no norte da Itália, perto do epicentro do surto de coronavírus que se espalhava naquele país — na época, o segundo pior do mundo, atrás apenas da China. Ackman se perguntou se os bichos-da-seda ou seus cuidadores poderiam ter trazido o vírus com eles e, em seguida, sentiu-se tolo por ter pensado isso. Ainda assim, ele tratou de afastar os simpatizantes de Neri, impedindo pelo menos um fã que se aproximou para cumprimentá-la com um abraço, e o casal saiu mais cedo. No Uber até um restaurante para um jantar de comemoração, Ackman atendeu a uma ligação de Nicholas Christakis, um renomado bioestatístico, e conversou com o cientista sobre o curso do vírus. O casal jantou no Le Bernardin, um restaurante com três estrelas Michelin que tinha os nomes de todos os poderosos de Manhattan em sua lista VIP, e foi ali que Ackman transmitiu o que tinha ouvido para a esposa, pensando que essa poderia ser sua última refeição fora de casa por meses.

No final de fevereiro, quando a vida em Nova York e nos mercados financeiros que sedeava parecia estar funcionando normalmente, a agitação de Ackman havia se transformado em pânico agudo, que o fez acordar antes do amanhecer naquele domingo. Ele organizou uma teleconferência para as 20h30 daquela noite com sua equipe de investimentos, tirando alguns dos funcionários das atividades de lazer no fim de semana. Essas reuniões eram incomuns. A Pershing Square não costumava fazer ajustes frequentes em seu portfólio e criava posições após meses de uma análise profunda, que tendia a não mudar muito com base nos ventos predominantes do mercado. Muitos investidores gostam de se autodenominar "de longo prazo" — distanciando-se de traders oportunistas —, mas Ackman podia fazer uso desse rótulo com tranquilidade. Ele manteve muitas de suas posições por anos, muitas vezes muito além do ponto de racionalidade econômica. O fato de ele ter convocado seus gestores agora demonstrava a incerteza que pairava sobre a economia.

Da sala de estar de sua cobertura em Manhattan — um duplex de 1.250 metros quadrados que, quando ele comprou, em 2015, por US$91,5 milhões com um grupo de amigos investidores, foi considerada a segunda compra residencial mais cara da história da cidade de Nova York —, Ackman apresentou à equipe a tese definitiva de baixa: os casos de coronavírus na China continuavam aumentando.[26] Na Itália, com o fim da semana de moda, uma horda de estilistas, varejistas e profissionais da mídia de Milão viajaram para Nova York, Paris, Londres, Tóquio e Los Angeles. "Eles acabaram de disseminar esse vírus para todas as cidades importantes do mundo", Ackman argumentou ao telefone. A população dos Estados Unidos não costumava seguir muitas regras; isso tornaria difícil a ideia de conter o vírus e faria com que o tipo de lockdown rigoroso que o governo chinês estava buscando fosse praticamente impossível, ele observou. O mercado de ações, embalado pela complacência e negociando perto dos preços mais altos de todos os tempos, despencaria. Haveria o desemprego em massa. Em última análise, ele os advertiu, isso poderia acabar em agitação civil.

"Pessoal, isso é matemática. E está se agravando. Precisamos vender tudo", ele disse, "ou fazer um investimento maciço em hedge".

Os hedges são o equivalente financeiro do seguro. Em sua forma mais simples, eles envolvem a adoção de uma posição contrária a um investimento existente que será compensada caso a tese original se revele errada. Um investidor que compra ações da Apple Inc. pode "vender a descoberto", ou apostar contra, um amplo conjunto de ações de tecnologia com a teoria de que, se estiver errado sobre a Apple, pelo menos ganhará algum dinheiro se o índice cair. ("Vender a descoberto" envolve o empréstimo de ações, geralmente de um banco de investimentos, com a promessa de devolvê-las ao banco em uma data posterior. Os investidores que acreditam que seu preço cairá podem vender as ações emprestadas agora, comprá-las de volta mais tarde a um preço mais baixo para cumprir o contrato com o banco e embolsar a diferença.)

Havia duas opções, disse Ackman à sua equipe. A Pershing Square poderia vender bilhões de dólares em ações que ele temia que estivessem prestes a sofrer uma queda no valor, o equivalente a tirar o dinheiro do banco e colocá-lo debaixo do colchão. Ou a empresa poderia mantê-las e, em vez disso, comprar uma apólice de seguro que pagaria se as ações despencassem como ele suspeitava. A equipe analisou cada posição do portfólio da Pershing Square, que incluía nomes conhecidos, como a cadeia de fast-food Chipotle, a Starbucks, a Hilton e a Lowe's, loja de artigos para o lar. Ackman sugeriu se desfazer de suas participações na Hilton e na

Berkshire Hathaway, o conglomerado dirigido pelo lendário investidor Warren Buffett. Juntas, as duas empresas representavam cerca de um terço do portfólio de ações da Pershing Square.

Seu argumento para vender a Hilton era simples. Segundo Ackman, o setor de hotelaria seria o primeiro a ser atingido por qualquer lockdown, seja ele ordenado pelo governo ou autoimposto por viajantes em pânico. A Hilton pode não ser proprietária de muitos dos hotéis que ostentam sua bandeira, mas ganhava dinheiro com a participação em suas receitas. Se isso acabasse, poderia ser "o fim do jogo", ele disse aos representantes.

O argumento para vender a Berkshire Hathaway tinha duas vertentes. O investimento da Pershing Square no conglomerado tinha apenas seis meses e não havia se valorizado significativamente, de modo que a venda permitiria a entrada de dinheiro sem gerar uma grande cobrança de impostos. A Berkshire, que era proprietária de empresas que iam desde a Dairy Queen até a GEICO e a Burlington Northern Railroad, também era uma escolha estranha para o portfólio da Pershing Square. Ackman admirava Buffett há tempos e comparecia regularmente à reunião anual da empresa em Omaha. (Na ocasião, em 1994, quando era um gestor de fundos de hedge novato de 28 anos, ele se levantou para perguntar ao bilionário sobre o investimento da Berkshire no Salomon Brothers, de Wall Street. "Meu nome é Bill Ackman e sou de Nova York", ele começou.)[27] Vinte e cinco anos depois, na primavera de 2019, ele havia investido 11% do dinheiro da Pershing Square em ações da Berkshire, que ele acreditava que estavam extremamente subvalorizadas na época.[28]

Mas Ackman era o que se chama de investidor "ativista". Sua estratégia típica envolvia assumir participações em empresas de capital aberto e pressioná-las — às vezes, tentando persuadi-las de maneira privada; outras, fazendo pressão pública — a mudar de rumo, seja por meio do desmembramento de uma divisão fraca, da substituição de sua administração ou mesmo colocando-se à venda. A Berkshire era imune a esse tipo de pressão. Buffett controlava cerca de um terço das ações com direito a voto da Berkshire, o que significava que ele não precisava ouvir seus acionistas; e, de qualquer forma, ele era tão reverenciado na comunidade de investimentos que era basicamente intocável. Se o estilo de investimento de Ackman se baseava em uma força imparável — fazer barulho suficiente para pressionar os gerentes corporativos a adotarem suas ideias — a Berkshire Hathaway era um objeto imutável. Com tempos turbulentos pela frente, ele disse que queria que o dinheiro da Pershing Square fosse investido em empresas em que ele conseguisse ter poder de voto.

Sua equipe rejeitou ambas as ideias. Para início de conversa, há muito tempo Ackman vinha tentando mudar sua reputação de invasor de empresas para uma imagem mais tranquila de investidor de longo prazo. Abandonar a Hilton, uma das participações de mais longo prazo da Pershing Square, só reforçaria essa reputação. Além disso, ele conhecia bem a empresa e admirava Nassetta, seu executivo-chefe. Quanto à Berkshire Hathaway, Buffett tinha um talento especial para ganhar dinheiro em épocas de estresse. Ele registrou enormes lucros após o crash de 2008, quando empresas desesperadas recorreram a Buffett em busca de uma tábua de salvação. Ele transformou um de seus aforismos sobre investimentos, frequentemente citado — "Tenha medo quando os outros forem gananciosos e seja ganancioso quando os outros tiverem medo" — em bilhões de dólares. "É em momentos como esse que Buffett brilha", disse Anthony Massaro, um representante da Pershing Square, a seu chefe. Nada de vender. Então eles optaram por realizar um investimento maciço em hedge.

Ackman teve uma ideia que era simples em seu design, mas ousada em seu tamanho. Em um toque de ironia, envolvia uma estratégia que foi amplamente responsabilizada pela crise financeira de 2008: os swaps de inadimplência de crédito (CDS). Esses instrumentos são basicamente apólices de seguro, mas, em vez de proteger o proprietário de uma casa contra o risco de incêndio ou o proprietário de um carro contra o risco de um acidente, eles protegem os credores contra perdas financeiras. Os investidores em títulos vivem sob o risco de que quem quer que lhes deva dinheiro não o pague — seja uma empresa listada na Fortune 500, um governo municipal ou milhares de proprietários de imóveis. É nesse ponto que a engenharia financeira assume o controle: em algum lugar do mundo, há outro investidor disposto a assumir esse risco mediante o pagamento de uma taxa. O swap de inadimplência de crédito conecta esses dois investidores. O comprador do swap realiza pagamentos periódicos ao vendedor do swap, semelhantes a prêmios de seguro. Se o tomador do empréstimo ficar inadimplente, o vendedor paga os juros e o principal perdidos, deixando o comprador financeiramente satisfeito. No meio dos dois, é claro, estão os bancos de investimento, que cobram uma taxa de ambos para fazer a combinação.

Criado dentro do JPMorgan na década de 1990, o instrumento financeiro se tornou muito popular rapidamente. O mercado de swaps de inadimplência de crédito valia US$6,4 trilhões em 2005 e US$61,2 trilhões 3 anos depois — mais de 3 vezes todo o dinheiro investido na época em ações globais.[29,30] Em teoria, eles eram um bem social: os credores que podiam se proteger do risco de perdas tinham maior probabilidade de continuar emprestando, permitindo que as empresas com classificação mais baixa tivessem acesso ao capital necessário.

Porém, em meados da década de 2000, os CDS haviam abandonado suas raízes como produtos de seguro e se tornado um novo jogo de cassino, permitindo que qualquer investidor especulasse sobre a dívida. Ackman era um deles. Em 2007, ele comprou swaps de inadimplência de crédito sobre os títulos de duas seguradoras de títulos municipais, MBIA e Ambac, e ganhou mais de US$1 bilhão. A popularidade dos swaps havia diminuído após a crise financeira global, em parte porque as novas regulamentações tornaram sua negociação mais difícil e menos lucrativa. Eles ainda estavam em alta nos mercados financeiros, mas, até o final de 2019, cerca de US$7,6 trilhões foram investidos em contratos em aberto, uma queda de 87% em relação ao pico pré-crise. Nas palavras de um analista, os swaps não eram mais "malignos ou temidos, eram entediantes".

Ackman não os considerava entediantes. Para ele, os CDS eram uma aposta clássica e assimétrica. Para quantias relativamente pequenas de dinheiro, as recompensas potenciais eram enormes. Em sua palestra na London School of Economics, Ackman apresentou o caso do uso de swaps de inadimplência de crédito, chamando-os de "instrumentos incríveis. Se você estiver certo, ganha uma fortuna, e, se estiver errado, apenas paga um pequeno prêmio".

Como todos os tipos de seguro, os swaps de inadimplência de crédito só funcionam se forem precificados corretamente. Afinal de contas, uma seguradora de automóveis irá à falência se oferecer apólices baratas a um motorista imprudente. Da mesma maneira, um investidor terá que pagar mais caro por swaps de inadimplência de crédito que cubram os títulos de uma empresa à beira da falência, enquanto os títulos emitidos por uma empresa ultrassegura como a Microsoft, que tem uma classificação de crédito Triple A (AAA) imaculada, podem ser segurados por uma ninharia.

Mas, no final de fevereiro, algo estranho aconteceu. Os vendedores desse seguro financeiro não pareciam especialmente preocupados com a Covid-19. Os swaps de inadimplência de crédito podiam ser comprados por frações de um centavo, mesmo para empresas que não apresentavam as classificações de crédito mais altas pela Moody's e pela Standard &

Poor's. Os vendedores dessas apólices de seguro financeiro não estavam cobrando muito mais para segurar os títulos de empresas com classificação de crédito baixa do que os de empresas com classificação de crédito mais alta. Ou seja, eles não pareciam estar discriminando os tomadores de empréstimos entre mais arriscados e mais seguros. "O mercado está avaliando isso de maneira totalmente equivocada", Ackman disse à sua equipe durante a teleconferência de domingo. Além disso, se o coronavírus exigisse o tipo de bloqueio nacional que ele considerava provável, essas classificações de crédito Triple A não teriam sentido. Nenhuma empresa seria poupada se sua receita caísse para zero, independentemente do grau de credibilidade atribuído por um analista da Moody's.

Portanto, embora o valor das posições em ações da Pershing Square pudesse cair, seria possível recuperar esse dinheiro apostando contra títulos corporativos. E fazer isso a taxas historicamente baratas, graças à falta geral de alarme entre os outros investidores, que estavam felizes em embolsar pequenos prêmios de seguro contra o que era amplamente visto como um risco remoto.

"Comece a comprar", ele disse a seus operadores, que na manhã seguinte começaram a realizar uma das maiores operações da vida de Ackman.

EMBORA NÃO TENHA usado a palavra, Ackman estava chamando o mercado financeiro do que ele claramente havia se tornado: uma bolha, que corria o risco de estourar.

As bolhas financeiras são tão humanas quanto qualquer outra coisa. Nos anos 1600, os comerciantes de Amsterdã enlouqueceram com os bulbos de tulipas. Os investidores do mercado financeiro fizeram o mesmo com as ações dos EUA na década de 1920, com os imóveis japoneses na década de 1990, com as empresas pontocom no final da década de 1990 e com os imóveis nos EUA menos de uma década depois. Algumas bolhas são obviamente ridículas mesmo no momento (veja: Beanie Babies); outras apenas em retrospecto, mas o padrão é sempre o mesmo. Os evangelistas, movidos pela crença de que o ativo que escolheram mudará o mundo, entram na onda. Os investidores, tomados pelo medo de ficar de fora de grandes ganhos, os seguem. A compra frenética empurra o preço de um ativo muito além do que uma análise econômica séria dos lucros e das perspectivas consegue apoiar. Os céticos reclamam enquanto outros enriquecem.

Na década entre 2009 e 2019, aconteceu a mesma coisa. Exceto que, em vez de se concentrar em um único lugar — imóveis residenciais, tulipas holandesas, ações de tecnologia —, isso atingiu quase todo o sistema financeiro global.

O S&P 500 subiu 400% entre março de 2009 e março de 2020, um mercado em alta que durou uma década e que se ergueu das cinzas do colapso de 2008 e parecia desafiar a lógica. Ele sobreviveu a uma guerra comercial entre as duas maiores economias do mundo, os Estados Unidos e a China, que ameaçava o funcionamento do comércio global. Ele se esquivou de furacões, de turbulências políticas, do primeiro rebaixamento da classificação de crédito dos Estados Unidos e de uma crise de dívida na Europa. Sem dúvida, os lucros das empresas também aumentaram, mas os preços das ações subiram muito mais rápido. Em 2011, um investidor conseguia comprar uma fatia do S&P 500 por cerca de treze vezes o valor do lucro anual por ação das empresas que compunham o índice; no início de 2020, essa proporção era de 25. Os céticos advertiram repetidamente que essa situação não poderia durar, e provou-se que eles estavam errados repetidas vezes.

E, enquanto as ações ficavam caras, as dívidas ficavam baratas e abundantes. A estranheza que Ackman havia notado — uma falta de discernimento entre os investidores em títulos que cobravam juros um pouco mais altos dos tomadores de empréstimos mais arriscados do que dos mais seguros — começou a ser mais pronunciada. Em 2016, os credores estavam cobrando das empresas dos EUA uma taxa de juros 2 pontos percentuais acima dos títulos do Tesouro.[31] No início de 2020, eles estavam cobrando apenas 1 ponto percentual a mais. Ou seja, eles estavam presumindo que as empresas norte-americanas eram uma aposta quase tão segura quanto o governo federal, que nunca deixou de fazer um pagamento de dívida em toda sua história.

Mesmo aqueles que não acreditavam foram atraídos pelo surgimento de novas estratégias baseadas em computadores que usavam algoritmos para detectar tendências em movimentos microscópicos de preços e, em seguida, aproveitar a onda. Em sua forma mais simples, essa estratégia significa comprar quando os outros estão comprando e vender quando os outros estão vendendo. É basicamente o oposto do investimento fundamentalista, que sustenta que as ações ou os títulos ficam supervalorizados quando sobem demais (e, portanto, devem ser vendidos) e ficam baratos quando caem demais (e, portanto, devem ser comprados). Essa estratégia recebeu um nome oficial: estratégia momentum. Mas seria melhor descrevê-la tomando emprestado um termo que, no final da década de 2010, havia sido popularizado no mundo da mídia social — FOMO, ou "fear of missing out" (medo de ficar de fora), que captava a mistura de ansiedade e exclusão gerada por meio da rolagem dos feeds no Facebook e no Instagram que exibiam a vida glamorosa de outras pessoas. Nos últimos anos dessa década, o FOMO havia substituído os fundamentos como a força dominante nos mercados financeiros. Era uma bolha — não tão claramente absurda quanto a corrida pelos Beanie Babies ou pelas tulipas holandesas, mas mesmo assim era uma bolha — e a única questão era o que a estouraria.

Bill Ackman estava esperando com um balde nas mãos.

Ele não precisou esperar muito.

Em 25 de fevereiro, um dia depois que a Pershing Square começou a executar suas operações, Nancy Messonnier, diretora do Centro Nacional de Imunização e Doenças Respiratórias do CDC, realizou uma teleconferência com os repórteres, na qual ela disse, nos termos mais severos que o público norte-americano tinha ouvido até então, que o vírus estava chegando. "Não se trata mais de uma questão de saber se isso vai acontecer, mas, sim, de saber exatamente quando isso vai acontecer e quantas pessoas neste país terão as formas graves da doença", ela disse. Em todo o mundo, 2.800 pessoas tinham morrido de Covid-19 e 82 mil tinham sido infectadas. Segundo ela, o coronavírus logo estaria se espalhando nas comunidades dos Estados Unidos, se é que já não estava. Não havia testes amplamente disponíveis, portanto, qualquer número relatado provavelmente estaria subestimando a disseminação do vírus. Ela implorou aos pais que perguntassem às escolas de seus filhos como elas planejavam lidar com um fechamento de emergência e implorou aos empregadores que pensassem em como seus funcionários poderiam trabalhar de casa. Era a primeira vez que muitos norte-americanos ouviam termos que logo se tornariam comuns — trabalho online, aulas online, consultas online.

No dia seguinte, 26 de fevereiro, as autoridades norte-americanas identificariam um paciente na Califórnia que não parecia ter viajado para o exterior nem ter entrado em contato com ninguém que tivesse viajado, o que o tornou, aparentemente, o primeiro caso de disseminação comunitária nos EUA.[32] Posteriormente, isso seria comprovado como falso, depois que os epidemiologistas rastrearam casos nos Estados Unidos muito antes do que se pensava, mas, naquele momento, isso representou uma mudança radical na maneira como os norte-americanos viam o vírus. Não se tratava mais de um problema "de lá". Ele havia entrado na casa deles.

Para Wall Street, o coronavírus representava algo que eles não viam há mais de uma década: um choque exógeno cujo impacto na economia global era potencialmente enorme e basicamente desconhecido. Será que os escritórios, as fábricas e as escolas dos Estados Unidos e da Europa fechariam como na China? As ruas e as lojas ficariam vazias? Quanto tempo levaria para os cientistas desenvolverem medicamentos que pudessem desacelerar o vírus ou uma vacina que impedisse sua propagação? Isso seria mesmo possível? Sem respostas claras, os traders se esforçaram para ver o fundo do poço e venderam tudo o que podiam.

Em 27 de fevereiro, o mercado de ações registrou a maior queda em um dia da história. O S&P 500, um conjunto das maiores empresas de capital aberto dos Estados Unidos, estava valendo 12% menos do que em seu pico, apenas algumas semanas antes. Até mesmo as ações de empresas de serviços públicos de eletricidade e de bens de consumo, às quais os investidores geralmente recorrem em épocas de volatilidade, devido ao pagamento constante de dividendos, foram atingidas. Os índices de ações da Europa e da Ásia também despencaram. O presidente do Federal Reserve, Jerome Powell, tentou garantir aos investidores que o banco central estava no controle: o coronavírus "apresenta riscos crescentes para a atividade econômica", ele disse na sexta-feira, que encerrou a pior semana para as ações dos EUA desde a crise de 2008. O banco central "agiria conforme apropriado para apoiar a economia", ele completou.

A queda levou o mercado ao que os economistas chamam de "correção", o que significa uma queda de pelo menos 10% em relação a um pico recente. É um termo vago, mesmo assim soa conveniente. Um instrutor de academia pode corrigir uma técnica negligente. Um professor do 1º ano pode corrigir uma letra invertida. Em Wall Street, esse termo significa um declínio rápido que tende a provocar pânico — o que se qualifica exatamente como um "pico recente" é subjetivo.

Embora muitos analistas já estivessem prevendo uma retração para as ações, dada a rapidez com que seus preços haviam aumentado nos anos anteriores, a velocidade desse declínio foi chocante. Das 26 quedas históricas de mercado anteriores, de dimensão semelhante, a média foi de quatro meses. Essa levou apenas seis dias.[33] A recuperação de longa data das ações dos EUA estava correndo o risco de cair no território do "mercado em baixa", uma expressão que marca um declínio de 20% em relação a uma alta recente.

A Apple e a Microsoft, duas máquinas de lucro cujas ações são indicadores de movimentações mais amplas do mercado, começaram a alertar os investidores de que ganhariam menos dinheiro em decorrência do vírus. Os analistas do Goldman Sachs previram que, se o vírus não fosse rapidamente controlado, os lucros das empresas em 2020 não aumentariam nada em relação aos níveis de 2019. As esperanças de uma rápida recuperação, em forma de "V", na qual uma recessão curta e acentuada era rapidamente neutralizada por uma recuperação igualmente aguda, estavam evaporando.

Os investidores venderam ações e títulos de alto rendimento. Eles fugiram para a segurança da dívida pública, fazendo com que o rendimento do Tesouro dos EUA de dez anos caísse para uma baixa recorde de 1,127%. (Os rendimentos dos títulos, ou o retorno anual que um investidor terá, caem quando o preço do título aumenta. Portanto, quando a demanda de investidores por determinado título aumenta, seu preço sobe e seu rendimento cai.) Na Europa, onde o número de casos de coronavírus era maior e o vírus estava começando a afetar drasticamente o comércio e as viagens, as taxas de juros sobre a dívida pública caíram ainda mais, mergulhando profundamente em território negativo, o que significa que os investidores estavam, de fato, pagando pelo privilégio de emprestar dinheiro a seus governos.

"É algo totalmente novo", Chris Stanton, diretor de investimentos da Sunrise Capital Partners, um fundo quantitativo com sede na Califórnia, disse ao *Wall Street Journal*.[34] "Se a próxima manchete disser que a Disney está fechando seus parques temáticos, começaremos a ver movimentos como os de 2008."

Isso levaria menos de duas semanas.

CAPÍTULO 5

VOCÊS PRECISAM DE AJUDA?

Jim Hackett teve uma ideia. No final de fevereiro de 2020, o CEO da Ford ligou para seu velho amigo e conselheiro corporativo Arne Sorenson, executivo-chefe da Marriott, que liderava um comitê na Business Roundtable — um grupo de executivos corporativos que, ocasionalmente, se reúne a fim de resolver os problemas mundiais, além dos próprios problemas. Fundada em 1972, essa organização foi nitidamente egoísta em seus primeiros dias, ajudando a derrotar uma importante parte da legislação antitruste em 1975 e frustrando uma tentativa de endurecer as punições para crimes corporativos em 1990.[35] Nos últimos anos, o grupo ampliou seus objetivos, tornando-se mais abertamente envolvidos em assuntos globais e buscando melhorar a imagem da comunidade empresarial aos olhos de um público cada vez mais hostil. Essa mudança foi consolidada em 2019, quando ele descartou a ortodoxia corporativa de longa data e adotou o que chamou de "capitalismo de stakeholders", argumentando que as empresas não deveriam mais atender apenas aos interesses de seus acionistas, mas também de seus funcionários, clientes e suas comunidades.

As mais de duzentas empresas associadas, incluindo a Apple, o Bank of America, a rede de supermercados Albertson's e a Pfizer, empregavam um em cada seis trabalhadores norte-americanos e tinham US$9 trilhões de receita anual combinada. O vírus estava se espalhando e logo atingiria os Estados Unidos com força. Com pouca orientação clara por parte do governo federal, Hackett acreditava que a Business Roundtable estava em uma posição de liderança. "Liderança é ter um ponto de vista", ele havia dito a um entrevistador apenas um ano antes.

Ele entrou em contato com Sorenson em sua casa em Chevy Chase, Maryland. O chefe da Marriott trabalhava duro, porém havia reduzido suas horas de trabalho no escritório enquanto se submetia ao tratamento de um câncer no pâncreas, diagnosticado um ano antes. As pessoas que viram Sorenson nos últimos meses ficaram chocadas com o impacto do tratamento; seu cabelo castanho e espesso, dividido e penteado à esquerda, um clássico dos CEOs que ele usou por anos, havia afinado muito, e sua camisa estava larga no colarinho. Após perguntar como Sorenson estava se sentindo, Hackett lhe apresentou uma ideia que, segundo ele, poderia salvar a economia.

"Devemos fechar o país durante quatro semanas", ele disse a Sorenson. "Quero dizer, fechá-lo completamente."

A proposta apresentada foi uma série de concessões por parte das empresas, dos trabalhadores e do governo, sendo que cada lado cedeu apenas o suficiente para que ele pensasse que poderia agradar a todos. As empresas associadas à Business Roundtable e quaisquer outras que quisessem se associar a ela não teriam permissão para demitir nenhum funcionário. Qualquer funcionário que pudesse ficar em casa o faria e receberia 60% do salário que recebia antes da chegada do vírus. Em troca, eles abririam mão de seus dias de férias pelo restante do ano, exceto por um feriado de sua escolha, o que permitiria às empresas recuperar parte da produtividade perdida. O governo não tributaria esses salários, mas evitaria um aumento no desemprego, que parecia inevitável para Hackett.

Era o oposto do problema da "tragédia dos comuns" que, muitas vezes, inviabiliza as boas ideias, ele disse a Sorenson. Todos teriam alguma participação nesse jogo. Se um número suficiente de empresas grandes concordasse em fechar as portas, não haveria preocupações sobre vantagens competitivas. "Em quatro semanas, podemos derrotar esse vírus", ele disse.

Sorenson acreditava que parecia uma boa ideia, mas havia um problema — um problema que Josh Bolten, CEO da Business Roundtable, identificou rapidamente quando Hackett lhe apresentou a ideia alguns dias antes.

"Quem convencerá o presidente?", Bolten perguntou.

Donald Trump vinha minimizando o vírus há semanas, desde seus comentários em Davos de que a situação estava "totalmente sob controle". O presidente passou a ver o mercado de ações em alta e a baixa taxa de desemprego como estratégias para sua reeleição em novembro daquele ano. Sorenson sabia que era improvável que o presidente reagisse bem a uma paralisação geral da economia, mesmo que fosse somente temporária.

Hackett tentou. Em fevereiro, ele ligou para um assessor sênior da Casa Branca, mas o governo estava um caos tentando lidar com o vírus e com um presidente pouco interessado em lockdowns. Assim, a ideia não deu em nada; uma oportunidade de as empresa norte-americanas ajudarem a tirar o país da crise foi desperdiçada. Mas a negociação entre os CEOs dos Estados Unidos e o governo federal sobre o que seria necessário para evitar a carnificina econômica estava apenas começando.

DOUG PARKER, o CEO da American Airlines, empurrou a porta da Sala Roosevelt na Casa Branca e sentou-se à mesa de madeira polida. Era dia 4 de março. Em frente a Parker, estava o presidente Trump e, ao seu redor, os CEOs das maiores empresas concorrentes da American Airlines: Gary Kelly, da Southwest, Brad Tilden, da Alaska Airlines, Peter Ingram, da Hawaiian Airlines, Robin Hayes, da JetBlue, e Oscar Munoz, da United Airlines, que, conforme apontou o presidente, corria um risco maior de ficar gravemente doente por causa do coronavírus após ter feito um transplante de coração em 2016. ("Não recomendo", ele disse a Trump.) Apenas Bastian estava ausente; o chefe da Delta estava no interior do estado de Nova York enterrando sua mãe, que havia falecido alguns dias antes, aos 84 anos, em decorrência de uma infecção respiratória súbita. Os médicos não conseguiram explicar seu rápido declínio e, nos meses seguintes, à medida que os casos aumentavam e as evidências sugeriam que o vírus já estava circulando nos Estados Unidos há mais tempo do que se pensava, Bastian se perguntaria se ela o havia contraído. Agora, porém, ele estava fazendo um elogio fúnebre em Poughkeepsie enquanto os CEOs de suas concorrentes se reuniam em Washington.

A Casa Branca queria a ajuda das companhias aéreas para rastrear os viajantes que poderiam ter entrado em contato com passageiros infectados. Os CEOs das companhias aéreas, por sua vez, queriam uma mensagem clara do presidente de que era seguro voar. O volume de passageiros nos aeroportos dos Estados Unidos se mantinha estável — cerca de 15 milhões de pessoas passaram por um posto de controle da TSA na última semana de fevereiro, quantidade semelhante ao ano anterior —, mas havia sinais de que os viajantes estavam ficando apreensivos. As reservas para voos futuros estavam caindo drasticamente. Foi uma semana movimentada para as maiores companhias aéreas dos Estados Unidos, que se esforçaram para reformular os horários e acomodar os clientes cada vez mais desconfiados se era seguro voar. Três dias antes, a United havia se tornado a primeira grande companhia aérea a reduzir suas rotas domésticas, anunciando uma redução de 10% que entraria em vigor em abril, e havia adiado um programa de treinamento para uma nova turma de pilotos recrutas, marcado para começar no dia 1º de março. A American havia dispensado as taxas de alteração para os clientes que reservassem um novo voo antes de 20 de março.

Os CEOs foram convidados para uma reunião com o vice-presidente Mike Pence, que estava liderando a força-tarefa da Casa Branca contra o coronavírus, e seus assessores de saúde pública. Mas, quando a porta se abriu na Sala Roosevelt, na qual a imprensa estava enfileirada, com as câmeras ligadas e as cadernetas abertas, Trump foi o primeiro a entrar, com Pence de um lado e, do outro, Deborah Birx, uma funcionária de longa data da área de saúde pública que atuou como coordenadora de resposta ao coronavírus na Casa Branca.

Trump começou a reunião de maneira raramente silenciosa, entregando-a a Pence para um discurso preparado, mas sua maneira contida em frente a um bancada repleta de câmeras durou pouco tempo. Ele logo interveio, culpando o governo Obama pela escassez de kits de teste, observando — falsamente — que ele havia revertido uma política da Food and Drug Administration que limitava a capacidade dos laboratórios privados de desenvolver os próprios testes. (Na verdade, a política foi implementada pelo FDA da gestão de Trump e pouco fez para restringir os laboratórios privados.) Ele apresentou os CEOs à imprensa como "os maiores e os melhores". Quando seu secretário de segurança interna, Chad Wolf, forneceu uma atualização sobre os esforços de triagem nos aeroportos dos EUA, Trump perguntou sobre os esforços de triagem na fronteira sul dos Estados Unidos, "onde estamos indo muito bem".

Os executivos discutiram as medidas que estavam sendo tomadas para desinfetar seus aviões e manter os passageiros e tripulantes seguros. Munoz, o CEO da United, disse que vinha incentivando todas as 96 mil pessoas que trabalham na companhia aérea a se cumprimentarem por meio de soquinhos com os punhos fechados em vez de apertos de mão, chamando a si mesmo de "garoto-propaganda" de um paciente de alto risco da Covid. "História fantástica", disse o presidente, concordando com a cabeça.

Ao final da reunião, um repórter perguntou a Trump se ele estava avaliando a possibilidade de fornecer um apoio financeiro ao setor.[36] "Não faça essa pergunta, por favor", ele respondeu, provocando risos nervosos dos CEOs. "Não quero que você dê a eles nenhuma ideia." No entanto, os executivos conseguiram o que queriam: quando questionado ao vivo se era seguro voar, o presidente disse que sim.

Os CEOs, então, caminharam dois quarteirões a oeste até a sede da Airlines for America, o braço de lobby conhecido como A4A. O fato de que Parker tinha mais um negócio em andamento não era do conhecimento dos chefões engravatados enquanto caminhavam pela avenida Pensilvânia. A reunião na Sala Roosevelt foi apenas para exibição; qualquer progresso real seria feito a portas fechadas, longe das câmeras, e o ambicioso Parker queria estar lá. Nate Gatten, chefe de assuntos governamentais da American, agarrou o cotovelo do CEO e o puxou de lado. Gatten havia confirmado uma reunião privada para seu chefe com Mnuchin naquela tarde. Alguns minutos antes da reunião das 15h30, Parker se levantou para sair e avisou aos colegas CEOs para onde estava indo.

"Por que você está indo se encontrar com Mnuchin?", perguntou Gary Kelly, o CEO da Southwest. Era uma pergunta justa. Parker havia sido CEO de uma companhia aérea por vinte anos e nunca havia se encontrado com um secretário do Tesouro — nem mesmo após o 11 de Setembro, quando o setor precisou de bilhões de dólares em ajuda do governo. Os CEOs das companhias aéreas mantiveram contato próximo com os órgãos reguladores da aviação federal e os principais membros do Congresso, mas se eles estavam conversando com um secretário do Tesouro, algo de muito errado tinha acontecido. Assim, a desconfiança aumentava entre os CEOs das companhias aéreas norte-americanas, que ainda não tinham se dado conta de que estavam todos envolvidos no mesmo problema.

Mnuchin, que, em janeiro, quando estava em Davos, estava entre os primeiros membros do gabinete de Trump a começar a soar o alarme sobre o possível impacto da Covid na economia, era membro da força-tarefa da Casa Branca contra o coronavírus. As reuniões da força-tarefa foram sendo cada vez mais divulgadas nos noticiários da TV a cabo, com Mnuchin assumindo um papel de destaque. "Gary, em todas as reuniões da força-tarefa, Mnuchin está sentado bem na frente e no centro", disse Parker a Kelly. "Antes que tudo isso acabe, acho que ele estará negociando pelo governo." O que estava implícito em suas palavras era algo que os CEOs não haviam discutido abertamente: apesar de suas garantias em contrário apenas algumas horas antes na Sala Roosevelt, no final das contas, as companhias aéreas poderiam mesmo precisar de dinheiro. Se o cara que controlava a carteira quisesse falar com Parker, ele iria. Ele atravessou a rua em direção a uma sala de reuniões no prédio do Tesouro.

Longe do olhar dos repórteres e das câmeras de televisão, Mnuchin dispensou a encenação. "Sem papo furado, Doug. Vocês precisam de ajuda?"

"Honestamente, acho que neste momento não, mas se precisarmos, você será o primeiro a saber", disse Parker.

Uma semana depois, o mundo mudaria novamente e Parker se tornaria o porta-voz de um setor que buscava uma ajuda de US$50 bilhões. E, conforme previsto, Mnuchin seria a pessoa sentada do outro lado da mesa.

Enquanto os executivos das companhias aéreas se reuniam na Sala Roosevelt, no andar abaixo deles, na Sala de Crise da Casa Branca, um grupo dos principais economistas do governo estava se reunindo para discutir as crescentes consequências financeiras do vírus. Enquanto Larry Kudlow, que, antes de ser escolhido como o principal consultor econômico de Trump em 2018, era mais conhecido como uma personalidade da televisão com um programa de comentários financeiros na CNBC, trabalhava com a força-tarefa oficial da Casa Branca contra o coronavírus, um grupo secreto de especialistas em economia havia começado a se reunir regularmente para avaliar a realidade local.

Andrew Olmem, vice de Kudlow, estava lá junto com Mike Faulkender, um dos principais economistas do Departamento do Tesouro;

Tyler Goodspeed, membro do Conselho de Consultores Econômicos — uma espécie de mini "think tank" dentro da Casa Branca que existe desde a década de 1940; bem como funcionários de Ivanka Trump e Peter Navarro, o protecionista consultor comercial do presidente. Olmem havia organizado o grupo alguns dias antes, com ordens rigorosas para identificar dados que o governo deveria rastrear a fim de produzir dados de inteligência melhor e identificar sinais de alerta sobre os efeitos do vírus. O Tesouro foi encarregado da economia doméstica, o Conselho de Consultores Econômicos foi encarregado de questões internacionais e a equipe de Olmem no NEC estava monitorando as interrupções na cadeia de suprimentos do país.

Agora as atribuições haviam mudado. Até esse dia, era "O que estamos monitorando?" Naquele dia, Olmem disse ao grupo: "O que vamos fazer?"

A equipe de Faulkender no Departamento do Tesouro, de menos de duas dúzias de pessoas e em sua maioria economistas, estava trabalhando em algumas ideias. Eles seguiram o conselho que Larry Summers, o proeminente economista, havia dado publicamente no início de 2008, no momento em que surgiram rachaduras nos mercados de crédito que, mais tarde, abalariam todo o sistema financeiro do país. Naquela ocasião, ele pediu aos formuladores de políticas que interviessem, mas que o fizessem de maneira "oportuna, direcionada e temporária". Os funcionários do Tesouro achavam que esse conselho também se aplicava agora. (Dentro de alguns meses, a resposta do governo acataria o conselho de Summers do final de 2008, quando Wall Street estava afundando e ele recomendou que a ação do governo fosse "rápida, substancial e sustentada".)

A principal prioridade era executar uma ideia que se concretizaria rapidamente, uma garantia do governo de licença médica remunerada para trabalhadores afetados pelo vírus. O Congresso aprovaria isso uma semana depois por meio de um pequeno projeto de lei de auxílio à Covid-19. Mas o grupo estava focado em coisas que poderiam ser feitas sem a ação do Congresso. As ideias promissoras incluíam adiar o prazo de declaração de impostos até 15 de abril, o que Mnuchin poderia fazer unilateralmente; interromper a cobrança de juros de dívidas com o governo, como empréstimos estudantis; e usar uma enorme quantia de dinheiro controlado pelo Departamento do Tesouro para ajudar os mercados financeiros.

Essa reserva financeira, o Fundo de Estabilização Cambial (Exchange Stabilization Fund ou ESF), detinha pouco menos de US$100 bilhões, e Mnuchin tinha uma grande margem de manobra para aplicá-lo como bem entendesse. Esse fundo era uma relíquia da década de 1930, quando o Congresso concedeu fundos ao Departamento do Tesouro para estabilizar o dólar depois que a moeda dos EUA foi desvinculada do valor do ouro, o que os legisladores temiam que pudesse provocar a queda do valor do dólar. Desde então, os secretários do Tesouro têm usado o ESF para intervir quando o Congresso não o faz. Em 1995, ele foi usado depois que o Congresso votou contra uma ajuda ao governo mexicano e, em 2008, foi brevemente empregado para estabilizar os fundos do mercado monetário em queda, a fim de conter o pânico em Wall Street.

Agora, o grupo discutia se o fundo poderia ser usado novamente. As engrenagens estavam começando a girar no Congresso para um grande projeto de incentivo, mas sabiam que isso provavelmente levaria semanas para ser aprovado, e estavam corretos. O Tesouro poderia usar o ESF para apoiar os mercados financeiros em turbulência e, possivelmente, para enviar ajuda direta a pequenas empresas afetadas pela disseminação do vírus. Esta última ideia, dentro de algumas semanas, se transformaria em um dos maiores programas de ajuda federal da história — o Paycheck Protection Program, uma iniciativa que despendeu mais de US$500 bilhões para cobrir as folhas de pagamento de milhões de pequenas empresas.

Os detalhes da discussão apareceram rapidamente no site CNN.com. Olmem enviou um e-mail para todos, com um link para o artigo e um comentário dizendo: “Isso não ajuda.” Havia rumores sobre se e como o governo poderia intervir no que estava rapidamente se transformando em uma crise econômica, e os mercados financeiros oscilavam diariamente à medida que mais informações — algumas verdadeiras, outras não — vinham à tona. Manter o controle da narrativa era uma prioridade para o chefe de Olmem, o diretor do Conselho Econômico Nacional, Larry Kudlow, e, até agora, o início havia sido difícil.

O Congresso aprovou o primeiro do que seriam vários pacotes de auxílio à Covid-19. O projeto de lei de US$8,3 bilhões passou pelo Congresso e foi assinado por Trump em 6 de março, no mesmo dia em que o número de casos de Covid-19 ultrapassou a marca dos 100 mil.[37] Sua rápida aprovação por um Congresso amargamente dividido mostrou a seriedade com que o governo estava levando a ameaça. Menos de duas semanas depois, foi sancionada a lei Families First Coronavirus Response Act, que tratava da licença médica remunerada para os trabalhadores atingidos pelo vírus, permitindo que as empresas usassem o dinheiro retido da folha de pagamento que normalmente seria destinado aos impostos relativos à previdência social. Também alocou dinheiro para testes de Covid e ampliou a assistência alimentar e os benefícios de desemprego.

Esses projetos de lei provariam ser ações de aquecimento para a mãe de todos os esforços de incentivo do governo — mais de US$4 trilhões aprovados ao longo do ano seguinte em um esforço para impulsionar uma economia em crise. Em sua maior parte, isso funcionaria. Apesar dos críticos, que argumentaram corretamente que as políticas adotadas pelo governo ajudaram grandes corporações e indivíduos ricos que detêm a maior parte das ações dessas empresas, os esforços empreendidos por Mnuchin e outros no governo — assim como as ações tomadas por seus antecessores em 2008, muitas delas igualmente impopulares — impediriam a implosão da maior economia do mundo. No início do século XX, os economistas haviam internalizado amplamente as lições da Grande Depressão. Naquela época, o governo respondeu a uma crise econômica, ao desemprego em massa e à falta de crédito disponível nos bancos, disponibilizando menos dinheiro. Nas décadas seguintes, essa cartilha passou a ser vista como um erro catastrófico. Os governos precisavam gastar para sair das crises, e era isso que os Estados Unidos fariam em 2020.

Mas essas medidas drásticas ainda estavam a algumas semanas de distância. Os dias que se seguiram seriam os mais angustiantes que a economia global moderna já havia visto e repercutiriam nos anos seguintes.

Os Estados Unidos obtiveram seu último relatório com bons números sobre os empregos na sexta-feira, dia 6 de março de 2020. A economia havia criado 273 mil empregos no mês anterior, quase 100 mil a mais do que os economistas esperavam, e a taxa de desemprego se manteve estável em 3,5%. O número total de norte-americanos empregados se manteve estável, próximo ao recorde de dezembro, de 158,8 milhões.

Mas as notícias fizeram pouco para deter os mercados, que já haviam saltado do nervosismo para o pânico. O S&P 500 caiu até 4% antes de fechar em queda de 2%. O rendimento dos títulos do Tesouro de

10 anos caiu para 0,68%, com os investidores buscando a segurança da dívida do governo dos EUA. O índice de ações de primeira linha da Grã-Bretanha, o FTSE 100, fechou em seu nível mais baixo desde a votação do Brexit em 2016, colocando a disseminação do coronavírus no mesmo nível — pelo menos na mente dos investidores — de um dos eventos financeiros e geopolíticos mais importantes do último meio século. "Devemos nos preparar para uma recessão global severa, mas de curto prazo", disse Nigel Green, executivo-chefe do deVere Group, uma empresa de investimentos, ao *New York Times*.

Alguns dias antes, o Federal Reserve havia tentado acalmar os mercados ao cortar sua taxa básica de juros em meio ponto percentual. Mas os investidores continuaram descrentes. O número de casos confirmados estava se aproximando de 100 mil no mundo inteiro, e as mortes haviam chegado a 3.300. Conforme Nancy Messonnier, a autoridade do CDC, havia alertado dez dias antes, o vírus já era uma realidade nos EUA. Maryland, Indiana, Nebraska, Kentucky e Pensilvânia relataram seus primeiros casos. Massachusetts havia rastreado casos dentro de um grupo de pessoas que estiveram em uma conferência organizada na semana anterior pela Biogen, uma empresa de biotecnologia. Um navio de cruzeiro, o Grand Princess, estava sendo mantido na costa da Califórnia com pelo menos 21 casos confirmados a bordo. Duas mortes na Flórida elevaram o número de mortos nos Estados Unidos a dezesseis.

Em 6 de março, a Universidade de Washington se tornou a primeira grande universidade a cancelar as aulas presenciais.[38] No mesmo dia, as autoridades municipais de Austin, Texas, cancelaram o South by Southwest, o badalado festival de cinema, tecnologia e mídia que receberia, entre outros, o CEO do Twitter, os Beastie Boys e Ozzy Osbourne, para promover um novo documentário. O Google e o Facebook cancelaram suas conferências anuais de desenvolvedores, eventos considerados sagrados para os gigantes da tecnologia e nos quais eles costumam lançar novos produtos e recursos.

Os Estados Unidos estavam começando a fechar.

CAPÍTULO 6

O GRANDE DESENROLAR

No final de fevereiro, enquanto seus operadores estavam ocupados executando uma aposta gigante contra os mercados de crédito, Bill Ackman estava entrando em contato com qualquer pessoa em quem pudesse pensar, testando o próprio instinto contra as reações daqueles que já haviam passado por crises antes. Ele ligou para Jon Gray, diretor da Blackstone, a gigante do private equity. Dispensando as formalidades, ele foi direto ao ponto: "O que você acha?"

"Acho que você não tem muito com o que se preocupar", respondeu Gray. "Se Bernie for o candidato, a vitória de Trump será esmagadora." Ackman percebeu que Gray pensava que sua preocupação era com as caóticas eleições primárias do Partido Democrata, nas quais o esquerdista Bernie Sanders parecia o provável vencedor da indicação em detrimento de candidatos de centro como o ex-vice-presidente Joe Biden, que era visto como mais amigável pelas grandes corporações. Mas a política não estava nem perto do topo da lista de preocupações de Ackman. "Estou ligando para falar sobre o vírus", ele disse a Gray.

Ele enviou um e-mail a Warren Buffett, da Berkshire Hathaway, cujas ações Ackman havia pensado em vender apenas alguns dias antes, mas desistiu após ser dissuadido por sua equipe de investimentos. A reunião anual de acionistas da Berkshire, conhecida na imprensa como "Woodstock para capitalistas", atraía dezenas de milhares de pessoas toda primavera até Nebraska para ouvir o oráculo de Omaha e seu companheiro de longa data, Charlie Munger, falarem sobre os mercados financeiros com seu charme tradicional. Ackman havia perdido o evento de 2019 para acompanhar o nascimento da filha, mas assistiu à transmissão de vídeo ao vivo do quarto do hospital enquanto sua nova bebê dormia. "Uma bela lembrança", escreveu ele a Buffett no último fim de semana de fevereiro de 2020, antes de mudar de assunto.

"Em uma perspectiva mais cautelosa, eu estava apenas pensando no coronavírus", ele escreveu. "Gostaria de saber se é aconselhável que 40 mil pessoas de todo o mundo se reúnam na conferência." Foi uma tentativa diplomática de dar uma espiada na mente do famoso investidor; Buffett já havia passado por crises antes e havia mostrado sua capacidade de ganhar dinheiro com elas.

O bilionário foi mais tradicional do que nunca em sua resposta. Em um e-mail ditado para sua secretária de longa data — o octogenário não usa e-mail —, ele disse que esperava ver Ackman na reunião deste ano, marcada para 2 de maio, e convidou o investidor e Oxman para um brunch privado. "Infelizmente, não podemos incluir Raika", disse ele sobre a filha pequena de Ackman, "embora, se for proprietária da Berkshire, espero que ela continue votando em mim e em Charlie" como membros do conselho de administração. Ele acrescentou: "Não tenho ideia se o coronavírus afetará o comparecimento das pessoas, mas Charlie e eu planejamos nos divertir muito."

Começando a se sentir um tanto tolo, Ackman tentou falar com outro dos homens mais ricos do mundo. "Acredito que tenho uma visão precisa e diferenciada sobre o impacto econômico do coronavírus, caso esteja interessado em comparar opiniões", dizia o e-mail que ele digitou para Bill Gates na tarde de 28 de fevereiro. O fundador e filantropo da Microsoft, que havia doado centenas de milhões de dólares para combater a malária na África, havia escrito um artigo de opinião no dia anterior, no qual dizia que o coronavírus estava começando a se parecer "com o patógeno do século passado com o qual estávamos preocupados".[39] Finalmente Ackman havia encontrado alguém que compartilhava das mesmas preocupações. "Achei seu artigo muito preciso tanto em relação à situação atual quanto ao que é necessário para o futuro", ele escreveu. "Resumindo, estou seriamente preocupado."

Ele nunca recebeu uma resposta.

O SOL MAL HAVIA surgido sobre os prédios no momento em que Jay Clayton fazia a longa caminhada de um quilômetro de seu apartamento alugado em Washington, D.C., até a sede da Comissão de Valores Mobiliários, o principal órgão regulador dos mercados financeiros dos Estados Unidos. Era segunda-feira, 9 de março. Clayton deixara a vida fascinante como advogado de Wall Street três anos antes para dirigir a comissão. Nomeado para o cargo por Trump em 2017, ele foi uma escolha surpreendente para aqueles que o conheciam como um centrista, principalmente apolítico, que tinha seguido uma agenda regulatória intermediária, movendo ações judiciais contra fraudadores e reprimindo golpes de criptomoeda, porém mantendo apoio às empresas norte-americanas. Seu mandato transcorreu sem problemas até algumas semanas antes, quando o coronavírus sacudiu o mercado de ações dos EUA, alterando sua marcha ascendente constante.

Clayton havia dormido apenas três horas na noite anterior, pois tinha ficado ao telefone com seu principal assessor de mercados, Brett Redfearn, até quase 4 horas da manhã. Clayton tomou um gole de café enquanto caminhava, pressionando o telefone contra o ouvido. Do outro lado da linha estava Stacey Cunningham, a presidente da Bolsa de Valores de Nova York. Ela também havia dormido mal e chegara cedo para percorrer o icônico pregão da bolsa no centro de Manhattan. Como chefe da maior bolsa de valores do país e do órgão regulador que a supervisiona, os dois conversavam com frequência, principalmente em tempos de instabilidade do mercado. Mas essa ligação foi diferente.

Tanto Cunningham quanto Clayton sabiam o que estava por vir quando o sino de abertura tocou duas horas mais tarde. Ao contrário do próprio mercado de ações, que funciona de segunda a sexta-feira das 9h30 às 16h, os contratos futuros de ações são negociados continuamente, e seus movimentos durante o horário em que o mercado está fechado tendem a prever o preço da ação quando ele reabre. Os contratos futuros caíram quase 7% no domingo. Com mais de 100 mil pessoas infectadas e 3.600 mortos em todo o mundo, os investidores começaram a perder a calma.

Uma semana antes, em 28 de fevereiro, surgiram cartazes nas mesas de segurança da Bolsa de Valores de Nova York: qualquer funcionário que tivesse viajado para países com níveis significativos de casos — embora, fora a China, ninguém soubesse exatamente o que isso significava

— deveria ficar em casa por duas semanas. Dois dias depois, essa política foi estendida aos clientes. Os âncoras dos noticiários que faziam a cobertura durante todo o dia em seu pregão fizeram as malas e foram embora. No mesmo dia, Cunningham se reuniu com os principais assessores de sua equipe para começar a planejar o que, mesmo no final de fevereiro, parecia uma possibilidade impensável: o fechamento do icônico pregão, talvez o maior símbolo do capitalismo norte-americano.

Quando Clayton virou à esquerda na rua E, sua principal preocupação era se as medidas adotadas anos atrás para lidar com uma queda tão acentuada do mercado evitariam o pânico. Nas décadas desde a "segunda-feira negra" de 1987, quando o mercado de ações despencou mais de 20% em questão de minutos, a bolsa implementou uma série de medidas de proteção, conhecidas como "circuit breakers".[40] Os circuit breakers foram projetados para interromper automaticamente as negociações por quinze minutos caso as ações caíssem mais de 7% e eram uma versão de alta tecnologia e alto risco de um interruptor projetado para desligar um sistema elétrico doméstico sobrecarregado no caso de oscilação da voltagem.[41] A ideia é que uma interrupção forçada permite que os investidores se acalmem e cancelem o acúmulo de ordens de venda motivadas pelo pânico. O sistema não era acionado desde 1997 e havia passado por reformulações significativas em 2014. Os circuit breakers eram testados a cada três meses, sempre aos sábados, quando um feed digital de negociações simuladas era alimentado pelos sistemas da Bolsa de Valores de Nova York e de sua maior rival, a Nasdaq. Mas isso era o equivalente a testar a bateria de seu detector de fumaça a cada poucos meses e torcer para que sua casa não pegue fogo. Ninguém tinha certeza de que o evento principal funcionaria tão bem quanto os ensaios gerais.

A Bolsa de Valores de Nova York também havia gastado dezenas de milhões de dólares atualizando seus sistemas de tecnologia no verão anterior. O novo sistema, apelidado de Pillar, tinha como objetivo dar mais espaço ao sistema nos dias em que os volumes de negociação aumentavam. Cunningham estava confiante na cara reconfiguração, que havia exigido uma grande revisão dos sistemas misteriosos, mas não havia passado por um teste no mundo real. Qualquer falha não seria apenas constrangedora. Na verdade, poderia provocar pânico. Um sistema que deixasse de responder na ordem certa e da maneira certa a tickets de negociação seria o equivalente digital das panes ocorridas nos dias anteriores à informatização de Wall Street, quando corretores exaustos tiravam seus telefones do gancho em vez de receber uma enxurrada de ordens de "venda" dos clientes. Um mercado que não responde rapidamente se transforma em um mercado quebrado, no qual os vendedores superam os compradores e os preços despencam.

A sexta-feira anterior havia oferecido a Cunningham um pouco de alento. Os sistemas da Bolsa de Valores de Nova York haviam processado 330 bilhões de "mensagens" — pings eletrônicos enviados pelos sistemas de bolsas que sinalizavam ordens de compra e de venda e alterações nos preços das ordens e nos tamanhos das compras. Isso foi, de longe, um recorde, e o sistema resistiu sem interrupções ou grandes problemas. Cunningham estava cautelosamente otimista de que o sistema voltaria a funcionar naquele dia.

"Boa sorte", desejou Clayton. Ela sabia que precisaria.

MICHAEL BLAUGRUND TAMBÉM acordou antes do amanhecer, grogue e em uma cama que não era a sua.

O diretor de operações da Bolsa de Valores de Nova York, de 41 anos, um dos principais assistentes de Cunningham, havia chegado à cidade em um voo noturno de Henderson, Nevada, onde fora visitar a avó doente. Sua mãe o havia mandado de volta com um pequeno frasco de álcool em gel para as mãos, o que lhe pareceu um pouco dramático. *Mães*, ele pensou no voo de volta para casa enquanto mexia o celular, monitorando o mercado de futuros.

No entanto, com 550 casos confirmados de Covid-19, começaram a surgir sinais de que o vírus já estava perturbando a rotina cotidiana. Tudo estava normal quando Blaugrund deixou Nova York, alguns dias antes, e ele esperava o mesmo quando desembarcasse. Blaugrund olhou ao redor da cabine lotada de passageiros sem máscara, bebendo refrigerantes e comendo os pretzels da companhia aérea e se perguntou o que o mercado estava pressentindo e essas pessoas não.

Os investidores estavam começando a perder a calma. No momento em que ele estava no Aeroporto Kennedy, os contratos futuros das ações estavam em queda de 5% e continuavam caindo. Se o sentimento permanecesse inalterado na manhã seguinte, o mercado estava caminhando para o "limite de baixa" — jargão de Wall Street para uma situação em que as ações atingem a queda máxima de 7% que aciona uma paralisação automática. Ele sabia que, provavelmente, o dia começaria cedo; então, em vez de ir para sua casa no subúrbio, ele reservou um quarto no Beekman Hotel, no centro de Manhattan. Agora que estava de pé, ele tirou um minuto para se orientar. Pegou um café em uma loja Starbucks por volta das 6 horas da manhã e saiu.

O distrito financeiro, na ponta da parte baixa de Manhattan, sempre foi silencioso e escuro, com as ruas estreitas sempre cobertas por andaimes que prometiam reformas reluzentes para o bairro mais antigo da cidade, mas que nunca ficavam prontas. Agora, no entanto, na primeira semana de março, parecia uma cidade fantasma. Os turistas que costumavam se reunir para fazer selfies em frente à bolsa de valores tinham desaparecido. Os táxis vazios passavam em ritmo lento. Ele checou seu telefone novamente. Os vendedores superavam os compradores. Uma paralisação automática parecia quase certa.

Como diretor de operações da Bolsa de Valores de Nova York, encarregado de supervisionar o sistema do qual dependem milhões de acionistas globais, a principal preocupação de Blaugrund era uma falha técnica. Ao contrário de sua prima totalmente informatizada, a Nasdaq, na Bolsa de Valores de Nova York o preço de abertura das ações ainda passava pelas mãos dos corretores. Esse toque humano era, em muitos aspectos, um anacronismo, um toque nostálgico destinado a manter vivo o fascínio da bolsa mais antiga do país para as empresas cujas listagens os corretores buscavam e para os meios de comunicação que lotavam seu pregão — embora Cunningham sempre fosse rápida em defender sua utilidade, argumentando que, em tempos de estresse do mercado, a experiência supera os algoritmos.

Esses corretores ligam para os investidores todas as manhãs para encontrar um preço de abertura que equilibre as ordens de compradores e vendedores, e pode levar alguns minutos, após o sino de abertura às 9h30, para que cada ação registre uma primeira negociação. Se um número suficiente de ações que fazem parte do índice S&P 500 abrissem em baixa, isso provocaria uma interrupção, mesmo que outras ações ainda não tivessem aberto oficialmente. O resultado seria um congelamento injustificado das negociações, o que semearia o pânico no mercado.

Ele foi até o pregão para lembrar à equipe de operações e aos corretores como o circuit breaker funcionaria. Eles precisariam estar prontos para reabrir as ações quinze minutos depois, o que significava consultar os investidores por telefone e por meio de consultas eletrônicas para encontrar um preço que equilibrasse a demanda de compradores e vendedores. Todos estavam de olho nas telas. Cunningham, a chefe de Blaugrund, estava se dividindo entre um contingente do Citigroup — o responsável por tocar o sino naquela manhã — e funcionários que a informavam sobre as movimentações pré-mercado. A presidente do banco, Jane Fraser, tocou o sino e, em seguida, deu uma cotovelada em ambos os executivos que estavam ao seu lado.

Demorou menos de cinco minutos. Às 9h35, depois que as ações caíram 7%, um sino ensurdecedor soou no pregão da Bolsa de Valores de Nova York, significando a interrupção das negociações pela primeira vez em dezoito anos. Cunningham foi para a frente de uma câmera da CNBC que a aguardava e garantiu aos investidores que o sistema estava funcionando da maneira que deveria.

De volta à sede da SEC, Jay Clayton, Brett Redfearn e meia dúzia de representantes se reuniram no escritório de Redfearn para aguardar a suspensão. Redfearn era um veterano dos pregões de Wall Street, tendo passado anos no JPMorgan Chase antes de entrar para a agência em 2017. Ele também estava confiante de que a interrupção das negociações seria iniciada conforme previsto, mas temia o que aconteceria após passados os quinze minutos. Afinal, um circuit breaker é apenas um intervalo destinado a dar aos investidores a chance de se recomporem. Mas será que aqueles que estavam vendendo suas ações, em pânico, sentiriam algo diferente sobre a situação mundial após quinze minutos? O vírus continuaria igualmente assustador.

"E se não houver compradores?", ele perguntou às pessoas na sala. Sem um mercado de mão dupla — ou seja, um número suficiente de compradores de ações que pudesse ser equilibrado com um número determinado de vendedores para encontrar um preço de compensação para milhares de títulos — "poderíamos sofrer uma queda livre". Ele respirou fundo e, ao fazer isso, olhou ao redor; de repente, o ambiente ficou lotado demais para ser confortável. Os assessores de nível inferior, pressentindo um momento histórico, entraram na sala enquanto o mercado despencava. "Um metro e oitenta de distância", Redfearn gritou, mandando os novatos de volta para o corredor.

As negociações foram retomadas às 9h49 da manhã. Os principais índices conseguiram sair de suas mínimas e se manter acima delas pelo restante da manhã, mas foi um dia sangrento para as ações. O S&P 500 caiu 7,6%, seu pior dia desde 2008. O Dow Jones Industrial Average, um índice menos representativo, porém mais icônico, que inclui pesos-pesados do setor, como Boeing e IBM, perdeu 2 mil pontos em um único dia pela primeira vez em sua história. O Nasdaq Composite Index, com mais peso em ações de tecnologia, caiu 7,3%. Peter Cecchini, estrategista da corretora Cantor Fitzgerald, fez um elogio sucinto ao *Wall Street Journal* sobre o período mais longo de vitórias dos mercados financeiros na história moderna: "Os onze anos de mercado em alta chegaram ao fim."[42]

Em um dos momentos mais estressantes da vida profissional de Blaugrund, caía também uma bomba em sua vida pessoal. Poucos minutos antes das 16 horas, com as ações caminhando para sua pior queda em doze anos, seu telefone tocou. Era sua esposa. Ela lhe disse que seu filho de 3 anos estava com dificuldade para respirar e que eles estavam a caminho do hospital. Blaugrund pegou o notebook e o casaco e saiu correndo do pregão quando o sino de fechamento tocou atrás dele, marcando o fim do pior dia do mercado de ações em trinta anos. Ele não voltaria lá por dois meses.

Antes do fim do dia, mais notícias ruins chegariam. A SEC teve seu primeiro caso suspeito de Covid-19, um funcionário que trabalhava no nono andar da sede em D.C. Clayton havia passado o dia concentrado no tumulto do mercado de ações. Mas ele não era apenas o principal regulador de valores mobiliários do país; ele também era chefe, com mais de 4 mil funcionários cada vez mais preocupados com a própria segurança. De repente, ele se viu emitindo as mesmas palavras de conforto que outros chefes usariam nas semanas seguintes, bem-intencionadas, porém sem garantias.

"Nossos pensamentos estão com eles e suas famílias", ele escreveu em um e-mail para a equipe naquela noite, sobre os funcionários que testaram positivo. "Vocês são nosso maior patrimônio", escreveu Clayton — o tipo de e-mail de apoio que foi enviado a milhares de locais de trabalho enquanto executivos, sem muitas respostas, enfrentavam as inúmeras perguntas dos funcionários.

E NÃO FOI somente o mercado de ações. Os mercados financeiros estavam se desintegrando rapidamente.

As quedas do mercado no final de fevereiro e início de março foram angustiantes, mas pelo menos tinham um toque de sanidade. Os investidores venderam ações e títulos de risco e fugiram para a segurança da dívida pública e dos fundos do mercado monetário — um produto considerado tão seguro quanto o dinheiro e que oferecia rendimentos muito pequenos. O mercado pode ter ficado assustado, mas agiu de acordo com o bem consolidado manual de Wall Street. Em tempos de crise, os investidores vendiam coisas mais arriscadas e compravam coisas mais seguras.

Na segunda semana de março, isso havia ido por água abaixo. Os fundos do mercado monetário de capital aberto, que concedem empréstimos de curto prazo para empresas, teriam 30% de seus ativos — cerca de US$100 bilhões — retirados por investidores que não se sentiam mais à vontade para emprestar da noite para o dia sob quaisquer condições.[43] Os custos de empréstimos nos mercados monetários atingiram seus níveis mais altos desde 2008. Outro tipo de financiamento de curto prazo conhecido como "acordos de recompra", ou recompras, teve picos semelhantes nos custos de empréstimos, assim como o mercado de US$1 trilhão para papéis comerciais, notas de curto prazo emitidas por grandes empresas.

Esses três mercados financeiros — papel comercial, mercados monetários e acordos de recompra — são os indicadores da chegada de condições adversas. Por serem o tipo de empréstimos de prazo mais curto, com prazos tão curtos quanto de um dia para o outro e tão longos quanto alguns meses, eles refletem o humor dos investidores em tempo real e, muitas vezes, prenunciam movimentos mais importantes.

O Federal Reserve agiu rapidamente para tentar conter o pânico. Os efeitos econômicos do vírus ainda não haviam aparecido nos dados que o banco central monitora de perto para avaliar a saúde da economia dos EUA, como o custo de empréstimos bancários, os números de desemprego e os dados de manufatura. Apenas 211 mil pessoas haviam entrado com novos pedidos de auxílio-desemprego na semana encerrada em 7 de março, o que é a média para essa época do ano.[44] E, apenas uma semana antes, os diretores dos bancos de reservas regionais que compõem o sistema do Federal Reserve haviam dito que era muito cedo para tomar qualquer medida drástica em resposta à disseminação do vírus.

Mas, agora, os mercados estavam em completa turbulência. E a história tem mostrado que o que começa como um pânico financeiro, confinado entre as quatro paredes de Wall Street, das quais a maioria das pessoas nunca ouviu falar, pode rapidamente se tornar uma crise econômica mais ampla. Os bancos param de emprestar dinheiro, empresas ficam sem dinheiro e fecham as portas e, assim, acontecem as demissões.

Em 3 de março, o Fed reduziu suas taxas de juros de referência em meio ponto percentual, para uma meta entre 1 e 1,25%. (Durante a maior parte de sua história, o Fed, como a maioria dos bancos centrais do mundo, estabeleceu uma única taxa de referência, que é usada como base para todos os tipos de empréstimos — de financiamentos individuais a empréstimos corporativos. Isso mudou em 2008 quando, em um esforço para evitar o choque de taxas caindo a zero pela primeira vez na história, o Fed estabeleceu um intervalo de 0 a 0,25 ponto percentual. Quando a economia começou a se recuperar após a crise e o Fed começou a aumentar o valor dessa taxa de referência, ele manteve o intervalo.)

Foi a maior redução do Fed nas taxas de juros de todos os tempos e a primeira vez desde 2008 que o Fed fez qualquer alteração nas taxas entre as reuniões agendadas regularmente, que acontecem a cada seis semanas, aproximadamente. O banco central também reduziu os juros de um tipo especial de empréstimo de emergência disponível para os grandes bancos, conhecido como "janela de desconto". "Reconhecemos que um corte na taxa não reduzirá a taxa de infecção. Não consertará uma cadeia de suprimentos quebrada", disse o presidente do Fed, Jerome Powell. "Mas acreditamos que nossa ação dará um impulso significativo à economia." Com o apoio do Fed, Powell esperava que os bancos continuassem a conceder empréstimos, que os investidores continuassem a comprar títulos corporativos e que os consumidores continuassem a comprar imóveis.

Ao responder às perguntas dos repórteres sentados ombro a ombro e passando um microfone entre eles, Powell, vestido com um terno azul-claro, gravata lavanda e óculos quadrados de armação de tartaruga, disse: "Então o que mudou? Temos monitorado cuidadosamente a situação desde que ela se tornou conhecida, esperando para ver como evoluiria. E acho que agora chegamos à conclusão de que este é o momento de agirmos em apoio à economia." Ao ser questionado sobre a expectativa de novos cortes nas taxas de juro, ele foi vago, mas procurou tranquilizar a todos: "Vamos usar todas as nossas ferramentas de maneira enérgica para tentar apoiar a economia... Os mercados financeiros estão funcionando de forma ordenada."

Só que não estavam. As ações se recuperaram por apenas quinze minutos após o anúncio de Powell e, no final do dia, os principais índices de ações perderam 3%. O rendimento dos títulos do Tesouro dos EUA de 10 anos caiu abaixo de 1% pela primeira vez, embora tenha fechado em ligeira alta.

Naquela sexta-feira, 13 de março, Trump realizou uma coletiva de imprensa do lado de fora da Casa Branca, na qual disse ter instruído o Departamento de Energia a comprar — "a um preço muito bom", acrescentou o autointitulado negociador-chefe — grandes quantidades de petróleo bruto para armazenamento na reserva estratégica de petróleo do país. "Vamos enchê-la até o topo", ele disse sobre as reservas, localizadas em cavernas de sal perto do Golfo do México. A iniciativa do governo de comprar petróleo ocorreu após a pior semana para os preços do petróleo bruto desde 2008, já que os investidores temiam que os bloqueios reduzissem a demanda por petróleo. As ações da Exxon caíram 20% durante a semana. As da Chevron caíram 12%.

Ele começou a falar às 15h52, apenas alguns minutos antes do leilão de fechamento dos mercados acionários dos EUA, um momento de intensas movimentações de compra e venda, e seus comentários causaram ondas de choque no mercado. As ações de petróleo subiram acentuadamente, arrastando consigo outras cotações. As movimentações foram tão violentas que os corretores da Bolsa de Valores de Nova York tiveram dificuldade em encontrar um preço de fechamento para algumas ações e decidiram adiar o leilão de fechamento, o que é importante porque os preços de fechamento das ações definem os preços de milhares de índices e fundos mútuos em todo o mundo.

Foi mais um exemplo de como Trump era propenso a dizer — ou, muitas vezes durante sua presidência, a tuitar — coisas sem levar em conta como elas poderiam ser recebidas. Se ele tivesse esperado apenas dez minutos para fazer seu anúncio sobre as reservas estratégicas de petróleo, os investidores teriam a noite inteira para digerir a notícia, e os formadores de mercado da bolsa estariam preparados para que as ações de petróleo abrissem em alta pela manhã. Em vez disso, foi um tumulto. As ações de energia, incluindo as da Exxon, subiram acentuadamente nos últimos cinco minutos de negociação, levando a um caótico leilão de fechamento.

Cunningham entrou em contato Mnuchin na manhã de segunda-feira e, com muito tato, pediu ajuda. Os anúncios de movimentação de mercado vindos do Rose Garden perto do final do dia de negociação não foram úteis, mas sua mensagem de texto foi diplomática: "As coletivas de imprensa no início da tarde exerceriam menos pressão sobre o mercado em um momento crítico." Ele prometeu que falaria com o presidente e voltou algumas horas depois, garantindo a Cunningham que o governo não daria coletivas de imprensa durante a última hora do pregão.

Na mesma época, investidores e outros profissionais da área de finanças começaram a cochichar sobre a perspectiva de que os mercados pudessem ser totalmente fechados. A ideia estava sendo discretamente promovida por alguns investidores de fundos de hedge — muitas pessoas bem relacionadas em Wall Street e Washington mencionariam, mais tarde, Tom Barrack, um magnata do setor imobiliário e amigo próximo de Donald Trump, que investia pesadamente no mercado em queda de títulos imobiliários.

A conversa também estava enchendo a caixa de entrada de Stacey Cunningham, pois os investidores de todo o país que estavam vendo suas economias evaporarem escreviam e telefonavam, implorando para que tomasse providências, escrevendo, em alguns casos, em termos extremamente pessoais. "Você poderia, por favor, considerar a possibilidade de fechar o mercado por um tempo?", dizia um desses e-mails em 15 de março. "Os mercados não estão se 'corrigindo'... eles estão sendo impulsionados pelo pânico fabricado e pelas paralisações dos trabalhos. Meu pai nasceu em uma cidade siderúrgica e lutou para sair de lá. Ele investiu dinheiro e estava prestes a se aposentar. Se o mercado permanecer aberto, poderemos ver a aposentadoria de uma geração inteira ser derretida e, com isso, criar outra crise em massa. Obrigado por ler esta mensagem, se você chegou até aqui."

Cada mensagem cortava o coração de Cunningham e ela entendia o instinto por trás delas, mas sabia que a ideia era ruim. Se os investidores já estavam ansiosos agora, encontrar um sinal fechado no mercado acionário mais movimentado e rico do mundo desencadearia pânico total. Incapazes de vender ações, eles correriam para se desfazer de tudo o que pudessem para levantar dinheiro, o que provavelmente levaria ao colapso da dívida corporativa e do governo no pior momento possível. Além disso, bilhões de dólares em instrumentos financeiros que estavam nos livros de bancos, gestores monetários e corporações estavam atrelados aos preços das ações. Se o mercado fechasse, eles se tornariam uma caixa-preta. Isso pode parecer um pequeno problema no cenário geral, mas a crise financeira de 2008 foi desencadeada pela incapacidade de estabelecer um preço para um único ativo financeiro — nesse caso, títulos imobiliários. Ninguém sabia quanto eles valiam e, assim, iniciou-se uma cascata de apreensões de garantias, liquidações forçadas e uma espiral descendente que se autoalimentava. Os títulos hipotecários em 2008 representavam um mercado de US$3 trilhões. As ações dos EUA valiam US$40 trilhões.[45]

Mnuchin havia sugerido a ideia de encurtar o dia de negociação, talvez fechando os mercados às 13 horas, para permitir que os back-offices de Wall Street trabalhassem com a montanha de tickets de negociação que se acumulavam. O negócio geralmente mundano de "alocação de negociações" — garantir que uma ordem específica seja encaminhada para a entidade legal correta dentro de grandes empresas de negociação — estava se transformando em uma bagunça à medida que o volume de negociações aumentava. Mas, segundo Cunningham, isso também era problemático. As bolsas financeiras do século XXI funcionam com milhões de linhas de código de computador que pressupõem um sino de abertura às 9h30 e um de fechamento às 16h.

Os mercados permaneceram abertos, e tudo o que se podia fazer era vê-los cair.

CAPÍTULO 7

CORRIDA POR DINHEIRO

Foi uma noite perfeita em Bridgetown, Barbados. Os turistas passeavam pelas praias de areia branca sob o céu limpo, enquanto, abaixo dele, uma banda ao vivo tocava reggae no bar Tiki do resort. No entanto, Kevin Jacobs estava no oitavo andar de um quarto de hotel, com o telefone pressionado contra o ouvido, em uma discussão acalorada com diversos banqueiros. O diretor financeiro da Hilton, de 46 anos, havia prometido à esposa e às filhas gêmeas adolescentes semanas atrás que tiraria férias e, agora, estava arrependido.

Era 7 de março, e o setor hoteleiro, assim como os mercados financeiros, estava em queda livre. Os cancelamentos de reservas aumentavam em um ritmo frenético e havia poucas reservas novas. Apenas alguns dias antes, Jacobs e seu chefe, Chris Nassetta, haviam feito uma apresentação ao conselho de administração da Hilton, alertando que a receita por quarto disponível, a métrica financeira mais importante do setor hoteleiro, poderia cair 20% ou 30%. Isso corresponderia, aproximadamente, ao que aconteceu com a empresa durante a crise de 2008, uma perspectiva terrível. A Hilton mal havia sobrevivido a essa crise.

Agora, apenas 72 horas depois, essas estimativas pareciam extremamente otimistas. Os viajantes a trabalho, que tendem a gastar mais do que os turistas, haviam desaparecido da noite para o dia. As grandes conferências, os principais clientes dos hotéis Hilton em cidades como Las Vegas, Washington e Atlanta, estavam sendo canceladas. As reservas para viagens de lazer na primavera caíram pela metade. Nesses níveis, a empresa poderia não sobreviver, Jacobs havia alertado seu chefe.

A Hilton pode ser uma das maiores empresas hoteleiras do mundo, mas, na verdade, ela não é proprietária de muitos hotéis. Pouco depois de assumir o cargo de CEO em 2007, Nassetta adotou uma estratégia — pioneira da Marriott uma década antes — que enfatizava a marca e os serviços em detrimento da propriedade. A ideia era simplesmente transferir o ônus da propriedade de edifícios físicos para outra empresa e, ao mesmo tempo, cobrar taxas para projetá-los, franqueá-los e, em alguns casos, gerenciá-los. Em 1996, a Marriott desmembrou uma parte de suas propriedades hoteleiras com a Host Hotels & Resorts — empresa que Nassetta já havia administrado no passado — e, depois, fez o mesmo com seu negócio de timeshare em 2011. Wall Street aplaudiu a medida, porque isso fez com que a empresa liberasse capital para ser reinvestido em novas marcas e iniciativas. Em 2017, a Hilton desmembrou metade de seus hotéis em uma nova empresa, a Park Hotels & Resorts. A empresa de reservas para viagens de férias e timeshare se transformou em outra nova organização, a Hilton Grand Vacations, com 46 resorts e um sistema de recompensa baseado em pontos para membros do clube. A nova Hilton, em grande parte, não era mais uma empresa do setor imobiliário. Segundo Nassetta, era uma provedora de experiências de consumo, relegando os riscos da propriedade — empréstimos pesados, interferência de funcionários do governo, torneiras com vazamentos — a outras empresas, enquanto cobrava taxas dos proprietários locais pelo uso de sua marca, de seu software de reserva de quartos e, até mesmo, de sua tecnologia de cartão-chave.

No jargão de Wall Street, a Hilton havia se tornado uma empresa "asset light". A empresa ganhava dinheiro com uma porcentagem da receita — algo entre 8% e 20% — das empresas de investimento imobiliário que, de fato, eram proprietárias dos hotéis que operavam sob suas dezoito marcas, as quais incluíam Waldorf Astoria e DoubleTree. Em um dia normal, a empresa gerava cerca de US$25 milhões e gastava US$20 milhões em despesas gerais, folha de pagamento e outros custos operacionais. Mas, agora, essa receita estava se esgotando rapidamente e a empresa ainda tinha contas a pagar: impostos, serviços públicos, salários de alguns milhares de funcionários corporativos, além da manutenção e da equipe dos cerca de sessenta hotéis de que era proprietária ou administradora.

Enquanto sua esposa e suas filhas relaxavam na piscina, Jacobs pegou o celular e se preparou para alguns telefonemas difíceis.

O CHEFE DE JACOB, o CEO Chris Nassetta, também estava de olho nos cofres da Hilton. A empresa tinha cerca de US$500 milhões em caixa, mas sabia que isso não duraria muito se o número de reservas continuasse caindo. Um comentário casual do chefe de recursos humanos da Hilton, Matthew Schuyler, que também era presidente do conselho de administração da Penn State, disse a ele: "Todas as universidades dos Estados Unidos fecharão as portas." Isso era tudo o que Nassetta precisava ouvir. Ele imediatamente ligou para a conselheira geral da Hilton para perguntar se precisava de permissão do conselho para sacar a linha de crédito de US$1,75 bilhão que a empresa mantinha com os bancos de Wall Street. Ele só havia feito isso outra vez em sua carreira — em 12 de setembro de 2001. Ela respondeu que não.

Nassetta disse a Jacobs para explorar as linhas de crédito da empresa com os bancos, de US$1,75 bilhão, e começar a trabalhar em novas projeções financeiras, caso a empresa precisasse lançar uma oferta de títulos para levantar mais dinheiro. "Quero cada centavo que conseguir", disse Nassetta. "Estou falando sério." Se a Hilton não usasse o dinheiro, a empresa sempre poderia reembolsá-lo. Os poucos milhões de dólares que teria que pagar em juros nesse ínterim seriam um seguro barato contra um cenário pessimista que piorava a cada dia.

MAS FAZER A ligação era uma coisa. Conseguir com que os banqueiros enviassem o dinheiro era outra, e foi assim que Jacobs se viu enfurnado no resort Hilton, em Bridgetown, com o telefone pressionado contra o ouvido enquanto suas filhas adolescentes brincavam à beira da piscina. Antes de sair de Washington, ele enviou uma notificação oficial ao Deutsche Bank, o principal banco do empréstimo da Hilton, e disse a eles que a empresa precisaria da quantia integral.

Isso era bastante incomum. As empresas mantêm linhas de crédito bancárias emergenciais que podem ser utilizadas se o dinheiro ficar escasso. Esses empréstimos são praticamente projetados para serem problemáticos. Os bancos ficam felizes em oferecê-los a taxas de juros próximas de zero em tempos bons, a fim de agradar os executivos corporativos que podem contratá-los para trabalhos mais lucrativos em aquisições ou ofertas de títulos. Mas, quando o estresse econômico se instala, eles começam a parecer, no jargão clássico de Wall Street, "precificados incorretamente" — dinheiro garantido a taxas abaixo do mercado, no exato momento em que as empresas estão passando por dificuldades. E, como era de esperar, quando Jacobs aterrissou, sua caixa de entrada estava cheia de mensagens de banqueiros ansiosos que queriam saber por que a Hilton precisava de tanto dinheiro.

"Estamos de olho em reservas futuras que estão despencando", ele disse aos banqueiros em uma teleconferência realizada às pressas. Ele disse isso com naturalidade, porque não achava que precisava se explicar. Os bancos haviam assinado um contrato, prometendo enviar o dinheiro caso a Hilton solicitasse, e o momento havia chegado.

Na verdade, porém, havia outro motivo pelo qual a empresa estava utilizando suas linhas de crédito, uma preocupação que vinha fervilhando na mente de Jacobs durante toda a semana. E se os próprios bancos tivessem problemas? E se eles não quisessem transferir o dinheiro? Se os negócios da Hilton piorassem, os bancos poderiam invocar uma cláusula pouco usada nos contratos corporativos, permitindo-lhes declarar que a Hilton havia sofrido uma "mudança adversa relevante" em seus negócios — basicamente para dizer que a empresa não era mais a mesma com a qual eles haviam concordado em emprestar US$1,75 bilhão em primeiro lugar e, portanto, não eram obrigados a fazê-lo. Se centenas de empresas utilizassem suas linhas de crédito de uma só vez, os banqueiros poderiam ficar bastante preocupados. Jacobs queria que a Hilton fosse a primeira da fila.

"Não sou inteligente o suficiente para saber se isso acarretará uma crise bancária ou não", ele disse aos banqueiros. "Mas estudei o passado. Eu li *Too Big to Fail*" — o relato definitivo do quase colapso do sistema bancário em 2008, que inspirou o filme "Grande Demais para Quebrar". "Você não sabe que seu banco está prestes a falir da noite para o dia até que ele esteja prestes a falir da noite para o dia", Jacobs disse.

Sua mensagem era clara: envie-nos o dinheiro agora.

NENHUMA EMPRESA PODERIA estar financeiramente preparada para uma economia que parou praticamente da noite para o dia. Ainda assim, a disseminação do coronavírus — que, no início era lenta e, então, em março de 2020, aparentemente parecia estar acontecendo de uma só vez — expôs os perigos de um manual financeiro que se tornou o padrão nas salas de reuniões corporativas nas duas décadas anteriores. As empresas distribuíam quase todos os lucros aos acionistas, em uma tentativa de manter os preços de suas ações em alta. Aquelas que mantinham grandes reservas de caixa eram ridicularizadas, consideradas infladas e preguiçosas, relíquias de uma era mais sonolenta dos negócios norte-americanos, quando os fundos emergenciais eram comuns. Investidores de fundos de hedge saíram em busca de empresas com excesso de caixa em seus balanços e, em seguida, fizeram campanhas públicas para convencê-las a se desfazer deles, de preferência recomprando ações ou pagando dividendos — o que tende a aumentar o preço das ações. Tudo fazia parte de um esforço mais amplo em direção à eficiência, que era a marca registrada da administração corporativa do século XXI. Empresas infladas estavam fora de moda. A nova tendência era a leveza.

Os gerentes seniores, que são, em grande parte, pagos em ações, ficaram felizes em atender à solicitação. As recompras de ações por empresas do índice S&P 500 foram de US$299 bilhões em 2010 para US$800 bilhões em 2018.[46] O valor total em dinheiro devolvido aos acionistas, em recompras e dividendos, dobrou durante esse período, aumentando mais rapidamente do que os lucros relatados e o valor alocado em investimentos, como novas fábricas ou instalações de pesquisa. Como resultado, as empresas tiveram pouco amortecimento financeiro quando a pandemia chegou e suas receitas evaporaram.

A Hilton gastou US$4,7 bilhões em recompras e dividendos desde 2017, tentando diminuir a diferença em relação à Marriott, cujas ações eram negociadas a um valor mais alto. Ela usou praticamente todos os seus lucros em dinheiro e tomou emprestado o dinheiro extra para manter os acionistas felizes — e eles de fato ficaram. Na época em que começaram a fechar seus hotéis na China em decorrência do vírus, as ações da Hilton haviam superado o desempenho de seu arquirrival e do mercado mais amplo nos últimos três anos. Mas a empresa estava com 25% menos dinheiro do que quando abriu seu capital, em 2013. E, agora, estava pedindo aos bancos de Wall Street que desembolsassem dinheiro.

Alguns dias depois, os repórteres ficaram sabendo da medida. "Hilton saca linha de crédito de US$1,75 bilhão para aliviar o impacto do vírus",[47] dizia a manchete de um artigo da Bloomberg de 11 de março, colocando a Hilton como a primeira empresa de grande porte a maximizar o montante de crédito disponível. O artigo sugeria que a medida significava que o medo estava se instalando nas empresas dos Estados Unidos: eis uma empresa de grande porte, bastante conhecida e presente nos roteiros de viagem de férias de muitas famílias norte-americanas, em uma corrida por dinheiro.

Um assessor encaminhou a matéria para Nassetta, que estava trabalhando até tarde em seu escritório no subúrbio de Washington, D.C. Enquanto ele lia, as luzes da capital do país se apagaram sob ele. Sua boca se curvou em um sorriso sombrio. *Vamos apenas esperar*, ele pensou. *Em uma semana, nem valerá a pena escrever sobre isso.*

Ele estava certo. Nos dias que se seguiram, empresas de todo o mundo fariam exatamente o que a Hilton havia feito, pegando emprestado cada centavo a que tinham direito por contrato de seus banqueiros e implorando por mais. Os repórteres pararam de prestar atenção.

UM DRAMA SEMELHANTE estava acontecendo no canto da sala de espera do aeroporto Hartsfield-Jackson, em Atlanta.

Ken Morge, o tesoureiro corporativo da Delta, encostou a testa na janela com vista para a pista de decolagem, pressionando o celular no ouvido. Ele estava com alguns advogados muito estressados do outro lado da linha. Morge estava na parte final do processo do que, em tempos normais, é um procedimento de rotina para alguém em sua posição. A Delta tinha um empréstimo de US$1 bilhão que venceria em algumas semanas, e Morge havia sido encarregado, algumas semanas antes, de conversar com os bancos e renovar a dívida em termos semelhantes. Era um processo rotineiro para a maioria das empresas, principalmente para as companhias aéreas, que são grandes tomadoras de empréstimos e mantêm um bom relacionamento com um grande número de bancos. A Delta havia iniciado a oferta do novo empréstimo há alguns dias — ou seja, seus banqueiros enviaram documentos detalhados aos clientes investidores que poderiam se interessar em comprar uma fatia da dívida, explicando em detalhes os termos do empréstimo, as proteções que eles teriam e algumas informações sobre a saúde financeira da Delta. Essa foi a última ligação com os advogados da firma nova-iorquina Simpson, Thacher & Bartlett, que representava os bancos.

Geralmente, essas ligações são mais ou menos assim: os advogados perguntam se algo importante mudou desde que os documentos foram enviados, e a pessoa na função de Morge diz que não.

Morge deu seu melhor. "Bem, estou com a lista de due diligence bem aqui na minha frente e vou analisá-la rapidamente", ele disse.

"Espere", disse um dos advogados. "Quero analisar isso com atenção." Morge engoliu em seco. Ele não estava tentando enganar os banqueiros da Delta; nada fará com que uma empresa entre na lista negra de Wall Street mais rápido do que isso. Mas ele sabia que qualquer discussão detalhada sobre o que exatamente havia mudado nas circunstâncias da Delta nos dias anteriores — sobre o mundo em geral, enquanto ele se sentava em um aeroporto visivelmente mais silencioso e vazio — dificilmente faria com que alguém se sentisse melhor em relação ao empréstimo.

Morge e seu chefe, o CFO da Delta, Paul Jacobson, passaram anos reconstruindo seus relacionamentos com grandes bancos após o pedido de falência da companhia aérea em 2005. Eles pagaram a Wall Street centenas de milhões de dólares em taxas. Haviam reconstruído seu balanço patrimonial e restaurado sua classificação de grau de investimento — um motivo de orgulho para seu chefe, o CEO Ed Bastian. Agora, pelo tom dos advogados, ele entendeu que isso não seria suficiente. Os banqueiros estavam ficando nervosos.

E não era apenas esse empréstimo que estava em risco. Morge e Jacobson, sob o comando de Bastian, estavam sondando outro grupo de bancos sobre um novo empréstimo muito maior, de cerca de US$4 bilhões, que ajudaria a fortalecer as finanças da Delta para o que quer que estivesse por vir.

A teleconferência foi o primeiro sinal para Morge — um veterano da Delta que ingressou no departamento financeiro da companhia aérea como analista em 1997, passou por sua falência e foi nomeado tesoureiro em 2012 — de que as coisas estavam ficando ruins. Ele mandou uma mensagem para a chefe de relações com investidores da Delta, Jill Greer: "Preciso de você nesta ligação agora. Não está indo bem."

Uma semana antes, um grupo de executivos seniores da Delta havia se reunido em uma sala de conferências na sede da companhia aérea em

Atlanta. A questão em pauta era se deveriam buscar ajuda do governo federal. Nenhum deles achou a ideia especialmente palatável. Para começar, a Delta havia reclamado publicamente durante anos sobre os governos do Oriente Médio que subsidiavam suas companhias aéreas nacionais, o que lhes permitia superar rivais ocidentais em rotas lucrativas de longa distância. Em segundo lugar, os executivos sabiam que qualquer ajuda do governo viria acompanhada de condições, provavelmente na forma de uma participação acionária, o que tornaria o Departamento do Tesouro um acionista importante nos próximos anos. Uma estratégia semelhante foi usada para resgatar grandes bancos em 2008 e incluiu bônus de ações para o governo dos EUA, limites para bônus pagos aos principais executivos e um congelamento das recompras de ações e dos pagamentos de dividendos. Wall Street achou a experiência tão desagradável que a maioria das empresas se apressou em reembolsar o auxílio emergencial o mais rápido possível.

Mas o dinheiro da Delta estava acabando. Por um lado, ela havia acabado de pagar US$1,6 bilhão em lucros a seus funcionários em fevereiro e, também, quitado algumas dívidas que estavam vencendo. Ninguém estava reservando voos. Em meados de fevereiro, a empresa estava vendendo cerca de US$140 milhões em passagens todos os dias. No início de março, essa quantia caiu para US$80 milhões. E milhares de clientes estavam cancelando voos que já haviam reservado.

Os cancelamentos geram um grande problema financeiro para as companhias aéreas. Os passageiros pagam pelas viagens antes de fazê-las, o que significa que as companhias aéreas recebem dinheiro dos clientes antes de gastá-lo com esse mesmo cliente. Conhecido como “passivo de tráfego aéreo”, é basicamente um empréstimo dos passageiros e, quando a disseminação do coronavírus começou a se acelerar, o empréstimo da Delta era de cerca de US$6 bilhões. Agora, ao cancelarem seus voos, os clientes estavam basicamente solicitando a devolução do empréstimo. Pode ter sido disfarçado de pedidos de reembolso, como quando um cliente de varejo devolve um suéter que ele não quer, mas, olhando mais de perto, era mais terrível do que isso. Era uma corrida por dinheiro.

A Delta tentou persuadir os passageiros a converter suas passagens em vouchers para viagens futuras e, para aqueles que ainda estavam otimistas em relação a viagens, ela abriu mão de sua taxa padrão de US$200 para alteração de voo. Mas, em meados de março, as vendas líquidas diárias da empresa eram negativas, o que significa que ela estava pagando mais reembolsos do que vendendo novas passagens todos os dias. No final do mês, a Delta estava perdendo US$100 milhões por dia. Todas as manhãs, às 8h30, os principais executivos, incluindo Bastian, seu assistente Glen Hauenstein, Jacobson, Morge e Jill Greer se reuniam para responder a uma única pergunta: Quanto dinheiro temos? Cada centavo que saía pela porta tinha que ser justificado. Os novos empréstimos e os saques dos empréstimos existentes deram à Delta cerca de US$6 bilhões em dinheiro. No ritmo com que a empresa estava queimando dinheiro no final de março, essa quantia duraria apenas dois meses.

Dois dias depois, em 18 de março, a Delta anunciou uma série de medidas de redução de custos. Os executivos seniores sofreriam cortes salariais de 50%, e Bastian abriu mão de seu salário por seis meses. A empresa fechou os saguões do aeroporto, consolidou as instalações em seu centro de conexões em Atlanta e disse que deixaria mais de seiscentos aviões em solo — metade de sua frota. Alguns não retornariam; a empresa estava acelerando a retirada de aviões mais antigos, incluindo seus Boeing 767. Bastian disse que as negociações com o governo haviam sido produtivas e que ele estava confiante de que a ajuda seria concedida. "Dito isso", ele acrescentou, "temos que continuar a tomar todas as medidas de autoajuda necessárias. A preservação do caixa continua sendo nossa principal prioridade financeira".

Enquanto isso, Bastian pediu a seu conselheiro geral, Peter Carter, que trabalhasse com os principais advogados de outras companhias aéreas para apresentar uma proposta inicial que eles pudessem levar ao governo. Fazia aproximadamente uma semana que os executivos das companhias aéreas — exceto Bastian, que compareceu ao funeral de sua mãe — haviam se reunido na Casa Branca e garantido ao presidente que não estavam pedindo dinheiro. Em um documento trocado por e-mail nas semanas seguintes, Carter, Steve Johnson, da American, e Brett Hart, da United, redigiram um texto de duas páginas com três pontos principais.

Em primeiro lugar, o setor estava buscando subsídios, não empréstimos. Isso foi devido, em parte, aos empréstimos emergenciais que foram concedidos a algumas companhias aéreas após os ataques de 11 de Setembro, que as deixaram em situação financeira precária e contribuíram para diversos pedidos de falência, incluindo o da Delta em 2005. Em segundo lugar, as companhias aéreas queriam a suspensão do imposto de 7,5% que o governo federal cobra em todos os voos. Em terceiro, com apoio financeiro suficiente do governo, elas prometeram que não demitiriam os funcionários.

O documento foi elaborado para ser simples e resolver a crise de caixa que o setor enfrentava. Também foi redigido de modo a manter o governo federal o mais longe possível das operações reais das empresas. Os executivos podiam estar precisando do dinheiro de Washington, mas não estavam interessados em sua contribuição. Notavelmente, a proposta não incluía uma oferta para dar ao governo uma participação financeira nas empresas. As companhias aéreas também não estavam concordando com limites para a remuneração dos executivos ou com o controle federal sobre suas rotas e seus horários. E não propuseram a suspensão das recompras de ações ou do pagamento dos dividendos. Esses programas são um dos principais pilares do preço das ações, e qualquer limitação na capacidade de distribuir seus lucros aos acionistas no futuro seria uma passagem só de ida para a queda do preço das ações.

O fato de estarem pensando nos lucros e em como poderiam gastar esse dinheiro refletia um erro de cálculo que os titãs do setor em toda a economia cometeriam nos primeiros dias de março: que a crise terminaria em algumas semanas, talvez alguns meses, no máximo.

Os TESOUREIROS DOS oito maiores bancos dos Estados Unidos fizeram uma série de ligações para funcionários do Federal Reserve, do Departamento do Tesouro, do FDIC e do Gabinete do Controlador da Moeda. Juntos, esses quatro órgãos supervisionam o sistema financeiro dos EUA, cada um com a própria jurisdição e prioridades. Os bancos representados nas ligações foram: quatro gigantes comerciais — JPMorgan Chase, Bank of America, Citigroup e Wells Fargo — que, juntos, detinham 40% das economias dos norte-americanos e trilhões de dólares em empréstimos comerciais e imobiliários; Goldman Sachs e Morgan Stanley, os pesos-pesados dos bancos de investimentos, mais conhecidos pela negociação de títulos e pela realização de negócios; e dois bancos de custódia, State Street e Bank of New York Mellon, que são basicamente depósitos para ações e títulos e lidam com grande parte da burocracia que faz o sistema financeiro funcionar.

Na esteira da crise de 2008, essas oito empresas foram designadas como “bancos de importância sistêmica global”. Essa era a linguagem dos órgãos reguladores para o fato de que elas eram tão grandes e conectadas à economia global que sua sobrevivência e força não eram simplesmente uma questão de lucros privados, mas de necessidade pública. Traduzindo para o vernáculo, elas eram simplesmente “grandes demais para falir”. O rótulo trouxe consigo um novo escrutínio do governo e regulamentações que exigiam que elas mantivessem mais capital em reserva e se submetessem a “testes de estresse” anuais para garantir que eram fortes o suficiente para resistir a um forte choque econômico.

Mas a crise de 2008 também tornou os oito bancos maiores e mais poderosos. Eles sobreviveram às tentativas de desmembramento e venceram um movimento populista e anti-Wall Street. Eles aprenderam a conviver com o ataque de novas regulamentações, que eram onerosas o suficiente para desencorajar os bancos menores a se tornarem grandes demais e competirem com eles. Eles formavam a “gangue dos oito” financeira que rivalizava com o grupo de liderança do Congresso de mesmo nome em seu domínio sobre a economia.

Seus tesoureiros se reuniam trimestralmente com os órgãos reguladores, e a reunião daquela quarta-feira deveria ser em Washington. Mas a agitação do mercado fez com que os banqueiros ficassem grudados nas telas de seus escritórios e, assim, uma série de teleconferências foi organizada às pressas.

Beth Hammack ligou de seu escritório no alto da sede do Goldman Sachs, no centro da cidade. Antes de se tornar tesoureira da empresa em 2018, Hammack passou anos trabalhando no pregão, onde negociou títulos do governo e aprendeu a arte de Wall Street de detectar fraquezas — um tremor aqui, uma declaração protegida ali. Ela rapidamente reconheceu a inquietação que ouviu dos outros tesoureiros do banco na teleconferência. O dinheiro estava saindo de cada uma de suas empresas, e de maneira rápida.

Os bancos, em sua forma mais simples, pagam juros aos depositantes por suas economias e emprestam esse dinheiro a uma taxa ligeiramente mais alta, embolsando a diferença. Mas os gigantes globais que dominam as finanças atualmente não têm quase nenhuma semelhança com esse modelo. Manter a movimentação de dinheiro suficiente para os lugares certos em uma empresa gigante como o Goldman e os outros sete bancos que participaram da teleconferência envolve um movimento complexo. Os clientes realizam depósitos e saques. Os fundos de hedge colocam dinheiro como garantia para as negociações e, depois, o solicitam de volta quando o valor da negociação muda. Os empréstimos de curto prazo vencem e são renovados, tendo seus vencimentos estendidos por um dia, uma semana ou um mês.

Além desse registro em constante movimento, existe um labirinto de regulamentações implementadas após a crise de 2008 que dão tratamento favorável a algumas fontes de financiamento consideradas mais rígidas, como títulos de longo prazo ou depósitos de consumidores, em detrimento de outras, como acordos de recompra — empréstimos overnight sustentados por garantia. Simplificando, os bancos devem manter dinheiro suficiente em caixa para repor o financiamento que se espera que seja perdido nos trinta dias seguintes.

Eles não tinham o suficiente.

O MUNDO MUDOU enquanto Ken Morge estava esquiando — ou tentando esquiar.

Uma semana antes, quando o tesoureiro da Delta tinha voado para o Colorado, na esperança de aproveitar o pico da temporada em Aspen com a esposa e as filhas, ele estava negociando os esboços de um empréstimo de US$4 bilhões de um grupo de bancos de Wall Street que ajudaria a fortalecer as finanças da companhia aérea. No que diz respeito aos empréstimos corporativos, esse foi bastante tranquilo. Seus banqueiros não estavam exigindo garantias, um sinal de que os credores estavam confortáveis em emprestar apenas considerando o bom nome da Delta. E por que não deveriam? A empresa tinha uma classificação de crédito de grau de investimento. Tinha muitos ativos — aviões, *slots* em aeroportos, rotas de voo cobiçadas — contra os quais poderia pedir empréstimos, se necessário. E seus títulos foram negociados a preços muito mais altos do que os das empresas rivais United e American, que eram menos lucrativas e estavam mais endividadas.

Mas isso havia acontecido uma semana antes, e muita coisa havia mudado. Mais de 136 mil pessoas em todo o mundo haviam contraído Covid-19 e 5 mil haviam morrido. As férias de Morge terminaram mais cedo depois que o governador do Colorado ordenou o fechamento das estações de esqui. Agora, ao sobrevoar as Grandes Planícies, ele sabia que havia perdido seu poder de negociação com os banqueiros. Os credores estavam oferecendo muito menos dinheiro, em torno de US$3 bilhões. Alguns dos credores de longa data da Delta, incluindo o Credit Suisse e o PNC, estavam se recusando a participar do empréstimo. Um banqueiro disse a um membro da equipe de Morge: "Não achamos que você precise de US$3 bilhões. Achamos que você precisará de US$10 bilhões." A empresa deles, disse o banqueiro, estava falida: eles não queriam emprestar dinheiro para um buraco sem fundo.

Os acordos com os bancos que ainda estavam concordando em participar foram difíceis. Eles não se sentiam mais à vontade para emprestar dinheiro à Delta apenas com base no bom relacionamento com a empresa, mas, em vez disso, estavam exigindo a penhora de alguns de seus aviões como garantia. Morge foi tomado pelo pânico. Ele honestamente não sabia se os bancos cumpririam a promessa. O grupo de lobby da companhia aérea estava prestes a pedir ajuda ao governo dos EUA, mas ele não sabia qual seria o apetite do setor para resgates. Sem muito dinheiro, e muito em breve, ele temia que a Delta fosse à falência pela segunda vez em quinze anos.

O último empréstimo acabaria sendo ainda menor, de apenas US$2,6 bilhões. Os novos termos refletiam uma realidade que havia tomado conta dos Estados Unidos.

As empresas norte-americanas estavam de joelhos. Bill Ackman estava no meio do maior negócio de sua vida.

No início de março, os operadores da Pershing Square fizeram uma operação que, segundo eles, protegeria a empresa caso as previsões pessimistas de Ackman se concretizassem. Eles compraram mais de US$1 bilhão em swaps de inadimplência em três cestas de títulos corporativos: uma que incluía dívidas de empresas com classificação alta, como a General Motors, uma de empresas com classificação mais baixa, como a Sprint e a American Airlines, e uma de empresas europeias. Ao todo, eles pagaram US$27 milhões em prêmios e comissões. Ackman achou que foi o negócio de sua vida.

Embora os swaps de inadimplência de crédito sejam frequentemente comparados a apólices de seguro financeiro, eles são diferentes em um aspecto fundamental: o evento contra o qual eles se protegem — um tomador de empréstimo inadimplente em sua dívida — não precisa realmente acontecer para que o segurado ganhe dinheiro. Os próprios swaps são investimentos financeiros que ganham valor à medida que o evento contra o qual eles se protegem parece mais provável. Quando a dívida subjacente — nesse caso, uma pilha de títulos corporativos — cai de valor, os swaps podem ser vendidos com lucro. Tudo o que seria necessário para que a aposta da Pershing Square valesse a pena era que o mercado permanecesse em pânico.

E isso aconteceu rápido. À medida que o coronavírus se espalhou pela Ásia e, depois, pelos Estados Unidos, os investidores globais rapidamente entraram em pânico. Os preços dos títulos corporativos começaram a despencar, pois os investidores temiam que as empresas não tivessem dinheiro para pagá-los. A partir de um pico no início de março, um índice de referência de títulos corporativos mantido pela empresa de serviços financeiros Bloomberg e pelo banco de investimentos Barclays caiu 15% até 20 de março. No papel, o investimento da Pershing Square valia mais de US$2 bilhões.

Esses enormes ganhos teriam deixado qualquer investidor feliz. Mas, ao mesmo tempo em que seus swaps estavam se valorizando, a carteira de ações de Ackman, que representava a maior parte dos investimentos de sua empresa, havia perdido mais de um quarto de seu valor. Na primeira sexta-feira de março, os swaps representavam 40% dos ativos da Pershing Square — uma carteira tão desequilibrada que parecia extremamente imprudente. Além disso, o Federal Reserve estava começando a indicar que estava preparado para intervir e acalmar o mercado de títulos, possivelmente garantindo títulos corporativos ou comprando-os para estabilizar os preços e acalmar os nervos dos investidores. Qualquer uma dessas medidas faria com que os preços dos títulos subissem, eliminando grande parte dos mais de US$2 bilhões em lucros no papel que a Pershing Square estava acumulando. Em um único dia, 6 de março, o valor dos swaps da empresa havia caído US$800 milhões no papel — ainda extremamente lucrativo, mas volátil o suficiente para que Ackman se cansasse. Ele ligou para seus operadores e lhes disse para começar a vender a posição da empresa.

Não foi difícil fazer isso. Com os mercados em plena turbulência, investidores de todo o mundo agora estavam em pânico e procurando a mesma proteção que Ackman havia comprado semanas antes. Empresas consideradas seguras apenas algumas semanas antes agora corriam o risco de inadimplência. O rendimento da dívida corporativa com grau de investimento em comparação com o dos títulos ultrasseguros do Tesouro dos EUA, uma espécie de "medidor de medo" do investidor, havia triplicado desde o final de fevereiro, quando Ackman começou a comprar os swaps. Era como se ele tivesse comprado um seguro contra enchentes por uma ninharia durante um ano de seca e o vendido durante uma estação de chuvas intensas.

Na segunda-feira seguinte, seus operadores estavam na metade do caminho. Levaria mais três dias para liquidar toda a posição da empresa. No final, a negociação renderia quase US$2,6 bilhões em lucros, com um investimento inicial de apenas US$27 milhões — um retorno 100 mil vezes maior. Para efeito de comparação, um investimento de capital de risco de sucesso pode retornar cem vezes o dinheiro investido ao longo de muitos anos. Ackman teve um desempenho mil vezes melhor em um período de cerca de três semanas.

Foi uma espécie de continuação do negócio de 2007 que inspirou o sucesso de Hollywood *A Grande Aposta*, que acompanhou um grupo de gestores de fundos de hedge que apostaram contra o mercado hipotecário dos EUA e obtiveram enormes lucros quando ele quebrou. Ackman tinha pouco em comum com aquele grupo, que incluía um introvertido praticamente desconhecido e socialmente desajeitado chamado Michael Burry e uma dupla de novatos de 30 anos, Jamie Mai e Charlie Ledley, que realizavam investimentos na garagem de sua casa. No entanto, ele tinha o mesmo sentimento, aquele que havia mencionado em fevereiro, quando palestrou em Londres para uma sala cheia de aspirantes a investidores cujos olhos brilhavam: o mercado estava errado. Em 2007, os investidores presumiram que os preços dos imóveis continuariam subindo. No início de 2020, eles presumiram que o coronavírus permaneceria na China.

A história poderia acrescentar um quarto critério à descrição de Nassim Taleb dos eventos de cisne negro: eles são raros, extremos, facilmente racionalizados com o benefício da retrospectiva — e extraordinariamente lucrativos para aqueles que, por sorte ou azar, os veem chegando.

CAPÍTULO 8

O DIA EM QUE O MUNDO PAROU

O apito soou cedo, muito cedo. Faltavam segundos para o início do jogo quando os árbitros invadiram o meio da quadra do Paycom Center, no centro de Oklahoma City, onde mais de 10 mil pessoas esperavam pelo jogo entre o time da cidade natal, Thunder, e o time visitante, Utah Jazz. O árbitro estava com a bola nas mãos quando o médico-chefe do Thunder veio correndo até o centro da quadra e sussurrou em seu ouvido. Rudy Gobert, jogador do Utah Jazz, havia testado positivo para Covid-19. Após quinze minutos constrangedores, uma voz no sistema de alto-falantes da arena anunciou que o jogo havia sido cancelado.

"Não se apressem em deixar a arena esta noite e façam isso de maneira ordenada", disse a voz. "Obrigado pela presença esta noite. Estamos todos seguros."

Era quarta-feira, 11 de março. O paciente zero do esporte norte-americano — e dos Estados Unidos como um todo — havia sido identificado.

O DIA 11 DE MARÇO NÃO foi, segundo qualquer métrica, o pior dia da pandemia. Não foi o mais mortal nem o de maior número de casos, nem de longe. Não foi o fundo do poço para os mercados financeiros. O desemprego só atingiria o pico no mês seguinte. Mas, à medida que a crise se estendia, o dia 11 de março viria a se tornar um marco para milhões de norte-americanos — um dia que previu como o vírus devastaria a economia, fecharia empresas e atingiria o cerne da cultura norte-americana.

Foi o dia em que a Covid se tornaria real para muitos de nós. Em 11 de março, a Organização Mundial da Saúde declarou formalmente que estávamos diante de uma pandemia global. Tom Hanks, o rosto do norte-americano comum, anunciou no Twitter que ele e sua esposa, a atriz Rita Wilson, estavam doentes. Tropas da Guarda Nacional foram enviadas para New Rochelle, NY, o subúrbio da cidade de Nova York onde surgiu um dos primeiros grandes grupos de casos de contaminação comunitária nos EUA. A NBA suspendeu sua temporada após o diagnóstico de Gobert, acompanhada rapidamente por outras ligas esportivas e pela NCAA, que cancelou o torneio March Madness poucos dias antes do início. A Disney World fechou o Magic Kingdom. A Broadway ficou às escuras pela primeira vez desde a greve de três semanas dos contrarregras e assistentes de palco em 2007. A alta de onze anos no mercado de ações dos EUA terminou oficialmente quando os índices de ações fecharam o dia com uma queda de 20% em relação às altas recentes.

Naquela noite, no Salão Oval, Trump anunciou que estava suspendendo voos oriundos e destinados à Europa continental. O discurso, extraordinariamente sombrio e roteirizado para o sempre tão aleatório Trump, sem dúvida foi o anúncio mais grave feito à mesa Resolute fora dos tempos de guerra.

Capturada em imagem congelada, a vertiginosa confluência de eventos mostrou a realidade para muitos ocidentais que, até então, enxergavam o vírus como uma ameaça distante. Em questão de horas, ele atingiu múltiplas facetas da vida cotidiana: esportes, viagens, contas de aposentadoria, Hollywood. O coronavírus não era mais um problema "do lado de lá".

Para os CEOs das maiores empresas do mundo, o dia 11 de março foi um dia de decisões tomadas às pressas sem precedentes. Suas ações estavam despencando. Seus funcionários estavam apavorados. Para os sortudos, seus negócios estavam apenas sofrendo; para outros, eles pareciam não fazer mais sentido.

David Solomon saltou de um carro preto e se aproximou do posto de guarda da Casa Branca. O CEO do Goldman Sachs havia passado a manhã de 11 de março no Capitólio, onde cumprimentou com toques de cotovelo os membros de uma bancada bipartidária do Congresso que estava tentando elaborar um projeto de lei para financiar o combate ao coronavírus. Não era a primeira vez que os CEOs de Wall Street iam até o Capitólio; nessa ocasião, Solomon foi convidado por Josh Gottheimer, um democrata de Nova Jersey, de 45 anos, que já havia sido aluno de Solomon em um acampamento de verão no interior do estado de Nova York. Os dois permaneceram próximos, e o convite permitiu que Solomon ocupasse um espaço em que se sentia confortável: centrista, sensato e pragmaticamente transacional.

Mas, agora, ele tinha uma reunião com o presidente. Os CEOs dos 5 maiores bancos haviam sido convidados para discutir a resposta à disseminação do vírus, que já havia infectado 1.267 pessoas nos Estados Unidos e matado 38. A grande maioria das pessoas que testaram positivo para a Covid-19 não havia viajado para o exterior; mas, sim, contraído a doença de alguém de sua comunidade.

Desde a última crise financeira, uma década antes, os CEOs dos grandes bancos não haviam sido convocados a Washington dessa forma. Naquela época, em 2009, um grupo de executivos desmoralizados compareceu ao Congresso para enfrentar a ira de uma nação mergulhada em uma recessão profunda que, em grande parte, era culpa de suas empresas. Pelo menos dois deles foram de trem em vez de jato executivo, tamanho era o rancor nacional contra Wall Street por ter provocado o colapso econômico.

Nenhum dos banqueiros agora reunidos na antessala da Casa Branca havia sido submetido àquela reprovação pública pelo Congresso. Os chefes de banco dessa época (crise de 2008) foram demitidos, alguns em virtude do escândalo e outros simplesmente pelo tempo de casa. Solomon havia assumido apenas dezessete meses antes. O CEO do Bank of America, Brian Moynihan, havia sido nomeado em 2010; Michael Corbat, do Citigroup, em 2012. Charlie Scharf estava no comando da Wells Fargo há apenas cinco meses; ele havia sido contratado para fazer uma limpeza após um escândalo de contas falsas que havia derrubado seu antecessor. (Na verdade, Scharf não precisou viajar uma longa distância para essa reunião. Ele já estava em Washington, tendo comparecido perante um comitê do Congresso para responder a perguntas sobre os contínuos escândalos no banco.) Jamie Dimon, do JPMorgan, o único CEO de Wall Street que estava no cargo durante a crise de 2008, não estava na Casa Branca; ele havia sido hospitalizado após uma cirurgia cardíaca de emergência para reparar um dano na aorta. Gordon Smith, copresidente do JPMorgan, o substituiu, juntando-se aos CEOs reunidos em uma sala de espera. Nenhum deles estava usando máscaras.

A pesada porta da Sala Roosevelt se abriu e os CEOs dos maiores sistemas hospitalares dos Estados Unidos saíram. Eles estavam lá pedindo ao governo que priorizasse seus pacientes para testes de coronavírus. Médicos e enfermeiras estavam gastando os estoques cada vez menores de máscaras e aventais de proteção, disseram os executivos. Resultados mais rápidos dos testes descartariam alguns pacientes e preservariam equipamentos essenciais.

Scharf, CEO da Wells Fargo, notou Paul Rothman, CEO da Johns Hopkins Medicine e diretor de sua faculdade de medicina. Scharf havia se formado na universidade e, agora, era curador de lá; os dois homens haviam entrado em contato na semana anterior. Rothman havia transmitido uma mensagem preocupante durante aquele telefonema; os funcionários do governo Trump podem ter subestimado publicamente o risco de uma pandemia, mas os modelos da Johns Hopkins eram assustadores. Os dois homens agora trocaram acenos de cabeça enquanto os médicos deixavam a audiência com o presidente e os homens que administravam o dinheiro entravam na sala.

Os CEOs dos bancos tiveram uma reunião amigável com o presidente, que os chamou de "provavelmente os melhores banqueiros do mundo". E eles desempenharam muito bem esse papel, ansiosos para mostrar que seus bancos apresentavam bases sólidas e que, diferentemente do início de 2008, quando os bancos praticamente pararam de conceder empréstimos, eles estavam prontos e dispostos a ajudar a economia. Gordon Smith, executivo do JPMorgan, substituindo Dimon, disse que o banco havia emprestado US$26 bilhões nos últimos quarenta dias a consumidores e pequenas empresas. O que havia sido anunciado como um evento breve aberto à imprensa, seguido de uma reunião mais detalhada a portas fechadas, transformou-se em uma demonstração pública de confiança por parte dos chefes dos maiores bancos do país. "Esta não é uma crise financeira", disse Corbat a uma série de câmeras de jornais.

Quando a reunião terminou, Trump fez sinal para que os CEOs o seguissem, e o grupo entrou no Salão Oval, onde se aglomeraram em seus sofás listrados. Fora do campo de visão das câmeras, os CEOs pediram ao presidente que investisse dinheiro em testes, o que ajudaria a direcionar recursos médicos e de proteção para os locais com maior necessidade e evitaria lockdowns dispersos e desnecessários. "Os testes manterão a economia aberta", disse Moynihan, CEO do Bank of America. Trump assentiu com a cabeça, franzindo os lábios. Em seguida, ele apontou para a mesa presidencial, um presente da Rainha Vitória construído com as tábuas de madeira do HMS *Resolute*, um navio de exploração do Ártico do século XIX.

"Vocês querem tirar uma foto?"

De volta a Nova York, duas dúzias de executivos corporativos se reuniram ao meio-dia no 41º andar da Hearst Tower, na esquina da Rua 57 com a Oitava avenida, no centro de Manhattan. Era a chance de contar ao governador Andrew Cuomo suas perspectivas e do que precisavam. A lista de convidados originalmente incluía mais de cem executivos, mas, na noite anterior, o gabinete do governador havia ligado para Kathy Wylde, diretora da Partnership for New York, um grupo de líderes empresariais da cidade que havia organizado a reunião. O gabinete de Cuomo estava trabalhando em uma nova política para limitar as reuniões públicas — seria anunciada no dia seguinte e limitaria os grupos a quinhentas pessoas — e decidiu que a perspectiva de uma grande reunião interna não seria boa. Assim, a lista foi reduzida para cerca de vinte, incluindo o CEO da Hearst, Steven Swartz, Bill Ford, CEO da empresa de investimentos privados General Atlantic, o chefe da Pfizer, Albert Bourla, Adena Friedman, da Nasdaq, Rob Speyer, da gigante do setor imobiliário Tishman Speyer, Dave McInerney, da empresa de entrega de alimentos FreshDirect, e Joey Levin, da IAC, conglomerado de Barry Diller que era dono do site de reservas de viagens Expedia. Junto com os CEOs de grandes bancos reunidos em Washington, Wall Street, um dos maiores empregadores de Nova York, foi representada por John Waldron, do Goldman, e sua colega do Citigroup, Jane Fraser. O governador cancelou os planos de comparecer pessoalmente e foi transmitido de Albany junto com seu secretário de saúde, Howard Zucker.

Todos os olhos estavam voltados para Bourla. No dia anterior, a Pfizer havia anunciado planos de fazer parceria com uma empresa alemã de biotecnologia, a BioNTech, para desenvolver um novo tipo de vacina que eles esperavam que fosse eficaz contra o coronavírus. As vacinas tradicionais carregavam uma versão enfraquecida ou morta de um vírus para treinar o sistema imunológico a reconhecer e atacar micróbios invasores. A BioNTech vinha realizando experimentos com um tipo diferente de vacina, que, em vez disso, carregava projetos, escritos em trechos de código genético chamados mRNA, que transformariam as células imunológicas em pequenas fábricas de anticorpos. Ainda não tinha sido bem-sucedida, mas mostrou resultados promissores em laboratório.

"Vamos trabalhar o mais rápido que pudermos, mas o vírus tem uma vantagem inicial", disse Bourla às pessoas naquela sala.

Waldron compartilhou os planos do Goldman de organizar sua força de trabalho e utilizar pregões de apoio em Nova Jersey e Connecticut. Cuomo, conhecido por sua arrogância política e ocasionalmente por sua grandiosidade, tinha poucas respostas. Adena Friedman, a CEO da Nasdaq, ligou para seu chefe de risco enquanto caminhava pela rua 57. "Temos que fechar os escritórios agora. Isso vai ser um desastre total. Nova York não está pronta." A sede da Nasdaq na Times Square fechou no dia seguinte.

STACEY CUNNINGHAM PISOU no pregão da Bolsa de Valores de Nova York nos minutos finais da sessão de 11 de março. Quando o sino tocou às 16 horas, era oficial. A alta de onze anos do mercado, que havia enriquecido os investidores, consolidado o status dos Estados Unidos como o centro de poder das finanças globais e apagado as lembranças desagradáveis da crise de 2008 do qual se originou, tinha chegado ao fim.

Uma enxurrada de manchetes alarmantes naquele dia fez com que o preço das ações caísse. Os analistas econômicos do Goldman Sachs emitiram uma projeção terrível de que, em meados do verão, o S&P 500 estaria 25% abaixo dos patamares do início do ano. A Boeing fez um empréstimo bancário de US$13,8 bilhões, um montante gigantesco que sugeria graves dificuldades financeiras em um dos ícones empresariais dos Estados Unidos. Surgiram notícias de que a gigante de private equity, a Blackstone, havia incentivado as empresas de sua propriedade a fazer o mesmo.[48] O visita dos CEOs dos maiores bancos do país à Casa Branca, embora tivesse a intenção de tranquilizar os mercados, surtiu o efeito contrário. Por que eles estariam lá se não fosse uma emergência?

O Dow Jones Industrial Average, que, apenas um mês antes, estava beirando os 30.000 pontos, fechou naquele dia em 23.553,22. Essa queda de mais de 20% anunciou oficialmente a chegada de um mercado em baixa — o bear market.

Acredita-se que as origens dos termos "bear" e "bull" nos mercados financeiros remontam a um antigo provérbio inglês que adverte contra a venda de peles de urso antes de capturar o urso. Isso provavelmente foi aplicado mais tarde aos vendedores a descoberto, que vendem ações que ainda não compraram na expectativa de que o preço caia, associando, assim, o "urso" (bear) àqueles que apostam em um declínio do mercado. A origem do termo "touro" (bull) é menos clara, mas ambos os termos já haviam se entrelaçado com o sentimento do mercado em 1720, quando Alexander Pope escreveu um poema: "Venha encher o cálice do Mar do Sul / Os deuses cuidarão de nossas ações / A Europa, satisfeita, aceita o touro / E Jove, com alegria, adia o urso."

Nos Estados Unidos, o mercado de ações havia começado a entrar em alta em 9 de março de 2009, na esteira do quase colapso do sistema bancário global e ainda em meio à recessão que ele causou. Ele avançou durante uma crise da dívida europeia, o primeiro rebaixamento da dívida do governo dos EUA, uma desaceleração da economia chinesa, taxas de juros crescentes (que, teoricamente, deveriam prejudicar o preço das ações ao aumentar os custos dos empréstimos corporativos) e a escalada das tensões entre Washington e Beijing. Agora, a bolsa havia sido derrubada por um vírus microscópico.

Membros da força-tarefa da Casa Branca contra o coronavírus lotaram o Salão Oval, onde se juntaram à filha do presidente, Ivanka Trump, ao genro e conselheiro sênior Jared Kushner, ao principal conselheiro econômico Larry Kudlow e à meia dúzia de outras pessoas. O presidente se sentou atrás da mesa Resolute. Os principais consultores médicos do comitê, Anthony Fauci e Deborah Birx, pressionaram pelo fechamento das viagens aéreas originadas e destinadas à Europa. Birx alertou que, se não fosse controlado, o vírus poderia matar 2 milhões de pessoas. Uma ação mais rápida, incluindo o fechamento de voos internacionais, poderia manter o número de mortos em 250 mil ou menos. Foi a primeira vez que muitos dos não cientistas presentes naquela sala ouviram os possíveis números de mortes serem expostos de maneira tão clara.

Fauci — que cada vez mais, para o visível aborrecimento do presidente em diversas ocasiões, deu voz ao agravamento do vírus — alertou o grupo de que o surto pioraria muito e que o rastreamento de contatos e o teste eram muito lentos para contê-lo.

Steven Mnuchin saiu para atender uma ligação de Nancy Pelosi. Os dois vinham discutindo há dias um projeto de lei de gastos do Congresso para diminuir o impacto do coronavírus. O valor final seria de cerca de US$8 bilhões, quando foi anunciado dois dias depois, mas os dois haviam conversado mais de vinte vezes no dia anterior, discutindo o que seria incluído. Quando retornou, pouco depois das 17 horas, o presidente havia saído para outro compromisso. Um grupo menor, que incluía Mnuchin, Kudlow, Fauci e o Conselheiro de Segurança Nacional Robert O'Brien, logo o seguiu, pegando o elevador para a residência particular do presidente no terceiro andar da Casa Branca, onde a conversa continuou.

Impedir as viagens aéreas seria um grande golpe para a economia global e, provavelmente, afetaria os mercados, disse Mnuchin. Durante a presidência, Trump se tornara um obcecado de longa data pela alta do mercado de ações, e seu fascínio provavelmente contribuiu para que Mnuchin fosse um dos únicos secretários de gabinete a permanecer no cargo durante os três primeiros anos do governo. Por fim, foi tomada a decisão de suspender os voos provenientes e destinados à Europa continental. A tarefa de informar aos CEOs das companhias aéreas coube a Mnuchin, que começou a procurar um escritório vazio na Ala Oeste — um complexo apertado com pouco espaço para escritórios, para início de conversa, que havia se tornado um centro de atividades excepcionalmente lotado nos últimos dias. Por sorte, a Sala do Gabinete estava aberta e ele entrou.

DOUG PARKER DESLIGOU a TV, que estava ligada na CNBC. Só havia notícias ruins. Os casos de Covid estavam aumentando. As ações estavam caindo, inclusive as da empresa dele. As ações da American Airlines haviam perdido metade de seu valor em quatro semanas. A empresa estava queimando dezenas de milhões de dólares em espécie todos os dias. As reservas eram uma fração do que haviam sido. Agora ele estava perambulando pela sede da empresa em Fort Worth, esperando a ligação da Casa Branca.

Ele havia recebido um aviso de seu chefe de relações governamentais, Nate Gatten, de que Trump iria à televisão mais tarde naquela noite para anunciar uma paralisação das viagens provenientes e destinadas à Europa continental.

Apenas uma semana antes, os CEOs das companhias aéreas haviam dito — diante das câmeras, na Casa Branca, com o presidente — que não precisavam de dinheiro. O próprio Parker havia ecoado esse sentimento no mesmo dia em uma reunião privada com Mnuchin. Mas, se o governo federal pretendia interromper as viagens transatlânticas, que representavam algo entre 10 e 30% dos negócios das grandes companhias aéreas, a história seria outra. Parker sabia que as companhias aéreas precisariam de dinheiro e, se o presidente perguntasse quanto, ele queria ter uma resposta pronta.

Parker pensou na ajuda que o governo deu ao setor aéreo após os ataques terroristas de 11 de Setembro: US$5 bilhões em subsídios e US$10 bilhões em garantias de empréstimos. Parker imaginou que a solicitação de uma quantia semelhante seria apropriada.

Ele bateu à porta de uma sala de reuniões com paredes de vidro, onde o CFO Derek Kerr e sua equipe financeira estavam reunidos, com papéis e xícaras de café espalhados sobre a mesa. "O que pedimos?", perguntou Parker.

Kerr mordeu o lábio por um minuto antes de responder. "US$50 bilhões."

O número surpreendeu Parker. Mas os cálculos de Kerr estavam corretos. A American tinha uma receita de cerca de US$40 bilhões e representava cerca de 20% do setor de viagens dos Estados Unidos. Assim, com US$200 bilhões em receita anual, US$50 bilhões equivaliam a três meses. De repente, não parecia tão insano.

A ligação aconteceu às 20h25. Parker atendeu de sua mesa na sala ao ar livre que dividia com seus assistentes, com vista para o átrio da sede da American. O presidente Trump queria ter ligado pessoalmente, disse Mnuchin, mas estava se preparando para seu discurso no Salão Oval, que seria transmitido ao vivo em meia hora.

"Sei o que disse na semana passada", começou Parker, "mas agora isso é um grande problema para nós e vamos precisar de alguma ajuda. Todos nós". Ele se preparou e tentou soar indiferente. "Acredito que vamos precisar de algo em torno de US$50 bilhões." Ele teve dificuldade em falar isso. Parecia um valor alto demais e que, certamente, provocaria reações contrárias de ambos os lados da política. Os republicanos a favor do livre mercado não gostariam da ideia de o governo apoiar o setor privado. Os progressistas gritariam "socorro" e repreenderiam os CEOs por não terem guardado dinheiro suficiente enquanto enriqueciam a si mesmos e a seus acionistas.

Mas, se ele esperava uma reação negativa, não foi o que recebeu. Do outro lado da linha, na Sala do Gabinete da Casa Branca, Mnuchin não hesitou. Ele havia alertado o presidente na residência naquela tarde que uma proibição de viagens à Europa abriria um enorme buraco no setor aéreo. Parker tinha acabado de calcular o tamanho do rombo. "Eu entendo", ele disse e prometeu manter contato.

No caminho de volta do campus da American, uma propriedade de 1.200 km^2 perto do aeroporto de Dallas/Fort Worth, Parker ligou para sua esposa, Gwen, ex-comissária de bordo da American Airlines, que estivera no jogo do Dallas Mavericks contra o Denver Nuggets. Ela estava sentada algumas fileiras atrás do proprietário do Mavericks, Mark Cuban, cuja reação a uma mensagem em seu telefone transmitindo a notícia do cancelamento da temporada da NBA foi capturada pelas câmeras e transmitida ao vivo — uma boca aberta que se tornou um dos primeiros momentos virais da pandemia. "Obviamente, isso é muito maior do que o basquete", disse o proprietário bilionário à ESPN. As autoridades deixaram o jogo terminar, com uma vitória do Dallas. Foi o último jogo da temporada de 2020 da NBA.

"VOCÊ NÃO PODE moldar uma pandemia", Brian Chesky gritou para sua equipe financeira. O CEO do Airbnb estava sozinho em sua casa em São Francisco, deitado na cama com o notebook apoiado nos joelhos. Ele recebeu uma ligação tarde da noite; os membros bem-intencionados de sua equipe haviam passado o dia tentando calcular o impacto do vírus na demanda por aluguéis de imóveis residenciais.

Dezenas de milhares de viajantes do Airbnb estavam exigindo, coletivamente, mais de US$1 bilhão em reembolsos de estadias que haviam reservado anteriormente, mas que, agora, estavam com muito medo de desfrutar. As políticas do Airbnb permitiam que os anfitriões, as pessoas que de fato eram proprietárias dos imóveis de aluguel, estabelecessem as próprias políticas de reembolso, e muitos optaram por não permitir isso. (Metade dos anfitriões do Airbnb dependiam dos aluguéis para pagar seus financiamentos hipotecários.) A questão para Chesky e seus assistentes era: o Airbnb deveria arcar com a diferença tirando dinheiro do próprio bolso? Isso poderia custar bilhões, valor que o Airbnb — a epítome de uma startup do Vale do Silício que gasta muito dinheiro — não poderia arcar.

O normalmente calmo Chesky, que aparentava ser mais jovem do que seus 38 anos e tendia a transmitir uma sensação de "familiar próximo", estava perdendo a paciência com seus analistas de números. Será que eles deveriam forçar os clientes a escolher entre gastar milhares de dólares ou se hospedar na casa de um estranho e esperar pelo melhor?

Apenas uma semana antes, Chesky estava em alta, falando com um grupo de executivos em um espaço para reuniões do quinto andar de um edifício de São Francisco, uma antiga cafeteria agora chamada "Ate, Ate, Ate" — uma referência à sua função anterior e ao número do edifício, 888 da rua Brannan. O local foi originalmente construído pela National Carbon Company como sua sede e, mais tarde, abrigou uma fábrica das baterias Eveready, em 1916. Em 2013, foi convertido na sede global do Airbnb, com o estilo industrial histórico — trilhos do bonde originais ainda atravessam o piso — que se tornou a marca registrada das empresas de tecnologia de rápido crescimento. Era um ponto alto, literalmente, com uma vista deslumbrante da baía de São Francisco e da ponte Golden Gate. Foi lá que o CEO contou à sua equipe sobre seu plano de anunciar o IPO da empresa no final do mês.

Isso havia sido há apenas uma semana. O ano de 2020 deveria ser o momento em que o Airbnb deixaria o ninho do Vale do Silício e assumiria seu lugar entre os titãs de Wall Street. Agora, parecia que a empresa talvez não sobrevivesse a esse ano.

CAPÍTULO 9

TESTE DE ESTRESSE

Stephen Scherr entrou a passos pesados em sua casa de fim de semana nos Hamptons, uma área rica e bucólica em Long Island, a cerca de duas horas da cidade de Nova York, onde muitos executivos de Wall Street têm casas de fim de semana. Passava um pouco das 19h30 de sexta-feira, 13 de março, e o diretor financeiro do Goldman Sachs estava tentando entender a semana que acabara de terminar. O mercado de ações havia despencado. Assim como os preços do petróleo, do ouro e da dívida corporativa. Ninguém estava comprando nada. Os investidores haviam se acomodado em uma posição defensiva, vendendo muito do que possuíam em troca da segurança do dinheiro físico.

Scherr, que supervisionava o balanço patrimonial de US$1 trilhão do Goldman, teve diversas conversas telefônicas com autoridades em Washington, que buscavam garantias de que o quinto maior banco dos Estados Unidos estava em boas condições. "A situação não está boa lá fora", ele disse a Justin Muzinich, o principal assessor de Mnuchin no Departamento do Tesouro, "mas estamos cuidando disso".

Ele estava projetando uma confiança que só sentia em parte. O sistema circulatório de Wall Street, no qual os títulos e o caixa fluem em um ciclo suave entre compradores e vendedores, estava repleto de coágulos criados pelo pânico. Os investidores queriam seu dinheiro e estavam vendendo tudo o que podiam a fim de obtê-lo. Outros bilhões ficaram presos em uma espécie de limbo de Wall Street, pois a liquidação das negociações — em tempos normais, uma tarefa administrativa bastante comum — ficou soterrada sob o inferno da papelada. O resultado foi a saída de dinheiro do Goldman em um ritmo que alarmou Scherr.

Além de tudo isso, ele havia ficado preso em reuniões durante toda a semana sobre como fazer a transição dos 36 mil funcionários da empresa para o trabalho remoto, uma possibilidade que parecia improvável na segunda-feira e inevitável alguns dias depois. O Goldman tinha muitas opções de planos de resposta a desastres. Em 2012, centenas de sacos de areia guardados no porão mantiveram a energia do Goldman ligada durante o furacão Sandy, enquanto o restante da parte baixa de Manhattan ficou às escuras. Uma foto publicada no *New York Times* capturou a cena e reforçou entre os líderes do Goldman o valor do planejamento antecipado. O terrorismo sempre foi uma ameaça em Manhattan. (O banco atualizou seus procedimentos em 2017 depois que uma van invadiu uma calçada lotada a poucos quarteirões de sua sede no centro da cidade, matando oito pessoas.) Mas nenhum desses planos previa uma pandemia. E era isso que a Covid-19 era agora: a Organização Mundial da Saúde havia declarado isso oficialmente dois dias antes. Executivos de todo o mundo — especialmente em Nova York, que rapidamente se tornou o epicentro do surto nos Estados Unidos, com 142 casos confirmados até 9 de março — tiveram que descobrir como esvaziar seus escritórios com segurança e, ao mesmo tempo, manter os negócios funcionando.

As forças de trabalho menores do Goldman em toda a Ásia haviam sido organizadas semanas antes e enviadas a locais de apoio para reduzir a multidão nos pregões. Mas a sede do Goldman, um arranha-céu de vidro e aço às margens do rio Hudson que, uma década antes, custou US$2 bilhões para ser construído, era muito mais densamente povoada. Cerca de 10 mil funcionários se deslocavam diariamente de comunidades de Nova York, Nova Jersey e Connecticut para o centro nervoso global da empresa, desembarcando de metrôs e carros da cidade e entrando em elevadores apertados que os despejavam no saguão do 11º andar, onde se misturavam na Starbucks interno da empresa e ocupavam os bancos estofados de couro que revestiam o átrio de dois andares e ofereciam uma vista deslumbrante da Estátua da Liberdade. De lá, eles se dirigiam aos cubículos de escritório e a um pregão lotado que, agora, representava um risco à saúde pública.

Scherr, junto com o presidente do Goldman, John Waldron, e seu diretor administrativo, Laurence Stein, receberam a tarefa de descobrir o que fazer com todas essas pessoas. A questão se tornou mais urgente depois que o primeiro funcionário, um trabalhador terceirizado da academia interna do Goldman, testou positivo para o vírus naquela semana. O trio havia decidido por uma abordagem de dividir a equipe, que seria colocada em prática na segunda-feira seguinte, 16 de março. Metade dos funcionários do Goldman em Nova York se reportaria, como de costume, à sede; a outra metade trabalharia em locais de apoio do outro lado do rio, em Nova Jersey, ou em suas casas. Os funcionários seriam designados para a "equipe azul" ou para a "equipe branca", uma alusão às cores do logotipo corporativo do Goldman e uma tentativa de semear algum espírito de equipe em uma força de trabalho que estava ficando mais ansiosa a cada dia.

O plano era bastante simples em teoria, mas tinha sido terrivelmente complicado de concretizar, transformando três executivos de uma das instituições financeiras mais poderosas do mundo em roadies de uma turnê organizada às pressas, enfrentando dificuldades para arrumar espaço e equipamentos. O tédio havia esgotado Scherr, de 55 anos, que esperava uma breve pausa para se juntar à sua família nos Hamptons. Ele mal tinha entrado na casa quando seu celular tocou. Era sua vizinha, a tesoureira do Goldman, Beth Hammack, que ele havia deixado em casa poucos minutos antes. Os dois tinham casas de fim de semana a cerca de um quilômetro um do outro, em Sagaponack, e tinham vindo juntos da cidade.

Hammack também esperava um final tranquilo para uma semana cansativa. Como tesoureira, seu trabalho era entediante e crucial: garantir que o banco tivesse dinheiro suficiente em caixa o tempo todo, nos lugares certos e nas moedas certas, para cobrir suas obrigações financeiras. Bancos como o Goldman movimentam bilhões de dólares todos os dias, comprando e vendendo títulos, lançando e recebendo garantias para sustentar posições de negociação abertas, financiando empréstimos em dezenas de países e atendendo a retiradas de depósitos de clientes.

A administração desse registro cabia a Hammack, de 48 anos. A filha da lenda de Wall Street, Howard Morgan, que havia ajudado a lançar a Renaissance Technologies, o fundo de hedge na vanguarda da negociação algorítmica, havia passado mais da metade de sua vida no Goldman, grande parte dela como corretora de títulos do Tesouro. De raciocínio rápido e direto, certa vez ela respondeu a uma pergunta de um superior sobre por que o Goldman tinha mais dificuldade em ser aprovado pelos órgãos reguladores do que os grandes bancos comerciais, como o JPMorgan, com um poema ("Na crise, o JP tem influxos", dizia um verso). Em 2018, ela foi nomeada tesoureira do banco, um cargo essencial, porém sem glamour — invisível em tempos de bonança e sob um holofote gritante em tempos ruins — que descrevia bem a semana que acabara de terminar.

Ela mal tinha se acomodado e servido um gim com tônica Fever-Tree, adicionando um toque de licor de flor de sabugueiro St-Germain, quando seu telefone tocou. O serviço de telefonia celular nos Hamptons é notoriamente instável, em virtude da falta de torres de transmissão, depois que os moradores ricos passaram anos se opondo à construção de novas torres, pois elas poderiam prejudicar a vista para o mar; Hammack teve um blecaute de comunicação durante a maior parte do caminho até lá com seu chefe. Assim que ela se conectou ao Wi-Fi da casa, começaram a chegar e-mails e mensagens de voz de assistentes em Nova York e em Londres, nenhum deles trazendo boas notícias. Então ela ligou para Scherr.

"Você já preparou sua bebida?", ela perguntou, olhando para a dela, o copo intocado e suado sobre a mesa. Ele não tinha preparado. "Ótimo, porque temos um problema", anunciou ela.

Os registros financeiros do Goldman, calculados naquela noite de sexta-feira, mostravam que bilhões de dólares em dinheiro haviam saído do caixa do banco durante a semana e quase nada havia entrado. Como Hammack disse delicadamente a seu chefe, a turbulência do mercado havia resultado em "uma quantidade inexplicavelmente alta de liquidez deixando a empresa".

A liquidez é o sistema vital de uma empresa moderna. Refere-se a dinheiro e títulos, como títulos do governo, que podem ser facilmente vendidos em um piscar de olhos para financiar as operações do dia a dia e cobrir obrigações pendentes. A liquidez é importante para qualquer empresa, mas crucial para os bancos, que são obrigados pelos órgãos reguladores a manter dinheiro suficiente em caixa, a fim de garantir que possam cumprir suas obrigações comerciais, financiar seus compromissos de empréstimo e honrar os saques dos clientes. Mesmo os bancos que parecem ricos no papel podem se encontrar em perigo mortal se sua liquidez se esgotar. Eles podem ser forçados a vender ativos para levantar dinheiro, o que leva os clientes a sacar mais dinheiro. O resultado é a velha corrida aos bancos, em que o dinheiro e a confiança evaporam na mesma proporção. É o equivalente a ser proprietário de uma mina de ouro, porém não ter nenhuma pá.

O Goldman tinha bastante ouro, com mais de US$1 trilhão em ativos em seus registros. E tinha pás suficientes, pelo menos em tempos normais — mais de US$230 bilhões em dinheiro e outros ativos, como títulos do governo, que geralmente são considerados tão bons quanto dinheiro físico, em seus registros contáveis de fim de ano. Mas a semana anterior tinha sido tudo menos normal. Os clientes comerciais haviam se retirado do caos do mercado e levado seu dinheiro com eles. As grandes empresas, preocupadas com a disseminação do vírus, reduziram suas linhas de crédito, forçando o Goldman a financiar bilhões de dólares em empréstimos. O pool de liquidez de US$230 bilhões do Goldman, que parecia bastante substancial há apenas algumas semanas, estava se esvaziando rapidamente.

Além do mais, grande parte desse pool não era de fato dinheiro, mas, sim, títulos da dívida pública. No final de 2019, o Goldman possuía mais de US$100 bilhões em títulos emitidos pelo Tesouro dos EUA, bem como pela Fannie Mae e pela Freddie Mac, as agências quase governamentais que garantiam os financiamentos hipotecários nos EUA.[49] Em tempos normais, esses títulos são negociados sem problemas e seus preços podem ser prontamente determinados por meio de ofertas de outros corretores de Wall Street, o que significa que o Goldman poderia vendê-los com bastante facilidade e saber exatamente quanto renderiam. É isso que torna um investimento líquido; é tão bom quanto dinheiro físico.

Mas, ao longo da semana, o mercado de títulos de renda fixa entrou em colapso. Grandes lacunas se abriram entre os preços pedidos pelos vendedores e o que os compradores estavam dispostos a pagar, em alguns casos tão grandes que as negociações foram totalmente interrompidas. Mesmo os títulos do Tesouro dos EUA, normalmente o ativo financeiro mais facilmente negociável do mundo, não podiam ser movimentados em lotes de mais de alguns milhões de dólares de cada vez. Sem um mercado de compradores ativo para esses títulos, era difícil lhes atribuir um valor em dólares, o que deixou a equipe de Hammack às cegas.

Uma regra obscura do governo havia acrescentado complicações. Corretoras como o Goldman são obrigadas a proteger o dinheiro, o que significa que, pelo menos uma vez por semana, elas devem contabilizar o valor das negociações que permanecem abertas — o que devem aos clientes e o que os clientes devem a elas — e colocar a diferença em contas protegidas que não podem ser tocadas. Com os mercados agora em turbulência, algumas dessas posições estavam se tornando quase impossíveis de avaliar. Manter o controle de quem devia o quê a quem e quanto dinheiro o Goldman precisava guardar naquelas contas "fechadas" estava se tornando um trabalho de Sísifo.

Se o tumulto continuasse por muito mais tempo, Hammack alertou Scherr por telefone naquela noite, o Goldman corria o risco de cair abaixo dos níveis mínimos de liquidez estabelecidos pelo Federal Reserve, o que poderia forçar o banco a levantar dinheiro, vendendo rapidamente títulos a preço de liquidação. O que não foi dito era o que aconteceria em seguida, assim que a notícia fosse divulgada. Os tomadores de empréstimos corporativos, preocupados com a solvência do Goldman, maximizariam suas linhas de crédito, os clientes comerciais exigiriam garantias adicionais e os depositantes retirariam seu dinheiro. Tudo isso poderia forçar outra rodada de vendas, o que resultaria em ainda mais saques.

As espirais da morte de liquidez já haviam aniquilado bancos de investimento antes. No outono de 2008, o Lehman Brothers possuía ativos no valor de centenas de bilhões de dólares, mas pediu falência mesmo assim, porque simplesmente ficou sem dinheiro. O Goldman não estava nem perto desse cenário, mas tanto Scherr quanto Hammack estavam no mercado há tempo suficiente para saber como isso poderia acabar.

"Tudo bem", disse Scherr depois que Hammack terminou. "Bem, acho que deveríamos voltar para o escritório amanhã cedo e, você sabe, resolver isso." Ele disse que passaria às 6 horas da manhã para buscá-la. Hammack havia entrado em contato com uma assistente em Londres, Laide Oginni, que ainda estava analisando os números depois da meia-noite, horário local, e agora havia dito a ela para ir para a cama. "Precisamos de você descansada amanhã", disse a tesoureira.

Hammack pegou seu gim-tônica, mas pensou melhor. Ela precisava estar bem também.

Por volta das 8h30 do sábado, duas dúzias de executivos do Goldman haviam se reunido em uma sala de conferências espartana no 41º andar da sede do banco, na parte baixa de Manhattan, com vista para a Estátua da Liberdade e o porto de Nova York. Além de Scherr e Hammack, que haviam voltado no Mercedes SUV preto de Scherr, antes do amanhecer, o grupo incluía Sheara Fredman, controladora do banco, Brian Lee, chefe de risco, Laurence Stein, diretor administrativo, Phil Armstrong, chefe de operações, e sua substituta responsável pelas operações do braço comercial do Goldman, Ericka Leslie. O grupo *ad hoc* havia sido reunido para descobrir para onde o dinheiro do Goldman tinha ido, de quanto mais eles precisavam e como poderiam obter esse dinheiro.

O SISTEMA FINANCEIRO que enfrentava a turbulência que agora estava sendo espalhada pela pandemia não era o mesmo que quebrou em 2008, levando consigo a economia global.

Novas regulamentações implementadas após o colapso haviam remodelado Wall Street, controlando sua cultura de livre aposta, voltada para as classes mais altas, e fortalecendo os balanços dos bancos. As reformas da Dodd-Frank de 2010, a principal resposta legislativa ao colapso, não satisfizeram praticamente ninguém — a lei foi o resultado de um compromisso político nos bastidores e passou pelo Senado dos Estados Unidos com pouco mais dos sessenta votos necessários para evitar obstruções —, mas eles enfrentaram diretamente algumas das causas fundamentais do colapso das hipotecas. Os operadores dos grandes bancos não podiam mais fazer apostas gigantescas com o dinheiro da casa, que era tecnicamente o dinheiro dos acionistas, mas, como a crise de 2008 havia mostrado, era, na verdade, dinheiro do contribuinte. Em vez disso, eles foram reformulados como meros cobradores de pedágio, recebendo pequenas taxas para conectar um cliente que queria comprar uma ação, um título ou um barril de petróleo com outro que queria vender. Tampouco podiam acumular grandes quantias de dinheiro emprestado para aumentar seus retornos. Menos dívidas significavam que os bancos estariam mais seguros e menos propensos a implodir sob estresse.

Os bancos agora eram submetidos a "testes de estresse" anuais, simulando como seus negócios e suas vastas participações em títulos se sairiam em um cenário apocalíptico idealizado pelos órgãos reguladores em Washington. A versão mais recente, de 2019, imaginou uma recessão que começou na Europa e se espalhou pelos Estados Unidos, na qual a taxa de desemprego chegaria a 10%, o mercado de ações cairia pela metade e tanto os preços dos imóveis residenciais quanto as taxas de juros despencariam. Para os executivos financeiros, era um cenário muito terrível, e quase todos os grandes bancos foram aprovados.

Mas isso foi um experimento idealizado por burocratas de Washington que, por mais bem-intencionados que fossem, não poderiam ter imaginado o pânico real e palpável que estava acontecendo em meados de março de 2020. Ao contrário de 2008, quando uma crise na economia financeira transbordou para a economia real, aquela em que as pessoas compravam casas, abriam negócios e viajavam, a preocupação agora era outra: que aquilo que começou na economia real se tornasse uma crise financeira. Essa crise, independentemente do que viesse a se tornar, não era culpa de Wall Street. Mas agora era um problema de Wall Street.

A questão imediata era que a explosão do volume de negociações havia paralisado o sistema. A liquidação de transações, o misterioso processo pelo qual os títulos são entregues a um comprador e o dinheiro é recebido por um vendedor, não estava acontecendo. O valor das negociações fracassadas nos registros do Goldman Sachs — transações pendentes de ações, títulos ou outros ativos — era quatro vezes maior do que deveria ter sido no segundo fim de semana de março. Havia muitas razões, nenhuma delas foi fácil de desvendar. Os operadores de Wall Street, agora também remotos, estavam mais lentos para registrar as negociações. Os intermediários administrativos dos bancos de custódia, que detêm os títulos em nome dos clientes, também estavam atrasados no envio de instruções de roteamento.

Os clientes também estavam ficando mais cautelosos com relação à apresentação de garantias. As negociações abertas exigem que ambas as partes transfiram dinheiro ou outros ativos de alta qualidade entre si regularmente, dependendo das mudanças de preço nesse ínterim. Algumas são fáceis de descobrir: uma aposta sobre como o preço das ações da Apple estará em três meses certamente pode ser avaliada. Mas negociações mais complicadas estão abertas à interpretação. E mercados caóticos, nos quais os preços dos ativos oscilam violentamente todos os dias, tornam esses cálculos ainda mais difíceis. Na segunda semana de março, o valor das negociações disputadas — basicamente, o livro razão de divergências com parceiros comerciais do Goldman, sobre quem devia a quem e quanto — estava três vezes maior do que o nível normal. Ao mesmo tempo, as bolsas de valores e as câmaras de compensação estavam ficando mais agressivas na exigência de garantias do banco. O que, em tempos normais, era uma movimentada via de mão dupla se transformou em um beco sem saída. Os bancos estavam amarrados a títulos que não haviam planejado, sem o dinheiro necessário para financiá-los. O resultado foi uma redução da liquidez.

A volatilidade do mercado estava aumentando, pelo fato de os operadores de Wall Street estarem trabalhando de casa. Legiões de operadores, agora encarregados de navegar pelos mercados mais agitados de suas carreiras, não tinham mais permissão para ir até os pregões, nos quais os espaços apertados violavam as diretrizes de distanciamento social que estavam sendo comunicadas pelas autoridades de saúde pública. Os quatro pregões do Goldman em Nova York, que normalmente abrigavam 3 mil operadores, agora tinham menos de cem. Mesmo os locais de apoio em Greenwich e em Nova Jersey foram considerados inseguros.

As negociações de Wall Street dependem de um setor imobiliário fortemente digitalizado e coreografado. Os operadores usam diversas telas para monitorar os mercados e fazer as ordens. Grandes bancos de telefones de mesa fornecem uma comunicação direta em frações de segundo com chefes, outros operadores e clientes importantes. Notebooks pessoais não seriam suficientes. (As configurações domésticas também eram problemáticas do ponto de vista regulatório. Os operadores bancários são muito vigiados. O software de gravação monitora suas conversas telefônicas e determinados aplicativos de mensagens são bloqueados — assim como aqueles que desperdiçam tempo, como o Twitter.) Em vez disso, os executivos do banco em Manhattan carregaram Ubers e, até mesmo, os próprios carros para entregar hardware, a fim de manter a vasta operação de negociação da empresa funcionando — o cerne de sua máquina de fazer dinheiro.

NAQUELE MESMO FIM de semana, a mil quilômetros de distância, um conclave diferente estava em andamento. Os executivos-chefes da General Motors, da Ford e da Fiat Chrysler — as três grandes montadoras de automóveis de Detroit — entraram em uma teleconferência ao meio-dia de domingo, 15 de março, organizada por Rory Gamble, que dirigia o United Auto Workers (UAW), um dos sindicatos mais poderosos do país. O UAW representava quase 400 mil trabalhadores norte-americanos da Ford, da GM, da Fiat Chrysler e de outras empresas que produziam peças para fabricantes automotivos e aeroespaciais.

As três montadoras tinham enviado suas forças de trabalho administrativas para casa a partir de 13 de março, mas os 150 mil trabalhadores sindicalizados das fábricas não tiveram esse luxo. Os riscos à saúde apresentados por um ambiente de fábrica eram óbvios. A fabricação de carros é um trabalho prático, com funcionários muito próximos entregando peças, reunindo-se em salas de descanso e trocando turnos, em virtude de operarem máquinas pesadas. Um membro assalariado da localidade de Kokomo, Indiana, foi o primeiro funcionário do UAW a testar positivo para o vírus em 12 de março, e os trabalhadores da fábrica começaram a levar o próprio álcool em gel de casa para as fábricas na área de Detroit. Gamble designou sua equipe de saúde e segurança para analisar as melhores práticas para conter o vírus. Ele também encarregou os advogados do sindicato de verificar seus contratos com cada uma das Três Grandes empresas, para saber quais eram suas obrigações no caso de uma emergência de saúde.

Gamble havia entrado em contato no início daquela semana, na tentativa de discutir com os três CEOs o fechamento de suas fábricas nos Estados Unidos, pois o vírus estava começando a se espalhar pelo país. Seu objetivo era fazer com que as Três Grandes aderissem, oficialmente, a um fechamento rápido e ordenado de suas fábricas de montagem e, em seguida, usassem esse impulso para fazer o mesmo com fornecedores de componentes e outros participantes da cadeia produtiva cujos trabalhadores faziam parte do sindicato.

O telefonema foi tenso. A General Motors havia passado, apenas alguns meses antes, por uma greve de seus trabalhadores da UAW que levou a uma paralisação de quarenta dias e custou à montadora, segundo os próprias cálculos, até US$4 bilhões em perda de produtividade.[50] E uma ação judicial movida pela General Motors contra a Fiat, acusando-a de subornar dirigentes sindicais para obter uma vantagem em seus custos trabalhistas, ficou em segundo plano. (Aquele escândalo de suborno havia destituído o então chefe do sindicato, colocando Gamble no cargo em novembro de 2019.) Até mesmo conseguir conversar com os três CEOs foi um desafio; os advogados das empresas temiam que a reunião para discutir a política trabalhista pudesse ser uma violação das leis antitruste. A ironia era óbvia. As leis destinadas a proteger os trabalhadores — impedindo que as empresas fizessem conluios para diminuir os salários ou aumentar as horas de trabalho — agora poderiam colocá-los em perigo. Gamble havia conversado individualmente com Bill Ford, que ele conhecia desde seus primeiros dias como organizador de um sindicato de fábricas da Ford, o Local 600, bem como com a executiva-chefe da GM, Mary Barra, e com o executivo-chefe da Fiat Chrysler, Mike Manley, e lhes assegurou que seu foco era apenas os protocolos de saúde e segurança — e que ele evitaria qualquer discussão delicada sobre cronogramas de produção, pois falar sobre isso poderia gerar um conflito com as leis federais antitruste. Ainda assim, foram necessários telefonemas para os executivos da governadora de Michigan, Gretchen Whitmer, e da congressista Debbie Dingell, cujo distrito incluía muitas fábricas de automóveis, solicitando que fizessem a coisa certa, para fazer com que os executivos aceitassem conversar.

Na ligação, Gamble pressionou os CEOs para que houvesse uma paralisação imediata de duas semanas. Manley se opôs, citando o problema de veículos semiacabados que ficavam parados na linha de montagem. Eles enferrujariam, e isso representaria milhões de dólares em materiais perdidos. Talvez, sugeriu Manley, eles pudessem reduzir o número de trabalhadores que chegavam todos os dias para terminar veículos que já estavam em produção, sem iniciar novas produções. Mas o CEO da Ford, Jim Hackett, logo observou o lado negativo dessa ideia: "O vírus não se importa com a posição dos carros" no processo de produção, disse ele. Cientes das instruções de seus advogados para não se comprometerem com nenhuma mudança em seus cronogramas de produção durante o telefonema, os CEOs hesitaram. Eles pediram 48 horas para elaborar um plano.

O MORGAN STANLEY teve dois casos confirmados de Covid-19 entre seus funcionários, um em sua sede no subúrbio, no Condado de Westchester, em Nova York, e outro em Londres: um banqueiro que havia passado a semana anterior esquiando nos Alpes do norte da Itália. E, na manhã de 18 de março, o CEO James Gorman ligou para os dois para saber como estavam se sentindo.

Três dias antes, ele havia comparecido a um evento no consulado australiano em Nova York, onde havia recebido a mais alta honraria civil do país, por "serviços notáveis aos setores financeiro e bancário". Ele havia se perguntado se seria prudente comparecer. Os eventos estavam começando a ser cancelados em Nova York, e o governador Andrew Cuomo havia proibido reuniões em locais fechados com mais de quinhentas pessoas. Esse evento estava programado para ser muito menor, mas, mesmo assim, ele enviou uma mensagem para as dezoito pessoas que compareceriam como seus convidados, incluindo seu filho em idade universitária e um primo que tinha vindo da Austrália, dizendo-lhes que entenderia se não comparecessem. De qualquer forma, todos compareceram e viram o cônsul-geral australiano pendurar uma medalha no pescoço de Gorman, um rapaz local que havia se saído muito bem.

Agora ele estava de volta ao seu escritório no 40º andar da sede do Morgan Stanley na Times Square e não conseguia parar de tremer. Ele já havia chamado funcionários da manutenção naquela manhã para consertar o ar-condicionado de seu escritório, que parecia estar ligado a todo vapor, mas não adiantou. Ele colocou a cabeça para fora da porta do escritório e pediu ao assistente que chamasse o pessoal da manutenção novamente. Ele entregou um pedaço de papel a um assistente, brincando: "Espero não estar com Covid."

Foi no início da disseminação do vírus que piadas como essa ainda eram pelo menos um pouco engraçadas, no estilo "pegadinha". Cerca de 7.300 casos da doença haviam sido confirmados nos Estados Unidos, agora em todos os 50 estados, e 115 mortes pelo vírus haviam sido confirmadas. As pessoas não estavam mais apertando as mãos; elas substituíram esse cumprimento pelo ritual de encostar os cotovelos ou dar soquinhos com o punho fechado, e o álcool em gel para as mãos era o produto mais procurado do mercado. Mas ninguém estava usando máscaras — na verdade, os funcionários do governo estavam recomendando que não o fizessem — e a ideia de que a vida cotidiana ainda seria interrompida, mesmo naquele momento, parecia impensável.

Mas, no início da tarde, Gorman estava se sentindo cada vez mais mal-humorado. A segunda visita dos funcionários da manutenção não ajudou, e ele começou a se sentir péssimo no início da tarde. Sua energia se esgotou rapidamente, como aconteceria com milhares de pacientes iniciais da Covid, que embora racionalmente soubessem que a doença estava por aí, não acreditavam que poderiam ser vítimas de uma pandemia global. Ele saiu de seu escritório, apertou o botão do elevador com o cotovelo e atravessou a multidão no imenso saguão em direção à saída. Ele não queria expor seu motorista, então caminhou quarenta minutos até sua casa, no centro da cidade, e se arrastou até a cama.

Quando testou positivo dois dias depois, ele foi o 13º caso confirmado da empresa. Ele se isolou em seu apartamento sozinho — ele e a esposa, Penny, haviam se divorciado dois anos antes — e tomou Pedialyte para se manter hidratado. Ele acordou na manhã seguinte com os lençóis encharcados de suor e uma cumbuca de canja de galinha do lado de fora de sua porta, deixado por seu assistente de longa data. Ele se forçou a comê-la, mas não conseguia sentir o gosto nem o cheiro de nada. Isso o assustou.

Ainda assim, Gorman tentou se mostrar otimista. "Estou doente, mas não estou tão doente", ele disse a John Williams, presidente do Federal Reserve Bank de Nova York, que, como principal órgão regulador do Morgan Stanley, Gorman achava que deveria saber. Em seguida, ele disse o mesmo ao seu conselho de administração. A questão era se isso deveria ser divulgado publicamente. Era uma questão incomum para um conselho de administração, equilibrar seu dever de informar os acionistas sobre fatos relevantes e a privacidade médica. Eles concordaram que, desde que ele não precisasse ir a um hospital, não seria necessário. Gorman disse algo mais: eles deveriam começar a pensar em quem assumiria o controle da empresa caso ele morresse.

No oitavo dia, ele contou aos filhos. Ao telefone, sua filha de 24 anos ordenou que ele desligasse e disse que ligaria de volta pelo FaceTime. "Só quero ver se você está bem", ela disse. Gorman, um australiano acostumado a manter a calma e seguir em frente, engasgou.

CAPÍTULO 10

DE CASTIGO

Doug Parker estava dirigindo em meio à paisagem de vegetação rasteira do oeste do Tennessee quando seu telefone tocou. Era sábado, 14 de março, e o CEO da American Airlines estava voltando de Nashville para casa, com o porta-malas de seu carro alugado cheio de tralhas de um dormitório universitário. Ele e a esposa tinham ido buscar a filha em Vanderbilt, que, como outras universidades do país, haviam suspendido as aulas e pedido que os alunos fossem para casa. Agora, Parker estava sendo informado de que ele precisaria ir a Washington para fazer lobby na Casa Branca a fim de obter ajuda. Apenas uma semana antes, em uma reunião extraoficial, ele havia dito a Mnuchin que o setor não precisava de dinheiro. Mas a situação havia mudado radicalmente.

As companhias aéreas reduziram o número de voos em até 70%. Os aviões que ainda estavam no ar viajavam praticamente vazios. O governo dos EUA havia anunciado a proibição de viagens provenientes ou destinadas à Europa continental na semana anterior e, apenas três dias depois, estendeu-a ao Reino Unido e à Irlanda, o que, segundo os analistas, retiraria do mercado o equivalente a mais um milhão de assentos nas aeronaves. Fazia apenas dez dias desde que Parker e os outros CEOs de companhias aéreas tinham ido expressar sua submissão ao presidente na Casa Branca, e saíram com o que foram buscar: Trump havia garantido aos norte-americanos que era seguro voar. Agora ele havia mudado de ideia, dizendo aos repórteres mais cedo naquele dia: "Se você não tem necessidade de viajar, não deveria."

Para o setor aéreo, foi um chute quando eles já estavam no chão. As reservas haviam despencado — o que era especialmente preocupante na temporada de férias de verão, quando as companhias aéreas obtêm grande parte de sua receita. A Delta havia conseguido um empréstimo abaixo do ideal e anunciou planos de aposentar alguns de seus aviões permanentemente e estacionar outros em depósitos no deserto temporariamente. A United, cujos principais executivos concordaram em abrir mão de seus salários-base pelo menos até o final de junho, obteve US$2 bilhões de um grupo de bancos e reduziu os gastos de capital planejados em US$2,5 bilhões. "Correndo o risco de ser alarmista, o setor aéreo está à beira do colapso",[51] escreveria Helane Becker, uma conceituada analista de Wall Street, alguns dias depois.

Em uma conferência do setor realizada algumas semanas depois — via webcast — o CEO da Delta, Ed Bastian, disse que qualquer pessoa que tentasse prever o impacto do coronavírus no setor de viagens por meio das lentes econômicas de 2008 estaria fazendo uma avaliação errada. Era algo mais próximo dos ataques terroristas de 11 de Setembro de 2001. Dezenove anos atrás, os passageiros temiam que seu companheiro de assento estivesse amarrado a uma bomba. Agora, esses passageiros temiam que seu companheiro de assento estivesse carregando um vírus mortal. "Esse é um evento relacionado ao medo", ele disse.

No entanto, William Douglas Parker, e não Bastian, era o único CEO de uma grande companhia aérea dos Estados Unidos em 2020 que já era CEO naquela manhã em 2001. Na época, ele tinha 39 anos, e esse era seu décimo dia de trabalho no comando da America West, uma transportadora regional que perdia dinheiro com um péssimo histórico de serviços e constantes conflitos sindicais. A empresa não perdeu nenhum avião no ataque às torres gêmeas, mas a queda nos voos que se seguiu quase a tirou do mercado. Ele evitou um pedido de falência ao convencer o governo a conceder à sua companhia aérea uma garantia de empréstimo de US$380 milhões em troca de garantias para a compra de até um terço da empresa por US$3 a ação e uma promessa de reduzir custos. Nos anos que se seguiram, ele fechou centros não lucrativos, começou a cobrar pela comida a bordo, colocou anúncios no verso das mesas dos assentos e transformou a America West em uma das companhias aéreas de baixo custo mais eficientes do país. Em 2005, no mesmo ano em que se casou com uma ex-comissária de bordo, ele a fundiu com a US Airways em um acordo de US$1,5 bilhão, a primeira união do setor desde os ataques terroristas. O nome da America West desapareceu, e seus aviões vermelhos, brancos e verdes foram repintados com o vermelho e azul da US Airways, mas Parker assumiu as rédeas da nova empresa.

Impiedoso e impulsivo, Doug Parker era o patife mais adorável do setor aéreo, com cabelos castanhos esvoaçantes e uma risada que se transformava em uma gargalhada alta e rouca. Ele havia corrido com os touros em Pamplona e saltado de bungee jump em sua lua de mel. "Tenho um enorme prazer em surpreender as pessoas", ele disse a um entrevistador em 2005. Desde o início na rede secundária — não há nada mais humilde do que uma transportadora regional com sede em Phoenix —, ele chegou às principais empresas do setor, mas teve dificuldades para amadurecer como CEO. Em 2007, ele cumpriu uma sentença de prisão de 24 horas por dirigir embriagado, sua terceira infração. Ele havia sido parado em Scottsdale, Arizona, poucas horas depois de a Delta rejeitar publicamente uma oferta hostil de US$9,8 bilhões. Ele se desculpou e foi rapidamente perdoado. Ele era travesso, porém magistral, conquistando Washington e, depois, Wall Street.

Seis anos depois, a US Airways se fundiu com a American Airlines, muito maior, que havia entrado com pedido de falência. O acordo criou a maior companhia aérea do mundo. Era uma aposta até mesmo para Parker, um frequentador assíduo das mesas de blackjack de Las Vegas, onde começava nas mesas de US$25, mas subia para as de US$50 se estivesse com sorte. "Como a maior companhia aérea do mundo, deveríamos ser a mais lucrativa", disse Parker no dia em que a fusão foi concluída. "E pretendemos ser." Em uma demonstração de otimismo, ele aceitou que seu pagamento fosse exclusivamente em ações, tornando-se um dos cinco CEOs dos Estados Unidos na época que não recebiam dinheiro como parte de sua remuneração — o que o obrigou a emitir cheques pessoais no valor de US$10 mil para a empresa a fim de pagar seu seguro de saúde, tendo em vista que ele não tinha um salário do qual os prêmios pudessem ser deduzidos.

Não aconteceu como o planejado. As duas companhias aéreas tinham diferentes sistemas de reservas, rotas concorrentes e diferentes contratos sindicais. Parker e o combativo grupo de executivos que o acompanhavam desde a America West passaram anos apagando incêndios. As duas dúzias de aeronaves Boeing 737 MAX da empresa foram proibidas de voar em março de 2019, após dois acidentes fatais. Naquele mesmo ano, uma disputa com mecânicos sindicalizados, a quem a empresa acusou de atrasar os reparos em meio a uma disputa contratual, levou ao cancelamento de milhares de voos. A American não cumpriu suas projeções de lucro em 2018 e 2019 e cobriu os rombos com dívidas no valor de cerca de US$33 bilhões até o início de 2020.[52] Ela entrou na pandemia como a maior e mais endividada das grandes companhias aéreas dos EUA.

Ainda assim, Parker era o único CEO de uma grande companhia aérea dos Estados Unidos que nunca tinha falido, e ele não pretendia começar agora. Ele estacionou o carro na garagem de sua casa em Fort Worth, fez as malas rapidamente e reservou um voo para Washington. Ele já havia dirigido o suficiente e era o CEO da maior companhia aérea dos EUA.

PETER DEFAZIO ESTAVA sentado em seu escritório no edifício Rayburn quando sua secretária ligou. Era Nick Calio ao telefone — outra vez. DeFazio era um congressista veterano do oeste do Oregon, uma extensão edênica delimitada pelo Oceano Pacífico a oeste e pelas Montanhas Cascade a leste, pontilhada de vinhedos no norte e de campos de extração de madeira a sudoeste. O democrata de 72 anos também era o presidente do comitê de transportes da Câmara, o que o tornava a pessoa com quem Calio, o principal lobista do setor aéreo, precisava conversar.

O comitê de DeFazio estava liderando as negociações sobre o pacote de ajuda de US$50 bilhões proposto para o setor, cujas receitas haviam despencado nas duas semanas ou mais desde que o público norte-americano acordou para os riscos à saúde representados pelo coronavírus. Foi uma das maiores linhas de resgate de emergência já apresentadas às empresas norte-americanas. E, embora a ideia geral tivesse apoio bipartidário, havia pouco consenso sobre como ele seria, como seria desembolsado e quais seriam as condições vinculadas ao dinheiro. Calio telefonava constantemente em busca de atualizações, e a paciência do congressista havia se esgotado. Não havia muito o que ele pudesse fazer até que tivesse garantias do setor de que eles poderiam obter a aprovação e as concessões necessárias de seus trabalhadores altamente sindicalizados.

DeFazio foi ríspido. “Não vou falar com você até que você converse com sua força de trabalho”, ele disse.

“Você quer que eu ligue para Rich Trumka?”, Calio retrucou, referindo-se ao corpulento e bigodudo chefe da AFL-CIO, a maior federação de sindicatos trabalhistas dos Estados Unidos, incluindo aqueles que abrangiam dezenas de milhares de trabalhadores da aviação. "Não", disse DeFazio. "Você precisa ligar para Sara."

Sara Nelson cresceu em uma pequena cidade no Oregon e era filha de cientistas cristãos. Escultural e equilibrada, ela queria ser professora de inglês no ensino médio, mas, após a faculdade, uma pesada dívida de empréstimos estudantis exigiu que ela escolhesse um caminho mais prático e, em 1996, ela ingressou na United Airlines como comissária de bordo, com base em Boston. Ela perdeu muitos amigos no voo 175 da United, que deixou o Aeroporto Logan em 11 de setembro de 2001 e, uma hora depois, chocou-se contra a Torre Sul do World Trade Center. Essa tragédia e o pedido de falência da United um ano depois a incentivaram a assumir um papel mais importante no sindicato dos comissários de bordo, a Association of Flight Attendants, primeiro como porta-voz e, a partir de 2014, como presidente. Em 5 anos de trabalho, ela não só se tornou uma defensora ferrenha dos 85% dos trabalhadores da aviação que eram sindicalizados, como também assumiu o papel de "cão de ataque" — sempre pronta para ser filmada pelas câmeras de TV — da força de trabalho organizada, que havia sofrido um declínio no número de membros e no poder de negociação em todo o país.[53] Em um discurso proferido em 2019 contra a paralisação do governo federal, que deixou os trabalhadores da TSA sem receber pagamento e sem comparecer ao trabalho, ela convocou uma greve geral para reafirmar o poder da força de trabalho organizada — uma paralisação em todos os setores que não era vista desde o período imediatamente posterior à Segunda Guerra Mundial.

No início de março de 2020, ela havia esboçado uma proposta de US$25 bilhões em ajuda federal para manter os trabalhadores das companhias aéreas — comissários de bordo, pilotos, mecânicos, agentes de embarque, carregadores de bagagem, despachantes e outros — na folha de pagamento. A proposta foi um esforço honesto para evitar as demissões em massa que quase certamente aconteceriam se as viagens aéreas permanecessem nos níveis em que haviam chegado. Mas também foi uma clara tomada de poder. Exigia que os sindicatos da aviação, incluindo o que ela dirigia, recebessem assentos nos conselhos das companhias aéreas para ajudar a definir a estratégia e responsabilizar a administração. Propunha que qualquer companhia aérea que recebesse ajuda federal permanecesse neutra em relação aos esforços de organização sindical — um claro golpe contra a Delta, onde o sindicato de Nelson estava de olho em uma campanha sindical após vários esforços malsucedidos no passado.

A proposta também solicitava proteções explícitas para os sindicatos caso qualquer companhia aérea que recebesse dinheiro do governo mais tarde entrasse com pedido de falência. Nelson havia passado pela falência da United em 2002 e visto os trabalhadores perderem aposentadorias, aceitarem grandes cortes em seus salários e em seus benefícios e perderem a flexibilidade na definição de seus horários. No início de 2020, os dias de falências crônicas das companhias aéreas pareciam ter ficado para trás. Agora Nelson se sentia suficientemente assustada com a pandemia para exigir proteções específicas para o caso de elas acontecerem novamente.

Ela enviou a proposta para DeFazio na sexta-feira, 13 de março, digitando um e-mail enquanto caminhava pelo Aeroporto Nacional Reagan em um voo de volta de uma convenção sindical em Orlando. Naquele domingo, DeFazio tinha boas notícias. Nancy Pelosi, a presidente da Câmara, havia concordado em adotar a proposta como base da posição de negociação dos democratas sobre o que, àquela altura, estava se configurando como o maior pacote de estímulo econômico da história.

Nelson ficou satisfeita, embora naquela tarde ela já estivesse começando a se sentir mal. Ela havia desembarcado em Washington com um ouvido entupido e passou a maior parte dos dias seguintes tomando Lemsip, um medicamento britânico para gripes e resfriados.

DOIS DIAS DEPOIS, em uma agradável tarde de domingo em Nova York, executivos dos maiores bancos do país entraram em uma teleconferência. Entre eles, os CEOs do Goldman, Morgan Stanley, Bank of America, Wells Fargo, Citigroup, State Street e Bank of New York, além de Gordon Smith, copresidente do JPMorgan, cujo CEO, Jamie Dimon, ainda estava no hospital, recuperando-se de uma cirurgia cardíaca de emergência. Fazia quase uma semana desde a reunião no Salão Oval, que parecia ter sido planejada principalmente para tranquilizar a nação de que seu sistema bancário era seguro. Mas as condições financeiras continuaram a piorar, e a confiança que eles haviam projetado na Casa Branca estava começando a diminuir.

Randy Quarles, chefe de supervisão bancária do Federal Reserve, havia telefonado para vários deles naquela semana para informar que estava sendo pressionado pelos órgãos reguladores europeus. Christine Lagarde, presidente do Banco Central Europeu, a versão continental do Federal Reserve, havia dito a ele que, nos próximos dias, o BCE provavelmente instruiria seus bancos a suspender as recompras e os dividendos. Lagarde pediu a Quarles que pressionasse os bancos dos EUA a fazer o mesmo. Caso contrário, ela alertou, os bancos europeus estariam em desvantagem em relação a seus rivais norte-americanos. Sem dividendos, os acionistas venderiam suas ações, o que exigiria que os bancos pagassem mais para financiar suas operações diárias. Quarles não estava acreditando, e havia dito isso aos CEOs de Wall Street com quem havia conversado naquela semana.

James Gorman, o CEO do Morgan Stanley, ouviu os argumentos de Quarles. Gorman achava que manter os dividendos fazia sentido. Para começar, não era tanto dinheiro. Os dividendos representavam cerca de um terço das práticas de retorno de capital dos maiores bancos; as recompras de ações constituíam o restante. Isso seria um sinal perigoso para o mercado. Os cortes nos dividendos são eventos sísmicos em Wall Street, enviando um sinal aos investidores de que uma empresa não tem capital suficiente. "Isso criaria um problema de capital onde não existia nenhum", ele disse aos executivos. Eles decidiram não cortar seus dividendos, pelo menos não até que Washington o fizesse.

Mas eles dariam uma recompensa para Quarles e concordariam em suspender seus programas de recompra. Dividendos e recompras são as duas maneiras pelas quais as empresas devolvem os lucros aos acionistas, mas não são a mesma coisa. Os dividendos são fixados, talvez em US$0,25 por ação, e são projetados para atrair investidores, prometendo-lhes uma renda estável. Já as recompras de ações, que aumentam o preço das ações ao reduzir o número de ações pelas quais os lucros corporativos são distribuídos, são ajustadas com frequência e de maneira oportunista. Se o dinheiro estiver escasso, a empresa pode reduzir. Se o preço das ações cair e as ações parecerem baratas, ela pode entrar e comprar.

Eles são diferentes em outro aspecto fundamental. Enquanto o corte dos dividendos deixa o mercado em pânico, os acionistas mal percebem quando as recompras de ações — que são feitas discretamente e anunciadas apenas no final de cada trimestre — são reduzidas. Desde a crise de 2008, os órgãos reguladores pressionaram os bancos a manter seus pagamentos de dividendos totais em cerca de metade do tamanho de seus programas de recompra exatamente por este motivo: se o mundo ficasse assustador e o dinheiro acabasse, os bancos poderiam restringir suas recompras a fim de preservar o capital sem ter que cortar seus dividendos e levantar questões sobre sua saúde financeira.

Foi uma decisão polêmica. Os oito maiores bancos do país gastaram US$100 bilhões na recompra das próprias ações em 2019, o que foi fundamental para impulsionar o preço das ações após crise de 2008. Será que agora era o momento certo para alienar os acionistas?

Scharf, o CEO da Wells Fargo, tinha um problema específico. Ele havia se juntado à equipe apenas cinco meses antes para ajudar a mitigar um escândalo no Wells Fargo, que havia sido pego abrindo milhões de contas falsas para clientes que nunca as haviam solicitado, às vezes cobrando taxas. Como punição, o Fed impôs um limite de ativos ao banco, o que significa que ele não poderia receber novos depósitos, fazer novos empréstimos ou comprar novos ativos. Se o Wells não pudesse usar seus lucros para recomprar ações, preocupava-se Scharf, elas simplesmente se acumulariam. O banco não poderia utilizá-las de maneira mais lucrativa sem testar os limites do teto imposto pelo Fed, e irritar os órgãos reguladores não era uma perspectiva otimista para um CEO cujos dois antecessores haviam sido destituídos por causa de um escândalo. Além disso, a última coisa que ele queria era dar aos investidores qualquer motivo para não possuir suas ações, que estavam muito defasadas em relação às dos concorrentes desde que o escândalo das contas falsas veio à tona em 2016. Ele acabou cedendo, assim como o CEO do Bank of America, Brian Moynihan, que também havia manifestado reservas, e, no final, a votação foi unânime.

CAPÍTULO 11

A CAVALARIA

Jerome Powell sentou-se à cabeceira da lustrosa mesa de mogno e granito na sala de reuniões do Federal Reserve. Acima dela, havia um lustre de bronze de meia tonelada, pendendo do teto com oito metros de pé-direito. O espaço, inaugurado por Franklin Roosevelt em 1937, já foi uma sala de guerra, palco de conversas entre líderes militares britânicos e norte-americanos durante a Segunda Guerra Mundial. Agora era o local de reunião da linha de frente de outra batalha.

Enquanto o setor aéreo corria para garantir uma tábua de salvação, outro tipo de resgate estava sendo elaborado — este para o próprio sistema financeiro. Funcionários do Federal Reserve e do Tesouro estavam elaborando às pressas meia dúzia de programas de empréstimos que, segundo eles, poderiam acalmar os mercados de negociação e diminuir o risco de que o que havia começado como uma crise de saúde derrubasse Wall Street e, junto com ela, a economia do país.

O Federal Reserve é o principal órgão regulador econômico dos Estados Unidos e tem a dupla função de maximizar o emprego e manter os preços sob controle. Ele tem a tarefa de manter o crescimento da economia em um ritmo constante e prudente, em vez de oscilar entre um boom exuberante a uma recessão dolorosa. Ele tem duas ferramentas principais à sua disposição.

A primeira são as taxas de juros. O governo estabelece uma meta de taxa, conhecida como "taxa dos fundos federais", que serve como base para todos os tipos de outras atividades econômicas, desde o que os bancos cobram uns dos outros para empréstimos overnight até o que cobram dos compradores de imóveis, para obter um financiamento de trinta anos. Quando o Fed quer estimular uma economia lenta, ele reduz a taxa dos fundos federais para incentivar os bancos a emprestar. Quando ele quer evitar que uma economia descontrolada superaqueça, ele aumenta a taxa. Se a economia é uma fornalha, a política de juros é o fole, deixando entrar mais ou menos oxigênio, para atiçar um fogo prestes a se apagar ou abafar um fogo quente demais. A taxa dos fundos federais subiu até 20% no início da década de 1980, como resposta à inflação galopante, e caiu para quase zero em 2009, para ajudar na recuperação da economia.

A segunda maneira por meio da qual o Fed regula a economia é controlando a oferta de dinheiro, o que ele faz por meio da compra e venda da própria dívida. Quando o Fed recompra títulos do Tesouro de grandes bancos e corretoras, na verdade, ele, cria dinheiro novo, que é pago à corretora e acaba se infiltrando na economia, aumentando a oferta de dinheiro. O inverso acontece quando ele vende esses títulos, pois o dinheiro recebido é retirado de circulação. Essas transações, conhecidas como "operações de mercado aberto", foram usadas pela última vez em grande escala nos anos que se seguiram à crise financeira de 2008. O Fed recomprou bilhões de dólares da própria dívida, bem como de agências quase governamentais, como Fannie Mae e Freddie Mac, em um esforço para inundar uma economia em dificuldades com dinheiro que, esperava-se, seria emprestado, investido em novos negócios ou usado para comprar bens e serviços.

Em meados de março, o que havia começado como uma crise de saúde estava rapidamente se tornando uma crise de mercado. As negociações de títulos do Tesouro, considerados o ativo financeiro mais seguro do mundo e a base do mercado de títulos, tornaram-se confusas e frenéticas, pois os investidores estavam vendendo o que podiam para levantar dinheiro. Havia poucos compradores. Os preços oscilavam descontroladamente. Havia, inclusive, uma preocupação real de que um dos leilões semanais de novos títulos do Tesouro fracassasse — que o grupo de duas dúzias de bancos e corretoras, chamados de negociantes primários, que fazem lances sobre a dívida do governo dos Estados Unidos e a transferem para o mercado, pudesse se recusar a comprá-la. Isso seria um resultado antes impensável, que refletiria a confiança dos investidores em Washington e poderia ameaçar a posição do dólar como moeda de reserva mundial. Mesmo no auge da crise financeira de 2008, o mercado não estava assim. As coisas estavam ainda mais desarticuladas nos mercados de títulos corporativos, títulos municipais e no vasto mar de instrumentos complexos dos quais as empresas e os governos de todo o mundo dependiam para literalmente manter as luzes acesas.

O Fed já havia entrado em ação uma vez. Duas semanas antes, havia cortado as taxas de juros e anunciado que compraria bilhões de dólares em títulos do Tesouro. Mas isso não foi o suficiente, então Powell convocou uma reunião de emergência para a manhã daquele domingo. Presidentes de bancos regionais de todo o país entraram em contato, assim como outros participantes que não puderam comparecer pessoalmente, devido ao agendamento improvisado da reunião e às preocupações com a disseminação do vírus. Randy Quarles, o regulador do banco, estava preso em casa, em Salt Lake City; ele geralmente viajava para Washington nas noites de domingo e voltava às sextas-feiras. Lorie Logan, uma das principais autoridades reguladoras do mercado, ligou da sede do Fed de Nova York, que parecia uma fortaleza.

Ela resumiu a situação: os mercados estavam agitados. O Fed precisava fazer mais — e rápido. Todos os olhos se voltaram para Powell.

Powell era uma espécie de chefe acidental do banco central mais poderoso do mundo. Ex-advogado e ex-banqueiro de investimentos de Wall Street que trabalhou no Departamento do Tesouro de George H.W. Bush antes de assumir um cargo na empresa de private equity Carlyle, sua carreira pouco se assemelhava à de seus antecessores imediatos. Ben Bernanke, o estudioso de fala mansa que tirou a economia do precipício em 2008, e Janet Yellen, a equilibrada PhD escolhida pelo presidente Obama para dar continuidade à recuperação, tinham sido acadêmicos.

E, embora Bernanke e Yellen tivessem consolidado a percepção do Fed como distante e acadêmico, quase divino em seu afastamento do circo político de Washington, foi a política desnudada que colocou Powell no cargo de presidente do Fed. Em 2012, ele foi imposto ao governo Obama para preencher uma vaga no conselho de diretores do Federal Reserve depois que as duas escolhas anteriores do presidente para o cargo foram obstruídas por um Senado controlado pelos republicanos. Cinco anos depois, com o término do mandato de Yellen, surgiram ligações de Washington para que o presidente Trump a nomeasse para um segundo mandato. De acordo com a percepção de que o Fed está acima da política partidária, ex-presidentes, incluindo Obama, Clinton e Reagan, renomearam presidentes do Fed que haviam sido originalmente escolhidos por um presidente do partido adversário.

Mnuchin fez lobby para que Yellen fosse renomeada, mas Trump estava dividido. Ele desconfiava dos democratas remanescentes. (Ele também achava que Yellen, com apenas um 1,50 metro de altura, era muito baixinha para o cargo.)[54] Mas ele gostou da abordagem que ela havia adotado no Fed, em particular o compromisso de não aumentar as taxas de juros muito rapidamente. Trump havia construído um império imobiliário em grande parte com empréstimos — e, ocasionalmente, com a cobrança de dívidas — de credores de Wall Street e era apaixonado por dívidas baratas. Como presidente, ele sempre se gabava do mercado de ações em alta, uma consequência das baixas taxas de juros que levaram os investidores a buscar retornos em ações em vez de títulos. Ele não queria Yellen, mas queria alguém que desse continuidade às políticas dela.

Foi assim que o presidente chegou até Powell, que já havia passado seis anos como um discreto membro do conselho de diretores do Fed. Ele havia apoiado a política de juros baixos do Fed de Yellen. E havia sido encarregado por Yellen de entrar em contato com os republicanos no Congresso ao longo dos anos e era uma autoridade conhecida por muitos senadores do Partido Republicano. Ele também se adequava às tendências estéticas do presidente: com uma espessa cabeleira grisalha — e quase 1,80 metro de altura —, ele era um banqueiro central fora do elenco central.

E, agora, na metade de um mandato de quatro anos, Powell provou ser um tipo de burocrata mais pé no chão do que é típico do Fed. O mais velho de seis filhos, nascido em uma família católica abastada de Washington, D.C., ele exalava não exatamente cordialidade, mas energia e pragmatismo. Ele trabalhou duro para conquistar discretamente o apoio bipartidário no Congresso, enchendo sua agenda nos primeiros dias de seu mandato com reuniões no Capitólio. E ele tentou, a passos pequenos, porém simbólicos, abrir a cortina de sigilo em torno do banco central. Em 2019, ele convidou líderes do setor empresarial, trabalhista e, também, do setor sem fins lucrativos para ir até o santuário interno do Federal Reserve, sua sala de reuniões com painéis de madeira, sob os auspícios um pouco desajeitados de um evento chamado "Fed Listens". Enquanto Powell admirava a sala, incluindo o lustre que, segundo ele, poderia "dar um certo ar de formalidade, até mesmo de austeridade" aos eventos do dia, mas disse que esperava que a conversa fosse "tudo menos isso".

Agora ele estava sentado debaixo daquele mesmo lustre, enfrentando a pior situação econômica em mais de uma década.

PARA MUITAS PESSOAS que atuam dentro do governo, os primeiros dias da pandemia do coronavírus tiveram alguma semelhança com a crise de 2008. O índice S&P 500 havia caído 20% entre meados de fevereiro e a primeira semana de março. A situação não era melhor nos mercados de crédito. Os investidores estavam se recusando a emprestar até mesmo para empresas de grande porte; em seis dias consecutivos, nenhum desses títulos de "grau de investimento", assim chamados por causa de suas notas altas de agências de classificação de crédito como a Moody's e a Standard & Poor's, foi emitido. O preço da dívida de curto prazo, conhecida como "papel comercial", da qual as empresas dependem para financiar seus negócios durante a noite, disparou.

O caos havia se espalhado até mesmo no mercado mais sólido e líquido do mundo — os títulos do Tesouro dos Estados Unidos. Esses títulos são obrigações financeiras diretas do governo dos EUA e são vistos como o investimento mais seguro do planeta porque os Estados Unidos nunca deixaram de pagar sua dívida. Eles são o cofrinho do mundo, considerados convertíveis em dinheiro prontamente e sem impacto no preço, e há compradores e vendedores suficientes para que as transações ocorram. Quase US$600 bilhões em títulos do Tesouro foram negociados todos os dias em 2019.

Isso parou de acontecer em questão de dias. Os corretores, acostumados a movimentar US$100 milhões ou mais em títulos do Tesouro de uma só vez, agora encontravam poucos interessados para frações pequenas, de apenas alguns milhões de dólares. "O mercado de títulos do Tesouro é a base, os blocos de construção para o restante do mercado, e a base está quebrada",[55] disse Rick Rieder, executivo sênior da BlackRock, o gigantesco fundo de investimento, ao *Wall Street Journal* em 13 de março.

Parecia não haver uma causa única, mas, sim, um conjunto de fatores que jogaram areia nas engrenagens do mercado. Os traders de Wall Street estavam no meio de uma transição turbulenta para o trabalho em casa ou em locais remotos de backup, o que significava que as negociações estavam acontecendo mais lentamente. As regulamentações implementadas após a crise de 2008 tornaram os bancos mais resilientes, porém menos ágeis, menos dispostos a entrar em mercados com problemas de funcionamento para amenizá-los. Os fundos de hedge, embalados por anos de calmaria nos mercados, apostaram alto na continuidade dessa tranquilidade, fazendo apostas contra determinados indicadores de volatilidade. Essas operações se tornaram inúteis rapidamente quando a volatilidade aumentou, e sua luta para se livrar delas, ou para vender outros ativos a fim de levantar dinheiro para compensar suas perdas, apenas jogou mais lenha na fogueira.

Na semana anterior, o Fed havia tomado algumas medidas incomuns para acalmar o mercado, inclusive oferecendo empréstimos de curto prazo quase ilimitados a um grupo de 24 grandes bancos, conhecidos como negociadores primários, que atuam como contrapartes do Fed nos mercados financeiros. Quando os bancos demoraram a aceitar esses empréstimos, o Fed passou a comprar US$37 bilhões em títulos do Tesouro na sexta-feira.

Nada disso tinha sido suficiente. O grupo que havia participado da reunião de emergência no domingo agora tinha a tarefa de fazer uma pergunta: eles deveriam reduzir as taxas a zero? Os economistas são argumentadores por natureza, e o grupo debateu ferozmente essa questão. Loretta Mester, diretora do banco regional do Federal Reserve em Cleveland, defendeu um corte menor nas taxas, talvez entre 0,25 e 0,5 ponto percentual. Segundo ela, cortar para zero acabaria com o poder de fogo do Fed, deixando-o sem defesa se a economia continuasse a afundar. (Os bancos centrais podem reduzir as taxas de juros abaixo de zero. A ideia é tornar a poupança tão pouco atraente — o dinheiro parado nas contas bancárias diminuiria — que incentivasse as pessoas a gastar, estimulando o crescimento econômico. As taxas de juros negativas têm sido a realidade em grande parte da Europa desde meados da década de 2010, mas o Fed não queria chegar a esse ponto.) No final, Mester foi a única dissidente.

Às 17 horas, o Fed anunciou, por meio de uma teleconferência com os repórteres, as ações mais drásticas do banco central em mais de uma década. Ele anunciou um enorme programa de compra de títulos, de até US$700 bilhões — um esforço para desobstruir o mercado e estabilizar os preços, que oscilavam violentamente enquanto os investidores corriam para as saídas de emergência. Também reduziu novamente as taxas de juros, desta vez efetivamente para zero, a fim de facilitar o empréstimo para empresas e pessoas físicas.

O Fed estava acionando as duas principais alavancas usadas para regular a economia ao mesmo tempo. Powell esperava que a redução dos juros que o Fed pagava aos bancos sobre o dinheiro que eles mantinham no banco central os encorajasse a emprestar e manter em funcionamento as empresas que estavam sendo prejudicadas pela intensificação dos lockdowns. E, ao voltar para o mercado de títulos, o Fed estava assumindo seu papel de emprestador de última instância do país e agindo para desestabilizar os mercados que haviam entrado em colapso.

Foram as intervenções mais drásticas da história do banco central nos mercados financeiros e um sinal da rapidez com que o coronavírus havia se tornado uma ameaça econômica. E não seriam as últimas: nas semanas seguintes, o Fed e o Departamento do Tesouro lançariam um programa emergencial após o outro — para comprar dívidas corporativas de curto prazo, manter o fluxo de dinheiro para os grandes bancos, resgatar fundos do mercado monetário e municípios sem dinheiro, emprestar diretamente às grandes empresas. Alguns desses programas foram retirados diretamente do manual de 2008, aplicados de maneira mais decisiva e em maior escala do que uma década atrás. Outros eram novos e ampliavam os poderes do banco central. Mais tarde, Powell admitiria que o Fed havia "cruzado muitas linhas vermelhas que não haviam sido cruzadas antes" em um esforço — que acabou sendo bem-sucedido — para manter a economia nos trilhos.

NA SEDE DO GOLDMAN, Stephen Scherr, o CFO do banco, havia se conectado à coletiva de imprensa do Fed de seu escritório no 41º andar. A suíte executiva, que parecia uma tumba mesmo em um dia de trabalho e geralmente abandonada em uma noite de domingo, estava em plena atividade desde a manhã de sábado, quando a equipe de gerentes de crise do banco foi convocada. Assistentes foram chamados para cuidar das ligações, e alguém pediu comida. Os executivos digeriram o anúncio do banco central, que lhes pareceu inteligente e tranquilizadoramente rápido. Em 2008, o banco central havia levado meses para adotar políticas semelhantes para sustentar os mercados de crédito em dificuldades. Dessa vez, agiu em duas semanas. Ainda assim, US$700 bilhões representaram apenas uma queda no mercado de dívida do governo dos EUA, pouco mais do que o volume de negociação em um único dia. E esse dinheiro levaria semanas para chegar às empresas e às famílias em dificuldades, se é que chegaria. "Isso é bom", disse Beth Hammack, tesoureira da empresa. "Mas não é o suficiente."

Powell sabia e declarou isso aos repórteres que haviam se conectado à conferência do Fed. A regulamentação econômica se divide em dois grupos. O domínio dos bancos centrais, como o Federal Reserve, é a política monetária, usando suas alavancas gêmeas de taxas de juros e oferta de moeda para manter a economia equilibrada. Mas a política fiscal — a tarefa de arrecadar impostos e distribuir os gastos do governo — é deixada a cargo do Legislativo. O Fed estava fazendo o que podia para acalmar os mercados financeiros, mas pouco podia fazer para ajudar as famílias e as empresas a enfrentar o que parecia cada vez mais provável de ser uma recessão sustentada. O tipo de estímulo que seria necessário para combatê-la era tarefa do Congresso. "Não temos essas ferramentas", disse Powell aos repórteres. "A resposta fiscal é fundamental, e estamos felizes em ver que essas medidas estão sendo consideradas. Esperamos que sejam eficazes."

Quando questionado por Edward Lawrence, um repórter da Fox, se o Fed consideraria a possibilidade de comprar outros títulos além dos títulos do Tesouro e títulos hipotecários, Powell disse que o Fed não havia discutido o assunto — e, de fato, seu poder legal para fazê-lo era obscuro. "Não temos autoridade legal para comprar outros títulos além dos que já compramos e não estamos buscando autoridade para fazê-lo."

O mercado não estava acreditando nas garantias do Fed. As ações asiáticas abriram em baixa quando começaram a ser negociadas na noite de domingo. Os futuros de ações dos EUA caíram 5%, frustrando as esperanças em Washington e Wall Street de que os investidores ficariam tranquilos com a ação decisiva do banco central dos EUA.

O CEO do Goldman, David Solomon, que acabara de encerrar sua ligação sobre a suspensão da recompra, foi até o escritório de Scherr, duas portas abaixo do seu, atento ao anúncio do Fed. Desde 1994, quando começou a tornar públicas suas ações em relação às taxas de juros, o Fed nunca as cortou tão rapidamente, nem mesmo durante o pior momento da crise de 2008.

"Você não pode considerar isso uma transação única", disse Solomon a seu chefe de finanças. Lá fora, já estava escuro, e as luzes das barcaças piscavam lá embaixo no rio Hudson. "As pessoas estão vendo que o Fed agora reconhece que esta será uma crise severa e que a economia ficará paralisada por um período. Faz sentido que os preços das ações estejam em baixa."

Ao liberar o poder de fogo financeiro do governo dos EUA nos mercados caóticos, Powell esperava acalmá-los. Mas, ao fazer isso, ele confirmou os piores temores dos investidores. Uma crise econômica estava por vir.

CAPÍTULO 12

PODE SER O SUFICIENTE

O braço de lobby do setor aéreo não escolheu seus escritórios em Washington, na avenida Pennsylvania, por causa da vista da rota de voo que entra e sai do Aeroporto Nacional Reagan no andar superior, mas isso era um detalhe agradável. Em dias normais, o executivo-chefe do grupo, Nick Calio, podia ouvir os frutos de seu trabalho zunindo no céu da capital do país. Quando os CEOs membros do grupo se encontravam para sua reunião trimestral na sala de conferências do sétimo andar, eles o faziam tendo como pano de fundo as constantes decolagens e aterrissagens emolduradas pelas janelas voltadas para o sul.

Agora, em 18 de março, o céu estava estranhamente silencioso. Os CEOs ainda estavam lá, convocados às pressas para tentar encontrar os bilhões de dólares de que precisavam para evitar a falência, mas o tráfego havia diminuído para alguns poucos voos — um lembrete da gravidade de seus problemas.

O CEO da American Airlines, Doug Parker, havia chegado a D.C. no dia anterior, após passar o fim de semana dirigindo de Nashville para Dallas. Robin Hayes, o CEO da JetBlue, tinha viajado de carro de Nova York porque os horários tinham sido reduzidos a tal ponto que ele não conseguiu pegar um voo. Munoz, o CEO da United que, na reunião do dia 4 de março com Trump, se autodenominou o "exemplo perfeito" de uma pessoa em risco de ficar gravemente doente por causa do coronavírus, ignorou o conselho de seus médicos e foi mesmo assim.

Fazia uma semana desde que Parker havia dito com certo nervosismo a Mnuchin que o setor precisaria de US$50 bilhões para se manter funcionando. Os CEOs tinham ido a Washington para descobrir como seria esse pedido de resgate e como eles tentariam direcionar o curso da conversa entre as visões políticas bastante divergentes. Em tempos normais, os executivos sentados à mesa de conferência no terceiro andar da sede da Airlines for America eram rivais ferrenhos. Agora, eles estavam unidos para implorar ajuda ao governo. Naquele dia, 18 de março, menos de 600 mil norte-americanos entrariam em um avião: o menor número já registrado na crise de semanas atrás, em comparação com mais de 2 milhões registrados no final de fevereiro.

O documento que os principais advogados da American, da Delta e da United haviam elaborado anteriormente pedia US$25 bilhões em subsídios. Agora, o buraco do setor era o dobro disso. Os executivos sabiam que não havia como o governo simplesmente lhes entregar US$50 bilhões sem impor qualquer condição.

Os CEOs recorreram a Mitch McConnell, líder da maioria no Senado. Em uma teleconferência realizada em 17 de março, eles defenderam a concessão de subsídios diretos. Quando o vírus fosse, enfim, combatido, Gary Kelly, o CEO da Southwest, perguntou a McConnell se Washington queria um setor aéreo próspero ou debilitado. Os empréstimos sobrecarregariam seus balanços patrimoniais com dívidas e tornariam quase impossível, depois que a crise passasse, voltar a contratar funcionários e a investir em novos aviões e tecnologia. "Queremos cuidar de nosso pessoal. Gostaríamos de cuidar de nossos acionistas da melhor maneira possível", disse Kelly. Mas o fracasso em obter ajuda colocaria o setor "à beira da falência".

McConnell, um político perspicaz conhecido por manter suas ideias em segredo, foi extraordinariamente aberto. Ele havia acabado de voltar para casa em Kentucky em um avião praticamente vazio e disse aos CEOs que entendia a situação em que eles se encontravam. "Estamos planejando ir muito além do projeto de lei da Câmara", que ele considerava muito mesquinho em sua ajuda às empresas. "Ficaremos aqui sentados até que isso aconteça. Estamos pensando em todos vocês."

Tudo parecia fora da realidade para Parker. Uma semana antes, ele estivera em Selma, Alabama, com Nancy Pelosi, presidente da Câmara dos Deputados, e John Lewis, herói dos direitos civis e congressista, para o aniversário do Domingo Sangrento de 1965 — quando Lewis e outros manifestantes foram espancados por policiais do estado do Alabama ao tentarem atravessar a ponte Edmund Pettus a caminho de Montgomery. Havia pequenos sinais de preocupação — John Lewis, que tinha um câncer pancreático que viria a se tornar terminal, viajou em um ônibus separado, para evitar se sentar perto de qualquer pessoa que pudesse ser portadora do vírus. Mas tudo parecia bastante normal. O grupo havia se aglomerado em uma mesa para dez pessoas para o jantar. Agora, ele estava se distanciando socialmente da melhor maneira possível em uma sala de conferências, cercado por rivais ferrenhos — todos unidos para implorar ajuda ao governo.

"Distanciamento social": uma expressão paradoxal que foi uma adição precoce e duradoura ao léxico da pandemia. Os especialistas em saúde pública recomendaram que as pessoas ficassem a pelo menos 1,80 metro de distância umas das outras, o que era considerado uma distância suficiente para que as gotículas que são naturalmente lançadas no ar durante uma conversa caíssem inofensivamente no chão. Nas primeiras semanas da pandemia, em todos os Estados Unidos, essa expressão e suas implicações geográficas incômodas passaram a ser vistas em suas manifestações físicas. Começaram a surgir adesivos com pegadas na fila dos caixas de supermercados e em linhas de montagem industrial. Os prédios de escritórios que ainda estavam abertos bloqueavam mesas e pias alternadamente. Em Nova York, a polícia reaproveitou os sinais de trânsito eletrônicos que normalmente sinalizavam obras na estrada e os programou para lembrar os pedestres do Prospect Park de manter distância.

Os executivos das companhias aéreas haviam decidido que o que eles precisavam fazer — implorar ao governo por ajuda — tinha que ser feito pessoalmente. Afinal, ninguém poderia alegar não conseguir um voo para Washington.

Agora, inclinando-se para falar no viva-voz, Parker enfatizou ainda mais o pedido de resgate do setor. "Se continuarmos sem assistência", ele disse a McConnell, "não haverá mais um setor aéreo".

O CONGRESSO ESTAVA trabalhando no que acabaria se tornando a Lei CARES, que previa a alocação de US$2 trilhões, um feito legislativo tão assustador quanto se poderia imaginar. Houve um acordo unânime de que era necessária uma grande ação governamental, mas havia discordâncias em quase todo o restante. Os democratas eram a favor de proteções para os trabalhadores e ajuda para os governos municipais em dificuldades — que enfrentavam crescentes custos de saúde pública e declínio nas receitas fiscais, à medida que as empresas fechavam — e queriam restrições mais rígidas para as grandes empresas que recebiam ajuda federal. Os republicanos estavam, como sempre, cautelosos com relação aos excessos do governo, mais protetores das grandes empresas e menos inclinados a ajudar os prefeitos das grandes cidades litorâneas. Até mesmo a questão de como ajudar os norte-americanos era controversa, com os democratas defendendo uma ajuda federal ampla aos departamentos estaduais de seguro-desemprego e os republicanos, os pagamentos diretos às famílias.

A perspectiva de um montante tão gigantesco — o custo do projeto de lei de ajuda, que começou em meados de março em cerca de US$1 trilhão, mais do que dobraria — desencadeou uma corrida das empresas norte-americanas para entrar na fila dos cofres fiscais.[56] Alguns setores poderiam argumentar, com razão, que estariam fritos sem ajuda: o lobby do setor de restaurantes solicitou US$325 bilhões.[57] O setor de viagens solicitou US$250 bilhões. A Boeing queria US$60 bilhões. Outros viram uma chance de garantir incentivos especiais em um momento em que as torneiras pareciam abertas. A Adidas procurou o Capitólio em busca de apoio para uma cláusula que há muito tempo desejava e que permitiria que as pessoas usassem seu dinheiro antes do pagamento de impostos para pagar por mensalidades de academias e equipamentos de ginástica, mesmo com o fechamento das academias em todo o país. Os criadores de porcos dos EUA, alegando escassez de carne, renovaram seu pedido para que o governo federal agilizasse os vistos para trabalhadores estrangeiros — apesar de as fronteiras internacionais terem sido fechadas. Os fabricantes de drones queriam que a Administração Federal de Aviação suspendesse as restrições, observando que os drones poderiam fazer entregas de mercadorias e medicamentos sem contato humano; um porta-voz do setor chamou isso de "o tipo certo de oportunismo".

O setor aéreo, cujos executivos ainda estavam enfurnados na rua K, fazia lobby para obter a própria fatia do bolo. Nick Calio havia conversado com um número suficiente de legisladores de ambos os lados da política para assegurar ao grupo que algum tipo de ajuda, provavelmente dezenas de bilhões de dólares, estava garantido. No entanto, os democratas do Congresso, que haviam assumido a liderança na elaboração da legislação, eram terminantemente contra os subsídios, que eles consideravam uma doação corporativa. Mnuchin também se opôs a concessões diretas e, em vez disso, propôs um empréstimo a juros baixos que ofereceria às companhias aéreas dinheiro a taxas abaixo do mercado e, ao mesmo tempo, protegeria os contribuintes dos EUA contra perdas.

Os CEOs agora debatiam essa ideia. Gary Kelly, o chefe da Southwest, estava aberto a ela. "Se alguém nos der dinheiro a 1% de taxa anual por 10 anos, isso é como um subsídio", ele disse. A inflação esperada durante esse período mais do que anularia os juros cobrados. Mas ainda se tratava de uma dívida, algo que poucos CEOs na sala poderiam assumir facilmente nos balanços patrimoniais de suas empresas, que já estavam em frangalhos. Os empréstimos do governo dificultariam a obtenção de novos empréstimos de investidores privados; ninguém queria ficar atrás do Tesouro dos Estados Unidos na fila de pagamento. Além disso, os empréstimos emergenciais concedidos após os ataques terroristas de 11 de Setembro enfraqueceram os balanços das companhias aéreas e ajudaram a levar muitas delas à falência nos anos seguintes.

Eles chegaram a uma proposta de US$50 bilhões, que consistia em metade de subsídios, que seriam usados para cobrir a folha de pagamento, e metade de empréstimos, que poderiam ser usados para outros fins. Eles propuseram que o governo criasse um fundo de empréstimo de emergência que as companhias aéreas pudessem utilizar, semelhante à chamada "janela de desconto" disponível para os maiores bancos do país.

Então a pergunta era: o que eles poderiam dar em troca? O grupo era particularmente avesso a limites para a remuneração dos executivos. A opinião deles era que, ao contrário da crise de 2008, que havia sido causada por bancos que trabalhavam de maneira imprudente, o setor não havia criado esse problema. Os CEOs estavam mais abertos a limitar suas recompras de ações e seus dividendos. De qualquer forma, eles não tinham o dinheiro. O setor também concordaria em continuar atendendo aos aeroportos que atendia antes do surto.

Parker não queria dispensar ninguém. Ele havia levado anos para chegar a um ponto em que podia dizer honestamente aos funcionários que eles poderiam entrar e esperar uma carreira estável, livre das falências e das recessões do passado. Ele passou a participar das cerimônias de formatura dos comissários de bordo da American, na qual lhes dizia: "Se você quiser passar seus próximos cinquenta anos nesse emprego, nós estaremos aqui para você."

Ele sugeriu que as empresas concordassem em não dispensar ninguém, desde que a ajuda do governo cobrisse o pagamento de seus salários. Fazia sentido para os negócios manter os funcionários atualizados em seus treinamentos, o que facilitaria sua reintegração ao serviço quando a demanda aumentasse novamente. Ele também sabia que era uma boa política. Os democratas da Câmara estavam liderando o esforço para elaborar o projeto de lei, e ele sabia que a força de trabalho organizada era bem-vista por eles.

Parker tentou convencer os outros CEOs, incluindo Hayes, que sinalizava relutância. A JetBlue estava em uma posição financeira melhor e não precisava necessariamente do dinheiro, disse Hayes, e quanto mais restrições econômicas e políticas fossem atreladas ao resgate financeiro, menos ele o queria. Munoz e Kelly declararam sua concordância. Mas ele estava preocupado com Bastian, que não havia se juntado aos outros CEOs em Washington e havia enviado a chefe de assuntos governamentais da Delta, Heather Wingate, em seu lugar.

A Delta tinha um relacionamento complicado com o grupo de lobby. A empresa havia se afastado por alguns anos, imaginando que poderia fazer mais para promover os próprios interesses em Washington com as quotas anuais de US$5 milhões e só voltou a participar no final de 2019. Havia, também, a realidade financeira de que a Delta, junto com a Southwest, estava em situação financeira mais sólida do que concorrentes como a American e a United. Mesmo em um momento de necessidade do setor, é difícil evitar a concorrência, e Parker temia que Bastian estivesse relutante em aceitar dinheiro do governo que beneficiaria mais seus concorrentes do que a própria empresa.

Parker chamou Wingate. "O Ed vai concordar com o que foi falado aqui?" Ele não queria negociar com um subordinado e receber um não do chefe no último minuto. Ela lhe garantiu que Bastian estava de acordo.

Enquanto isso, Parker estava tentando apagar outros incêndios perto de casa. Por mais de uma semana, a American vinha negociando com quatro bancos de Wall Street um empréstimo de US$1 bilhão, dinheiro de que precisava urgentemente. O diretor financeiro da empresa, Derek Kerr, ligou para Parker naquela tarde para lhe dizer que as coisas não estavam indo bem. O Bank of America havia se retirado da negociação, alegando um problema com uma agência de classificação de risco, o que, para um executivo experiente como Kerr, parecia o tipo de coisa que os banqueiros dizem quando não querem emprestar o dinheiro. E, agora, o Goldman

Sachs estava hesitando. Eram US$500 milhões perdidos. Kerr esperava obter outros US$250 milhões do Deutsche Bank, mas agora eles também estavam hesitando. Parker se escondeu em um depósito e ligou para John Waldron, presidente e diretor de operações do Goldman. Parker já tinha seus argumentos na cabeça e estava pronto para apresentar seu caso. Mas, em um sinal de como o mundo estava de cabeça para baixo, foi Waldron quem começou.

"Diga-me o que está acontecendo lá", ele falou, buscando saber detalhes sobre o andamento das negociações de ajuda. Parker não tinha certeza se sua resposta afetaria a decisão do Goldman sobre o empréstimo — um banco pode se sentir mais à vontade para emprestar dinheiro a uma empresa com apoio do governo, ou menos à vontade para emprestar a uma empresa desesperada o suficiente para precisar dele — ou se Waldron estava apenas farejando o tipo de inteligência de mercado que prospera em Wall Street. As negociações com as companhias aéreas haviam se tornado um ponto de atrito público no pacote de ajuda mais ampla. O Goldman tinha um balanço patrimonial de US$1 trilhão repleto de investimentos cujo valor oscilava descontroladamente, à medida que as chances de aprovação do projeto de lei aumentavam e diminuíam.

Parker estava confiante de que havia apoio bipartidário para algum tipo de pacote e disse isso a Waldron. Em seguida, ele delicadamente levantou a questão do empréstimo. Waldron lhe garantiu que o Goldman estava de volta. "Apoiamos você", disse o banqueiro. O Bank of America também foi puxado de volta para o barco depois que Parker ligou para Moynihan, o CEO do banco. (Moynihan, por sua vez, telefonou para um banqueiro de investimentos sênior e lhe deu o sinal verde — uma atitude incomum de um CEO de se envolver tão diretamente em uma única transação.)

Os CEOs das companhias aéreas entraram e saíram da sala durante a toda a tarde com os celulares pressionados contra os ouvidos, fazendo lobby com membros do Congresso cujo apoio à ajuda seria crucial. Kelly desapareceu para fazer uma ligação com a senadora Maria Cantwell. De seu escritório em Atlanta, Bastian fez lobby com os senadores John Thune e Shelley Moore Capito — ambos membros republicanos do comitê de comércio do Senado, que supervisiona o transporte.

Enquanto isso, a TV estava sintonizada na CNBC, que exibia relatórios cada vez mais terríveis sobre os mercados financeiros. O repórter do canal de notícias responsável por cobrir temas relacionados às companhias aéreas, Phil LeBeau, entrou no ar. "Acabei de falar com Gary Kelly", ele disse, compartilhando uma atualização sobre as negociações entre o setor, os trabalhadores e o Congresso. Os executivos na sala se voltaram em uníssono para o CEO da Southwest, que, envergonhado, deu de ombros. Ele havia saído alguns minutos antes para atender a uma ligação do repórter.

As coisas estavam caminhando rapidamente.

Por volta das 7h30 daquela noite, Nick Calio entrou na sala de conferências, furioso. "Você não vai acreditar nisso", disse o executivo de lobby ao grupo. Ele tinha acabado de receber a proposta de resgate às companhias aéreas que os democratas do Congresso estavam elaborando, e ela tinha as impressões digitais de Sara Nelson por toda parte.

Os pontos principais eram semelhantes ao que as companhias aéreas haviam elaborado — na verdade, tão semelhantes que alguns dos CEOs suspeitariam durante semanas que alguém havia vazado o plano A4A e ele havia acabado nas mãos do sindicato. Mas o plano também incluía diversas propostas que pareciam não ter relação com a crise e, em vez disso, eram questões de interesse dos trabalhadores e da esquerda política, incluindo a designação de assentos na diretoria para representantes sindicais, a proibição do uso de dinheiro federal para combater campanhas da organização e limites estritos para a remuneração dos executivos. Quando Calio compartilhou os detalhes, o entusiasmo de todos na sala se esvaiu.

Os CEOs das companhias aéreas já estão acostumados com os conflitos sindicais, mas as negociações geralmente são conduzidas por advogados e funcionários da área de assuntos governamentais. Normalmente, apenas alguns poucos pontos de atrito chegam à mesa do CEO. Agora eles estavam se debruçando sobre dezenas de exigências, algumas das quais lhes pareciam tentativas descaradas de tomada de poder com as quais eles jamais concordariam.

O clima mudou rapidamente do derrotismo para o combate. Os CEOs convocariam os republicanos no Congresso para resistir, trabalhando com aliados dentro do Capitólio para conseguir o que fosse possível. As antigas linhas de batalha estavam sendo traçadas. O setor defenderia seu lado, e o trabalhadores, o deles. Calio, um conhecedor de vinhos, abriu algumas garrafas de seu blend de tinto personalizado, e os exaustos executivos e a equipe de funcionários encerraram a noite com um Cantina di Calio, um Bordeaux 2016.

SARA NELSON AINDA estava um pouco indisposta, trabalhando da cama de sua casa em Washington, D.C., com o notebook apoiado nos joelhos, quando o telefone tocou. Era Parker, que largou a taça de vinho e saiu do escritório de Nick Calio.

"O que vocês estão *pensando*?", ele disse, parecendo exasperado. "Estamos aqui tentando salvar o setor e recebemos essas condições que fazem com que três quartos das pessoas na sala digam 'que se dane'." A proposta do sindicato, que incluía exigências que pareciam ter pouco a ver com o enfrentamento da crise em questão, não era uma opção para os CEOs, disse Nick Calio.

Ela respondeu com a arrogância própria de uma experiente advogada trabalhista. "Eles nunca ouviram falar em negociação?", rebateu.

. Parker suspirou. "Sara, não é o momento para negociar", ele argumentou. Ele sabia que a coalizão de CEOs de companhias aéreas, frágil no início, estava se desgastando rapidamente. "Isso está começando a desmoronar. Você pode vir até aqui?"

Sara Nelson prendeu o cabelo em um rabo de cavalo, vestiu um moletom estampado com o logotipo do movimento de controle de armas March for Our Lives e calçou botas de cano alto por cima da calça jeans. Ao se sentar ao volante do carro, sentiu um nó na garganta. Ela não havia consultado ninguém. Nem advogados, nem membros da equipe do sindicato. As negociações sindicais costumam ser muito bem planejadas, com memorandos oficiais enviados de um lado para o outro por uma série de advogados. Estava sozinha.

Ela ligou para Peter DeFazio. Os dois se conheciam bem: DeFazio, no Congresso desde 1987, representava o distrito da cidade natal de Nelson, no Oregon, e eles haviam interagido um pouco na década de 1990, quando ela se candidatava a tripular voos da United de Oregon para Washington, D.C., para poder visitar seus pais. Eles se tornaram mais próximos depois que ela foi nomeada presidente do sindicato. (Um episódio no início dos anos 2000 o tornou querido por todos os comissários de bordo: o Congresso realizou audiências para investigar a pulverização de pesticidas nas cabines dos aviões e, depois que um representante do setor testemunhou que a dedetização era segura, DeFazio pegou uma lata de Raid e disse que tinha certeza de que o representante não se importaria se ele pulverizasse o pesticida em seu assento na sala de audiência.) Ele foi nomeado membro honorário do sindicato em 2015.

Nelson disse a ele que estava prestes a se encontrar com os CEOs das companhias aéreas e tentar chegar a um acordo que tanto o setor quanto os trabalhadores pudessem apoiar. "Você está indo sozinha?", ele perguntou, reforçando o embrulho no estômago dela, e depois lhe desejou boa sorte. "Mantenha-me informado. Estarei acordado."

Ela dirigiu pelas ruas desertas de Washington, chegando à sede da A4A, dois quarteirões a leste da Casa Branca. Era o turno da noite, e a equipe de segurança já havia ido embora, então Munoz, o CEO da United, a recebeu na porta. Ele já havia ido para casa, mas foi chamado de volta; devido ao trabalho anterior de Nelson como comissária de bordo da United, o grupo pensou que a presença do CEO, seu ex-empregador, poderia ser útil para negociar a paz. Ela ficou comovida. A ciência sobre o coronavírus ainda era imprecisa, mas as autoridades de saúde pública haviam alertado que as pessoas com comorbidades corriam um risco maior.

Os sentimentos amigáveis não duraram muito. As discussões circulares na sala de conferências não levaram a lugar nenhum por mais de uma hora. Os CEOs das companhias aéreas resistiram aos apelos para colocar representantes dos sindicatos em suas diretorias e não estavam dispostos a prometer que não buscariam concessões em seus contratos sindicais.

Sara Nelson estava farta. Durante um intervalo, ela fez sinal para Parker e Munoz e os conduziu a uma pequena sala lateral. Os dois executivos da companhia aérea estavam com uma aparência péssima, com os ternos amarrotados e bolsas profundas sob os olhos.

"O público o odeia. Você não tem nenhuma boa vontade política", ela disse. Qualquer menção a resgates colocaria o público e o Congresso contra o setor, ela advertiu. Nelson se apresentou como sua melhor esperança. "Se moldarmos isso como um pacote que prioriza os trabalhadores, podemos conseguir", ela disse. Manter as pessoas empregadas era uma noção universalmente popular, mesmo em um Congresso amargamente dividido. E com 2 milhões de trabalhadores da aviação nos Estados

Unidos, quase todos no país conheciam alguém, ou conheciam alguém que conhecia alguém cujos meios de subsistência estavam em risco. Ela tocou em seu iPhone para abrir uma lista das propostas do sindicato, mas percebeu que tinha uma versão desatualizada e rapidamente fez uma ligação.

"Você me enviou o arquivo errado", ela gritou no fone. "Envie o outro." Parker ouviu o final da conversa e presumiu que ela estava repreendendo um subordinado do sindicato que havia enviado o anexo errado. "Tudo bem, Peter, obrigado", disse Nelson em um tom monossilábico e desligou. Só então o CEO percebeu que ela estava falando com DeFazio, congressista dos EUA e presidente do comitê que todos esperavam que viesse em seu socorro. Nelson, ele agora entendia, tinha a atenção dos democratas do Congresso e estava dando as ordens. Munida com a versão mais recente da proposta, ela enumerou as exigências uma a uma para os dois CEOs. Munoz ocasionalmente colocava a cabeça entre as mãos.

Uma combinação de razão e fadiga venceu, e uma tentativa de trégua foi estabelecida perto da meia-noite. As companhias aéreas, representadas pelos CEOs e por Calio, e os trabalhadores, representados por Nelson — que lhes garantiu que conseguiria a adesão de outros sindicatos da aviação — concordaram em fazer lobby juntos no Congresso por US$25 bilhões em concessões para a folha de pagamento. Enquanto o Congresso estivesse cobrindo os custos trabalhistas, ninguém seria dispensado. Eles concordaram em discordar sobre o restante.

Passava da 1 hora da madrugada quando Parker passou pela porta da frente e saiu pelas ruas da cidade, agora desertas e silenciosas. Ele se virou para seu chefe de assuntos governamentais, Nate Gatten. "Talvez seja o suficiente", ele disse.

O TELEFONE DE Jonny Fine não parava de tocar. Veterano do mercado de títulos corporativos, ele supervisionava a mesa do sindicato de grau de investimento do Goldman Sachs, gerenciando um exército de banqueiros que ajudavam empresas de grande porte a vender títulos a investidores. Foi uma venda difícil nas últimas semanas. Com o mercado em turbulência, era praticamente impossível, até mesmo para as empresas com classificação mais alta, encontrar investidores dispostos a comprar dívidas recém-emitidas. Na semana anterior ao anúncio do Fed, no domingo à noite, apenas alguns novos negócios havia sido concluídos. Recentemente, em 9 de março, apenas um único tomador de empréstimos com grau de investimento conseguiu concluir uma oferta de títulos — a Universidade Johns Hopkins, que estava rapidamente se tornando um nome conhecido como uma câmara de compensação de dados sobre a Covid-19.

Mas, agora, andando de um lado para o outro em seu pátio no subúrbio de Nova Jersey, Fine viu sinais de degelo. Naquela manhã de terça-feira, o banqueiro de 45 anos estava avaliando o interesse dos investidores em novas emissões de títulos de empresas de grande porte, incluindo a Verizon e a PepsiCo, e teve uma recepção calorosa. Não apenas isso, mas diversos investidores com quem ele conversou responderam com uma oferta: se o Goldman estivesse interessado em levantar algum dinheiro para si mesmo, eles estariam interessados em comprar seus títulos. Para Fine, um britânico falante e de cabeça raspada, era um sinal de que o mercado estava se recuperando.

Goldman estava muito interessado. A equipe de Hammack havia passado o fim de semana fazendo o equivalente a vasculhar as gavetas, só que em um grande banco, procurando transferências eletrônicas paralisadas e transferindo determinadas operações para subsidiárias, onde elas poderiam ser financiadas de forma mais barata. Eles haviam conseguido alguma liquidez, mas estava claro que precisavam de mais. Fine transmitiu a essência de suas conversas com investidores para Hammack, que imediatamente percebeu a oportunidade. "Vocês também são meus banqueiros", ela disse a Fine e a Gaurav Mathur, outro banqueiro sênior. "Vão ver o que você podem fazer."

Hammack ainda estava preocupado com a possibilidade de os níveis de liquidez do banco caírem abaixo dos patamares mínimos exigidos pelos órgãos reguladores. Mesmo que fosse um problema temporário, traria uma dor de cabeça burocrática, pois os bancos precisam apresentar rapidamente planos ao Federal Reserve, explicando como compensarão o deficit. E se houvesse um vazamento, isso assustaria clientes e investidores, que poderiam levar seus negócios — e seu dinheiro, algo crucial para financiar as operações diárias do Goldman — para outro lugar.

Mas não era apenas o medo que atraía Hammack para a ideia de levantar dinheiro novo. O Goldman havia feito seus maiores ganhos em tempos de crise, quando optava por mergulhar de cabeça enquanto outros recuavam. O melhor ano da história da empresa não ocorreu em 2007, o auge do boom pré-crise em Wall Street, mas, sim, em 2009, quando os concorrentes se recolheram para lamber suas feridas. O banco obteve US$20,8 bilhões em lucros naquele ano, quase todos provenientes de sua operação de negociação de títulos.

Os líderes do Goldman agora viram uma oportunidade semelhante. Não era o momento de recuar, mas de avançar — aproveitar as oportunidades de lucro e provar ao mercado que, quando as coisas ficassem difíceis, o Goldman Sachs apareceria. Mas, para isso, precisava de dinheiro. Munido de informações cruciais obtidas de Fine e de seus outros banqueiros e operadores, de que os investidores estavam timidamente retornando ao mercado, o Goldman decidiu lançar uma oferta de títulos.

As empresas costumam divulgar comunicados à imprensa, sinalizando sua intenção de vender novos títulos, para ajudar a despertar o interesse dos investidores e preparar o terreno. Mas, se a notícia de que o Goldman estava tentando levantar dinheiro se espalhasse, isso poderia ser interpretado como um sinal de fraqueza. Então, Mathur e Fine receberam suas ordens: avaliar discretamente o interesse dos investidores. Levantem o máximo que puder e não se preocupem muito com o custo. Scherr, no meio de uma conversa telefônica para atualização do conselho de administração do Goldman sobre os planos do banco, enviou diversas mensagens de texto para Hammack, buscando atualizações do pregão.

No final do dia, o Goldman havia vendido US$2,5 bilhões em títulos de 30 anos, pagando uma taxa de juros de 3 pontos percentuais acima da taxa básica do governo, juntando-se a uma corrida do ouro de empresas de grande porte que aproveitaram uma janela de oportunidade. A dívida era mais cara do que Hammack esperava, mas o negócio transcorreu sem problemas e os títulos foram bem negociados no início. Era melhor aceitar a vitória, especialmente em um mundo com tão poucas. Sua ambivalência foi compartilhada pelos cansados investidores de títulos e capturada em uma citação que Tom Murphy, da gestora de investimentos Columbia Threadneedle, fez ao *Wall Street Journal*: "Qualquer dia em que os mercados estiverem funcionando é um bom dia."[58]

Os sacos de areia estavam cheios, pelo menos por enquanto, em dezenas de empresas de grande porte dos Estados Unidos — e em seu banco de investimentos preferido.

CAPÍTULO 13

INTERESSANTE PRA CARAMBA

Gregg Lemkau contemplou o oceano brilhante no Kukio Golf and Beach Club, no Havaí. Esculpida na lava da costa de Kona, na ilha principal, a comunidade privada era, na verdade, uma parte do resort vizinho, o Hualalai, que foi separada porque os proprietários decidiram que precisavam de um refúgio mais exclusivo. O Hualalai tinha um hotel Four Seasons e recebia excursões; no Kukio, os membros pagavam US$66 mil em taxas anuais pelo privilégio de investir alguns milhões em propriedades. Ele se tornou popular entre a elite do Vale do Silício, muitos dos quais pegavam um serviço de transporte particular conhecido como Kona Express, com voos duas vezes por semana de Oakland. Mas a empresa não fazia distinção entre os bilionários e também contava com alguns dos mais influentes de Wall Street como membros. George Roberts, cofundador da empresa de private equity KKR, tinha uma casa lá. A irmã de Warren Buffett também. Ken Griffin, chefe do fundo de hedge e da gigante do varejo Citadel, já teve duas propriedades lá.

Lemkau, codiretor do banco de investimentos do Goldman Sachs, havia comprado uma casa lá em 2016 e, naquela manhã do final de março de 2020, assim como em todas as manhãs da semana desde que deixara uma Nova York sinistra com a esposa e os filhos, ele havia acordado às 2 horas da manhã para tentar se manter conectado com seus funcionários. A uma curta distância, uma praia para mergulho com snorkel que geralmente estava repleta de turistas agora estava deserta. Ele ligou para Egon Durban, um executivo sênior da empresa de private equity Silver Lake, que estava a apenas algumas centenas de metros de distância, isolado na própria casa na comunidade da ilha. No passado, os dois costumavam caminhar pela praia e trocar ideias sobre investimento — Lemkau, o exímio banqueiro de Wall Street, cheio de ideias e energia, e Durban, um investidor experiente com apetite por riscos. Mas agora isso estava fora de questão. A casa deles era tão próxima que Lemkau poderia ter arremessado uma bola de beisebol e atingido o telhado de Durban, mas os especialistas em saúde alertaram contra o contato pessoal, então ele fez sua proposta por telefone.

"Você já deu uma olhada no Airbnb?", perguntou Lemkau.

O Airbnb tinha alcançado uma avaliação de US$31 bilhões e transformado seu jovem executivo-chefe, Brian Chesky, em uma estrela. Mas agora a empresa estava passando por problemas. As reservas haviam evaporado quando os turistas cancelaram as viagens. E, como outras startups de tecnologia, ela não era lucrativa, gastava muito em marketing, talentos e serviços subsidiados para seus clientes. Dependia de um fluxo constante de dinheiro que agora corria o risco de acabar. Lemkau deu a entender que a empresa estava querendo levantar algum dinheiro e, gentilmente, insistiu para ver se a Silver Lake, com seus bilhões de dólares em poder de fogo, estaria interessada.

Na verdade, ele estava sendo cauteloso. Apenas uma semana antes, o Airbnb havia contratado o Goldman e outro banco de investimentos, o Morgan Stanley, para ajudar a empresa a levantar dinheiro. Chesky provou ser hábil em administrar Wall Street, colocando seus dois pesos-pesados um contra o outro na corrida para conseguir o que o Airbnb tanto precisava: dinheiro. Ele encarregou o Goldman de encontrar investidores de capital que comprassem ações privadas da empresa, enquanto o Morgan Stanley liderava as negociações com um grupo de bancos que detinha o empréstimo rotativo de US$1 bilhão do Airbnb e elaborava um plano para aumentar a dívida, se necessário. Os dois bancos foram os principais consultores do Airbnb por anos e foram contratados em 2019 para ajudar a planejar um IPO para meados de 2020. Mas o coronavírus mudou suas atribuições. Chesky estava monitorando sinais preocupantes que mostravam que os negócios da empresa na China estavam desmoronando, e o problema se espalhou para seus negócios na Europa e nos Estados Unidos — de longe, seu maior mercado

—, refletindo a disseminação do vírus. O IPO que ele havia esboçado no Natal teria que esperar.

O Airbnb tinha cerca de US$3 bilhões em dinheiro no cofre, uma quantia enorme para a maioria dos padrões, mas Chesky sabia que não duraria muito. Sua empresa já estava gastando dinheiro mesmo antes de o coronavírus ter afetado seus negócios, e os pedidos de reembolso estavam se acumulando. Então ele recorreu aos mesmos dois bancos para ajudá-lo a elaborar uma estratégia de *sandbagging*.

A equipe do Goldman já havia entrado em contato com investidores de grande porte e três empresas de private equity estavam interessadas: TPG, Dragoneer e General Atlantic. Todas as três eram investidoras existentes; a TPG liderou uma rodada de captação de recursos em 2014 que avaliou a empresa em US$10 bilhões e a colocou na elite do clube dos "unicórnios" do Vale do Silício. Agora, a empresa parecia interessada em dobrar o investimento. A principal credencial da Dragoneer para inclusão foi um investimento de 2016 no Spotify, o serviço de streaming de música que tinha uma estrutura semelhante à que o Airbnb estava buscando agora: um investimento em dívida que se converteria em ações da empresa a um preço descontado quando ela se tornasse pública.

Mas qualquer bom banqueiro sabe que a chave para a realização de negócios em Wall Street é criar uma guerra de lances. E a empresa de Durban, a Silver Lake, era uma boa aposta. A empresa havia conquistado uma reputação de investidora experiente em empresas de tecnologia. Não era uma empresa tradicional de capital de risco que investia em startups em estágio inicial na esperança de obter retornos gigantescos; em vez disso, ela favorecia empresas mais maduras e estabelecidas, como a Dell, a gigante da informática que ela havia tornado privada em uma aquisição em 2013 e que se revelou um dos negócios mais bem-sucedidos em Wall Street em décadas. A Silver Lake também surgiu como uma espécie de cavaleiro branco nos primeiros dias da pandemia. Ela havia investido US$1 bilhão no Twitter apenas algumas semanas antes e, antes do final do mês, lançaria uma tábua de salvação financeira para o site de reservas de viagens Expedia. Será que eles deveriam dar uma olhada no Airbnb?, perguntou Lemkau a seu velho amigo.

"Brian Chesky é o tipo de pessoa que se deve apoiar", disse Lemkau. Ele lembrou a Durban que alguns dos melhores investimentos da Silver Lake foram apoiados por fundadores visionários, o que fez com que

Michael Dell e Jack Dorsey ficassem chateados. "Ele é o verdadeiro negócio."

Durban foi educadamente desdenhoso. "Simplesmente não conheço o negócio bem o suficiente para tomar uma posição em meio a tudo isso", ele respondeu. Na verdade, naquela mesma manhã, ele havia alertado os principais negociadores da Silver Lake em uma reunião interna para agir com cautela. Boas empresas desesperadas por dinheiro poderiam ser compradas a baixo custo, mas "não joguem dinheiro em uma empresa como o Airbnb", ele disse, citando o nome da empresa de compartilhamento de imóveis.

No entanto, ele confiava na opinião de Lemkau. Os dois eram amigos, além de vizinhos no Havaí. Haviam feito dezenas de negócios ao longo dos anos, e muitos deles renderam bilhões de dólares à Silver Lake, como a aquisição da Dell. Ele prometeu pensar um pouco sobre o assunto.

A MENOS DE UM quilômetro de distância, mais lenha foi colocada na fogueira. Alan Waxman, diretor da empresa de investimentos Sixth Street Partners e outro morador de Kukio, também havia entrado em contato com Lemkau em sua casa de férias na ilha. Os dois se conheciam bem. Waxman, um texano enérgico de 44 anos com jeito de surfista, passou mais de uma década no Goldman antes de sair em 2009 para fundar a Sixth Street, com apoio financeiro da TPG, e, desde então, contratava regularmente funcionários de sua antiga empresa — às vezes para desgosto de Lemkau, que via os próprios banqueiros partirem. Mas a Sixth Street era um dinheiro inteligente: na década que se seguiu à sua fundação, a empresa sempre proporcionou altos retornos a seus investidores, principalmente ao buscar investimentos de nicho e construir negócios complexos que proporcionavam vantagens substanciais, mas, o mais importante, protegiam a empresa de perdas significativas. Seus negócios tendiam a ser complicados, mesmo para Wall Street, com termos intrincados que as empresas não conseguiam obter facilmente em outros lugares e que geravam retornos confiáveis para a Sixth Street.

Waxman ouvira no boca a boca do Vale do Silício que o Airbnb estava pensando em levantar dinheiro. "Reunião da diretoria na quarta-feira", um capitalista de risco havia lhe enviado uma mensagem em meados de março. "O desempenho recente é péssimo. Sem novas reservas e muitos novos reembolsos. Não está claro qual será o fundo do poço, ou se já chegamos lá." O Airbnb estava procurando um "acordo semelhante ao do Spotify", disse o informante, uma referência a uma transação de dívida conversível que a Dragoneer havia feito em 2016. Essa referência foi suficiente para despertar o interesse de Waxman. O acordo com o Spotify foi um sucesso para os investidores quando o serviço de streaming de música se tornou público.

"Estamos muito interessados", respondeu Waxman. A Sixth Street não era uma empresa de capital de risco e, na verdade, Waxman vinha alertando há mais de um ano que o Vale do Silício era um desastre prestes a acontecer, já que os investidores superavam uns aos outros ao atribuir avaliações altíssimas a startups que não eram lucrativas. Waxman achava que a avaliação mais recente do Airbnb de US$31 bilhões era alta demais. Mas ele acreditava que havia valor suficiente no que Chesky havia construído, com ou sem o hype do Vale do Silício, para valer a pena apoiar. A Sixth Street poderia emprestar ao Airbnb uma quantia substancial de dinheiro e, também, receber bônus de subscrição para comprar as ações no futuro. Ele rapidamente ligou para Jon Winkelried, coCEO da TPG, a empresa de private equity da qual a Sixth Street estava se separando. Ele sabia que a TPG era uma investidora do Airbnb e queria ter certeza de que, se a Sixth Street fizesse a própria oferta, ele não causaria atritos. "Você é bom", Winkelried disse a ele.

A ligação seguinte de Waxman foi para Durban. Ele não sabia que Lemkau havia conversado com o executivo da Silver Lake no dia anterior. Mas Waxman estava pensando em oferecer ao Airbnb um investimento de US$2 bilhões, e isso era muito para uma empresa do porte da Sixth Street, com US$34 bilhões em ativos, assumir sozinha. Silver Lake, com seus bolsos fundos e sua excelente reputação entre as empresas de tecnologia, poderia ser uma boa parceira. "Sabe, acabei de receber uma ligação sobre isso", Durban disse a ele. "Eu disse que não estava interessado."

"Bem, eu acho que é interessante pra caramba", disse Waxman. "Deixe-me dizer o que estamos pensando."

Ele mostrou a Durban o acordo que a Sixth Street estava considerando. A empresa faria um empréstimo de US$1,5 bilhão com juros de cerca de 11% ao ano e receberia bônus de subscrição para comprar cerca de 1,75% das ações do Airbnb no futuro com um grande desconto. O preço desses bônus de subscrição atribuiu ao Airbnb uma avaliação de cerca de

US$15 bilhões, menos da metade do valor de avaliação de 2017, a última vez em que havia levantado dinheiro. "As melhores empresas são criadas a partir de crises", ele disse.

Durban ficou impressionado. O endosso de Lemkau a Chesky ainda ressoava em sua cabeça. E o acordo que Waxman estava propondo era conservador o suficiente para que a Silver Lake não perdesse dinheiro. Se o Airbnb abrisse o capital por um valor próximo à sua avaliação mais recente de US$31 bilhões, os bônus de subscrição seriam o equivalente a encontrar ouro. Mesmo com um valor mais baixo, o investimento da Silver Lake e da Sixth Street seria prioritário o bastante — ou seja, teria preferência para receber pagamentos em dinheiro antes das empresas de capital de risco e outras que detinham ações do Airbnb — para que eles provavelmente ainda ganhassem dinheiro.

Além disso, a inveja dos negócios é grande em Wall Street. Se o negócio fosse bom o suficiente para interessar a Sixth Street, uma empresa com reputação de vencedora, valeria a pena dar uma olhada nele. E se Durban pudesse dar uma cutucada na TPG, uma rival de longa data, melhor ainda. Ele desligou e ligou para Lemkau. "Na verdade, posso estar interessado nisso", ele disse, acrescentando que ficaria feliz em fazer parceria com a Sixth Street. "Conhecemos a parte técnica. Eles conhecem a parte estrutural."

Em 27 de março, a Sixth Street enviou uma oferta ao Airbnb — um empréstimo de US$1 bilhão, além de uma dívida adicional de US$500 milhões que seria convertida em ações da empresa.

Foi uma tábua de salvação audaciosa a ser lançada. Muitos investidores inteligentes e comentaristas de TV já contavam com o fim do Airbnb. Quem gostaria de se hospedar na casa de um estranho em meio a uma pandemia? Com as ordens de permanência em casa em vigor em muitas das principais cidades norte-americanas, fazer isso podia até ser ilegal. Mas, para a Silver Lake e a Sixth Street, o acordo resumia aquele velho aforismo de Warren Buffett: vale a pena ser ganancioso quando os outros estão com medo e vale a pena ter medo quando os outros são gananciosos. A maior parte de Wall Street estava com medo. Durban e Waxman podiam se dar ao luxo de serem gananciosos.

O Airbnb fez uma contraproposta, mas com ligeiras modificações. A empresa não se intimidou com a taxa de juros de 11% que o empréstimo cobraria — era alta, mas o mundo estava indo de mal a pior, e as dívidas em tempos de crise costumavam ser altas. E o negócio parecia mais atraente do que a proposta de investimento em ações da TPG, que teria reduzido drasticamente o valor das ações existentes na empresa detidas por seus primeiros investidores, fundadores e funcionários. A contraproposta do Airbnb propunha um bônus de subscrição de apenas 1,5% da empresa, em vez dos 1,75% que os investidores haviam solicitado.

Enquanto isso, surgiu um contratempo. Os banqueiros do Morgan Stanley estavam assessorando o Airbnb em suas negociações com um grupo de bancos para alterar os termos do empréstimo existente de US$1 bilhão da empresa, que precisava ser prorrogado para permitir um novo investimento. A ligação de 25 de março para esses bancos não correu muito bem. Os bancos de Wall Street estavam sendo inundados por clientes sacando linhas de crédito e implorando por novos empréstimos, e muitos deles estavam no limite. Um dos credores existentes do Airbnb, o Bank of America, estava se recusando a aumentar e estender o empréstimo sem um grande aumento na taxa de juros.

Os banqueiros do Morgan Stanley viram uma oportunidade. "Vamos nos desfazer do rotativo", sugeriu Michael Grimes, o principal banqueiro da empresa no Vale do Silício, referindo-se ao empréstimo bancário. Era uma solução elegante que resolveria dois problemas de uma só vez. Contornaria a relutância do Bank of America e limparia o balanço patrimonial do Airbnb para assumir novas dívidas como parte do acordo com a Silver Lake. A maioria das empresas tem um limite de endividamento, seja por uma questão prática — a dívida exige dinheiro todos os anos para pagar os juros — ou para evitar perturbar seus acionistas, que ficam atrás dos credores na ordem de prioridade de pagamentos. Um executivo do Airbnb mais tarde chamou isso de ação de "Houdini", uma fuga aparentemente simples para um problema complicado.

Um problema: Durban não conhecia Chesky, CEO do Airbnb, e Waxman o havia encontrado apenas algumas vezes, anos antes. Agora, eles estavam sendo convidados a desembolsar até US$2 bilhões em questão de dias e sabiam tão pouco sobre o CEO que apoiariam quanto sobre as finanças internas e o funcionamento da empresa. Eles realizaram a due diligence — a expressão usada em Wall Street para compartilhar informações internas com potenciais investidores — durante uma série de reuniões pelo Zoom.

A notícia desse acordo foi divulgada em 6 de abril. A Silver Lake e a Sixth Street investiriam US$500 milhões cada no Airbnb, em um acordo que avaliou a empresa em US$18 bilhões, muito longe de sua última avaliação de US$31 bilhões. Ao mesmo tempo, o Airbnb disse que pediria a seus anfitriões que focassem as estadias de longo prazo, na esperança de aproveitar o mesmo impulso, especialmente entre os moradores da cidade, que levara Lemkau, Waxman e Durban a passar longas temporadas no Havaí.

O telefone de Waxman tocou quase imediatamente após a notícia ser transmitida. "O que você está pensando?", soou a voz estrondosa de Jeff Weiner, ex-CEO do LinkedIn e um veterano do Vale do Silício.

Waxman suspirou. Nas poucas horas após o anúncio do investimento no Airbnb, ele estava sendo criticado por todos os lados. Investidores e executivos experientes, muitos dos quais ele respeitava profundamente, ficaram perplexos com o fato de que alguém investiria em uma empresa de viagens naquele momento. Ninguém estava saindo de casa para comprar nem uma caixa de leite, muito menos para viajar.

Mas Waxman estava pronto para defender seu acordo. As pessoas vão acabar enlouquecendo dentro de casa, ele disse a Weiner. E, quando isso acontecesse, elas prefeririam o ambiente privado de um Airbnb à agitação de um hotel, com elevadores lotados e camareiras entrando e saindo dos quartos. Além disso, ele disse ao veterano da tecnologia, da forma como o acordo foi estruturado, era quase impossível que a Sixth Street e a Silver Lake perdessem dinheiro. O dinheiro deles estava no topo da prioridade. Enquanto o Airbnb valesse cerca de US$2 bilhões, eles estariam protegidos. O acordo que eles tinham acabado de fechar avaliava a empresa em US$18 bilhões. O único cenário que Waxman poderia imaginar para a perda de US$16 bilhões seria outra Grande Depressão.

"Jeff, escute", ele disse. "Se o Airbnb não valer nem US$2 bilhões, todos nós temos problemas muito maiores."

O CÉU ACIMA DO escritório de Doug Parker estava silencioso. *Silencioso demais*, ele pensou. Antes, quase mil voos diários que chegavam e partiam do Aeroporto DFW passavam por cima de sua cabeça. Agora eram tão poucos que ele conseguia identificar o som do voo das 14h35 de Charlotte sem nem mesmo verificar o relógio. Antes da pandemia, mais de 2 milhões de cidadãos norte-americanos embarcavam em um avião todos os dias. Quando ele e seus colegas CEOs se reuniram em Washington, eram 600 mil. Agora, na segunda semana de abril, eram menos de mil, 5% de seu pico de apenas alguns meses antes.

Nunca antes a demanda por viagens aéreas havia caído tanto, tão rápido e por tanto tempo. Era perfeitamente possível que a demanda por *qualquer* produto jamais tivesse entrado em colapso de forma tão veloz e total com que os norte-americanos deixaram de querer viajar de avião.

CAPÍTULO 14

O INFERNO ESTÁ PRÓXIMO

Existe uma solução para esse problema", disse Bill Ackman à esposa. Era a manhã de 18 de março e os dois descansavam na cama em sua casa de fim de semana em Bridgehampton. O número de norte-americanos diagnosticados com Covid-19 havia triplicado nos últimos três dias para 9.200, uma tendência que Ackman sabia como interpretar. "É tão simples", ele disse à esposa. "Tenho a obrigação de dizer algo. Eu deveria gritar do telhado para todos ouvirem."

O complexo de salvador era típico de Ackman. Ele se debruçava sobre os números de uma empresa com tanta dedicação quanto qualquer um em Wall Street, mas, ao longo de sua implementação, suas ideias de investimento tendiam a se transformar de apostas financeiras profundamente pesquisadas em guerras santas travadas em prol da sociedade. Ele passou anos fazendo campanha contra o fornecedor de suplementos vitamínicos Herbalife, a quem acusou de implementar um esquema de pirâmide que se aproveitava de imigrantes hispânicos, fazendo-os empurrar suas proteínas em pó e vitaminas para seus amigos e vizinhos e recrutá-los para a força de vendas da empresa. Durante uma apresentação de três horas e meia em 2014, com o objetivo de convencer investidores e órgãos reguladores de que ele estava certo, ele gaguejou ao falar sobre seu avô, aprendiz de alfaiate, que veio para os Estados Unidos no século XIX. As ações da Herbalife, que Ackman havia apostado US$1 bilhão que entrariam em colapso, continuaram a subir. Cinco anos depois, Ackman admitiu a derrota e se deu por vencido, encerrando uma batalha que ele havia dito certa vez que levaria "até os confins do mundo".

Quando perdeu uma batalha pelo controle do conselho da Target Corp. em 2009, ele chorou ao citar John F. Kennedy.[59] "Pagaremos qualquer preço, suportaremos qualquer fardo, enfrentaremos qualquer dificuldade", ele disse a uma sala lotada de acionistas da Target. O episódio reforçou sua reputação de colocar suas emoções e seu ego, não apenas seu dinheiro, em suas ideias. Os críticos diziam que isso o cegava para a realidade e fazia com que ele mantivesse as apostas por mais tempo do que seria sensato. Já os defensores diziam que as ideias contrárias precisavam de verdadeiros crentes por trás delas.

Em meados de março, a ideia de que o coronavírus poderia abalar a economia dos Estados Unidos provocou nele a mesmo senso de grandiosidade. Então Ackman, que havia mantido um perfil discreto na internet nos últimos anos em meio a uma série de investimentos catastroficamente ruins, foi ao Twitter pela primeira vez em mais de um ano. "Sr. Presidente, a única solução é fechar o país pelos próximos trinta dias e fechar todas as fronteiras", ele tuitou. "Podemos acabar com isso agora. O restante do mundo seguirá seu exemplo."

Não era apenas seu altruísmo em ação. Para Ackman, a solução — um fechamento curto, porém rápido dos Estados Unidos — era tão óbvia que estava fadada a acontecer. Ele acreditava plenamente que Trump, confrontado com a ciência, implementaria um lockdown no país para conter o vírus, provocando uma recessão que seria feia, mas rápida. A ciência prevaleceria. A derrota do mercado seria revertida. Tudo isso acabaria em algumas semanas.

Por esse motivo ele havia dito a seus operadores que investissem grande parte dos lucros de sua gigantesca operação de swaps em ações. A Pershing Square aumentou suas participações na Hilton, na Restaurant Brands International, controladora do Burger King, e na Lowe's, a rede de lojas de artigos para o lar, e comprou participações na Park Hotels e no Google. Nos últimos seis dias, a Pershing Square havia comprado mais de US$2,05 bilhões em ações, com base na teoria de que o governo iria — e deveria — fechar a economia. O vírus passaria e os mercados se recuperariam. Era uma jogada clássica para Ackman, uma tese de investimento envolta em nobreza de espírito cívico.

Logo depois que Ackman postou seu tuíte, seu telefone tocou. Era Scott Wapner, âncora da rede de notícias financeiras CNBC. Ele queria que Ackman fosse a seu programa na hora do almoço para discutir seu chamado para o confronto.

Foi a primeira aparição de Ackman na televisão em mais de dois anos. Ele podia ouvir o som abafado da TV do porão, onde seus pais idosos o assistiam, por isso gaguejou. O Zoom ainda não havia sido difundido, então ele estava fazendo uma ligação de áudio em vez de aparecer no vídeo, e o áudio do estúdio estava instável, o que por vezes o deixava sem saber se o âncora estava conseguindo ouvi-lo. Ele mesmo preencheu os silêncios, dando uma entrevista de 29 minutos — um verdadeiro monólogo em uma era de frases de efeito — que deixou Wall Street em chamas.

"O inferno está próximo", ele disse à audiência do canal de notícias financeiras. "Precisamos fechar os Estados Unidos agora. Nosso país, como o conhecemos, estará acabado", ele disse, "a menos que escolhamos essa opção". A segunda metade de seu discurso — em que declarava seu otimismo com as ações e que estava aumentando ativamente suas posições — foi ofuscada pela primeira parte. Antes mesmo de Ackman terminar de falar ao vivo na CNBC, o Dow Jones Industrial Average começou a cair drasticamente. Já havia caído mais de mil pontos quando ele entrou no ar, e caiu o suficiente enquanto ele falava que outra interrupção automática nas negociações foi acionada. "Por favor, tirem o Ackman da CNBC antes que as pessoas comecem a pular de pontes", escreveu Mike Novogratz, outro investidor de fundos de hedge, no Twitter. O Dow fecharia em queda de 6,3% naquele dia, eliminando mais de três anos de ganhos.

Nos dias seguintes, Ackman seria acusado de provocar o pânico. Críticos com mentalidade conspiratória o acusaram de atiçar o incêndio com opiniões apocalípticas em um esforço para aumentar o valor de seus swaps, que se tornariam mais valiosos à medida que o mercado caísse. Na verdade, ele já havia vendido essa posição e estava comprando em ações norte-americanas. E sua entrevista à CNBC ocorreu em meio a uma série de outras notícias preocupantes que assustaram os investidores: a Delta Air Lines anunciou que sua receita mensal havia caído US$2 bilhões, as Três Grandes montadoras de Detroit estavam fechando suas fábricas nos Estados Unidos e as autoridades da cidade de Nova York anunciaram planos para converter hotéis em hospitais.

Ao desligar com Wapner, o âncora da CNBC, Ackman se sentiu confiante por ter dado o alarme e apresentado um plano claro para evitar o desastre, sem saber que, em vez disso, havia acertado um tiro no pé. Em breve, ele teria que defender sua aparição na TV contra as críticas de que ele estava deliberadamente falando mal do mercado enquanto mantinha uma posição "vendida" que se beneficiaria quando o mercado caísse. Em uma série de cartas a seus investidores na semana seguinte, ele explicou que já havia vendido sua posição de baixa e que, na verdade, estava comprando ações.

O pai de Ackman, um sobrevivente de câncer de pulmão, veio da sala ao lado e lhe deu um abraço a distância.

Após uma semana de confinamento na cidade de Nova York, David Solomon se tornou o próprio barista. Em tempos normais, o CEO do Goldman Sachs passava pela Starbucks perto da sede de seu banco no centro de Manhattan a caminho do escritório. Mas, com grande parte da cidade de Nova York em isolamento, agora ele preparava sua bebida preferida em sua casa, no SoHo. O veterano de Wall Street preparou quatro doses de café expresso descafeinado com leite de amêndoas, gelo, e despejou em uma caneca térmica Yeti. E ligou para Stephen Scherr, seu diretor financeiro.

"Faça isso", ele disse. Tome emprestado US$1 bilhão do governo federal.

No dia anterior, Solomon e os CEOs dos outros oito maiores bancos do país haviam participado de uma teleconferência organizada por seu grupo comercial, o Fórum de Serviços Financeiros, para discutir o empréstimo da janela de desconto do Federal Reserve.

A janela de desconto é a manifestação mais clara do papel do Fed como emprestador de última instância da economia. O nome é uma relíquia dos dias em que um banco com problemas — talvez enfrentando uma corrida aos depósitos de seus clientes — enviava um representante a um guichê de caixa no Federal Reserve. Atualmente, o processo é todo eletrônico, mas o objetivo é o mesmo: evitar a corrida aos bancos, oferecendo empréstimos baratos a instituições depositárias, garantindo que elas tenham dinheiro suficiente para cumprir suas obrigações financeiras, como honrar os saques dos clientes. (A pior coisa que um banco pode fazer é recusar um depositante que esteja tentando sacar seu dinheiro. O pânico se espalha e os clientes aparecem em massa. Na verdade, é por isso que muitos prédios antigos de bancos foram projetados com grandes saguões: para evitar até mesmo a possibilidade de que uma fila se forme nos guichês de caixas e desperte o medo.)

O último momento em que a janela de desconto esteve sob os holofotes foi em 2008, quando manteve vivos alguns bancos em dificuldades, incluindo o Goldman Sachs e o Morgan Stanley. A medida acalmou os investidores e tirou as duas empresas da beira da falência. A janela de desconto salvou o sistema bancário do país, mas, ao fazê-lo, consolidou sua reputação como o "passe de mágica" das instituições financeiras com graves problemas. Como o sistema bancário do país ficou sensível após a crise de 2008, a janela de desconto carregava um estigma distinto.

Agora, os maiores bancos do país enfrentavam uma nova crise. A economia estava parando. Ninguém estava viajando, comendo em restaurantes ou comprando imóveis, atividades comerciais rotineiras que mantêm os cofres dos bancos cheios. E eles estavam diante da possibilidade de uma enorme inadimplência em empréstimos corporativos.

Ninguém precisava do dinheiro naquele instante, mas talvez precisassem antes que a crise acabasse. Ao tomá-lo emprestado agora e em uníssono, de acordo com o pensamento deles, estariam se livrando do exercício do estigma. O Goldman tomou emprestado US$1 bilhão, e outros bancos também arredondaram seus números — um número extenso para um leigo, mas um erro de arredondamento nos livros contábeis dessas instituições de trilhões de dólares.

O PREGÃO DA BOLSA de Valores de Nova York é um ícone do capitalismo norte-americano. Tudo começou em 1792, embaixo de uma árvore de pau-brasil, onde 24 corretores se reuniram para organizar suas negociações de ações de bancos e títulos de guerra. Eles logo construíram uma cafeteria na esquina, para proporcionar conforto interno ao seu novo empreendimento. A bolsa funcionou durante as sete décadas seguintes em uma série de lojas e escritórios alugados antes de se mudar, em 1903, para um edifício neoclássico recém-construído na esquina das ruas Wall e Broad, cuja fachada de mármore branco da Geórgia e colunas dóricas caneladas de 15 metros passou a simbolizar o poder financeiro norte-americano no século e meio seguinte. Um crítico de arquitetura da época disse que o prédio capturava "a própria essência da energia extenuante do século XX".

Ele também foi, durante o período que o coronavírus se espalhava silenciosamente no início de março de 2020, uma placa de Petri. Centenas de corretores e técnicos entravam no número 2 da rua Broad todas as manhãs — desciam um apertado lance de escadas e, depois, se espalhavam por um gigantesco pregão, onde se reuniam em torno de telas e gritavam ordens em um aceno performático para uma era anterior à época em que as negociações se tornaram amplamente eletrônicas.

A bolsa havia mandado a maioria de seus funcionários corporativos para casa no dia 13 de março, mas as centenas de corretores de pregão e formadores de mercado designados, as pessoas que se aglomeram em seu pregão e criam mercados de ações, ainda compareciam. Eles não trabalhavam para a Bolsa de Valores de Nova York, mas, sim, para as dezenas de empresas de nicho conhecidas como especialistas. Eles queriam estar lá, e era importante manter o pessoal do pregão satisfeito.

John Tuttle, o vice-presidente da Bolsa de Valores de Nova York, foi encarregado de entrar em contato com o departamento de saúde do estado para obter testes e profissionais de saúde para administrá-los aos trabalhadores que comparecessem. Tuttle, cuja esposa estava grávida, havia alugado uma casa em Sag Harbor por duas semanas e, no domingo, 15 de março, ligou para seu contato no departamento de saúde. O estado estava amarrado. Os únicos testes disponíveis não eram aqueles testes rápidos e autoadministrados, que acabariam sendo mais amplamente utilizados, mas testes de laboratório que precisavam ser feitos por um técnico licenciado, armazenados com segurança e enviados para processamento. O funcionário do departamento disse que eles poderiam ter uma equipe no local na terça-feira. "O mercado abre segunda-feira", disse Tuttle. "Preciso de você na segunda-feira."

Na manhã seguinte, a entrada do edifício de número 2 da rua Broad foi tomada por uma equipe de enfermeiras sentadas atrás do balcão de segurança, usando máscaras KN95 com bico de pato e com pranchetas nas mãos. Quando os funcionários desciam o lance de escadas, eles eram submetidos a uma série de perguntas. "Esteve fora do país? Está se sentindo mal? Alguém da família está doente?" No primeiro dia, treze pessoas foram testadas.

Às 11 horas da manhã de terça-feira, os resultados haviam chegado à caixa de entrada do e-mail de Tuttle. Dois haviam dado positivo: um funcionário do pregão e um funcionário corporativo da Bolsa de Valores de Nova York.

Na manhã seguinte, Cunningham, Tuttle, Blaugrund, o diretor financeiro Scott Hill e Elizabeth King, a conselheira-geral, ligaram para discutir o fechamento do pregão. Blaugrund ligou de um hospital em Westchester, onde seu filho havia sido internado, e os médicos agora tentavam descobrir o que estava causando seus baixos níveis de oxigênio e sua falta de ar.

Os pregões já haviam fechado na Filadélfia e em Chicago. O CME Group, o gigante da bolsa de Chicago, na qual os traders negociam commodities como trigo e suínos, bem como opções financeiras, tomou a decisão de fechar seu pregão na semana anterior.[60] Seu CEO, Terrence Duffy, um sobrevivente de câncer de pulmão extremamente sensível às preocupações com o coronavírus, provocou a concorrente, dizendo ao *Wall Street Journal*: "Acho incrível que o pregão da Bolsa de Valores de Nova York ainda esteja aberto. Eu achava que não deveria haver cinquenta pessoas ou mais aglomeradas em um local fechado."[61]

Não foi uma decisão fácil para Cunningham. Ela acreditava firmemente no valor dos corretores humanos, que poderiam, segundo ela, intervir em momentos de estresse e suavizar as negociações. Se os seres humanos eram, de fato, melhores do que os supercomputadores e os softwares ainda era motivo de debate entre os estudiosos do mercado, mas os operadores ao vivo e o salão de pregão gigantesco que eles ocupavam eram inegavelmente fundamentais para a imagem do Big Board. A Nasdaq já havia conquistado o terreno da alta tecnologia; a reputação da Bolsa de Valores de Nova York era baseada na nostalgia de alto contato, e a visão de seu pregão vazio seria um momento marcante — e não apenas para a bolsa, Cunningham disse a seus assistentes, reunidos na linha de frente, mas para o país. "A Bolsa de Valores de Nova York é um símbolo da força e da resiliência norte-americana", ela declarou a um repórter alguns dias antes. "As pessoas que estão no pregão querem estar lá." Além disso, a próxima sexta-feira, 20 de março, era um dia complicado de negociações para o mercado. Era uma ocorrência trimestral conhecida como "quad witching", em que futuros de índices de ações, opções de índices de ações, opções de ações e futuros de ações individuais expiram no mesmo dia. O resultado geralmente é um dia de negociações caóticas, e Cunningham argumentou que era importante ter corretores no pregão para ajudar a suavizar os solavancos.

Mas por outro lado: não era seguro. Agora eles tinham provas. A Bolsa de Valores de Nova York testava apenas funcionários que não passavam na triagem de temperatura ou que relatavam estar se sentindo mal. Considerando o que os especialistas haviam aprendido sobre a capacidade do vírus de se espalhar entre pessoas assintomáticas, esse processo de triagem não funcionaria mais.

O número de testes disponíveis em Nova York era baixo. O tipo de teste diário e generalizado que seria necessário para manter o pregão aberto, se é que isso poderia ser feito, drenaria os recursos de hospitais e outras instituições. Cunningham tomou uma decisão, usando o que, nas semanas seguintes, se tornaria uma frase comum, um dos muitos legados linguísticos da pandemia. O pregão da Bolsa de Valores de Nova York simplesmente não era, naquele momento, um local de trabalho essencial.

Eles chegaram a um acordo estranho: a Bolsa de Valores de Nova York anunciaria pela manhã que seu pregão fecharia, mas somente na segunda-feira seguinte, passados três dias de negociações. Era uma posição estranha, que reconhecia os riscos da aglomeração de pessoas e, ao mesmo tempo, permitia que elas continuassem indo lá.

Foi apenas uma das inúmeras decisões difíceis que os executivos foram forçados a tomar nas primeiras semanas da pandemia. Eles escolheram entre uma série de opções imperfeitas, enfrentando orientações de saúde pública que estavam mudando a cada dia e prioridades de segurança pessoal e sobrevivência corporativa que estavam em concorrência direta. Se a empresa se inclinasse demais para a primeira opção, corria o risco de criar um buraco financeiro tão profundo do qual talvez nunca conseguisse sair quando o vírus finalmente se acalmasse. Se ela se inclinasse demais para a segunda, arriscaria vidas, sem falar no desastre de relações públicas. Alguns, como Cunningham, carregaram um fardo extra, administrando empresas tão icônicas, tão cruciais que a paralisação de suas operações teria abalado a confiança do público na economia global.

Eles esperavam que as decisões que tomaram salvassem suas empresas e preservassem o motor da economia dos EUA funcionando para quando a disseminação do vírus finalmente diminuísse. Mas, agora, eles estavam apenas tentando concluir a semana.

A BREVE RECUPERAÇÃO DO mercado que se seguiu às ações do Federal Reserve, incluindo a queda das taxas de juros para quase zero, em 15 de março, aquela que permitiu que dezenas de empresas de grande porte levantassem dinheiro por meio de ofertas de dívida, durou apenas um único dia. Na terça-feira, 17 de março de 2020, as empresas emitiram títulos no valor de US$28 bilhões.[62] A Exxon levantou US$8,5 bilhões, a Pepsi levantou US$6,5 bilhões, e ambas usaram o dinheiro para pagar dívidas de curto prazo, conhecidas como papel comercial, que se tornaram absurdamente caras. Mas esses acordos, ao que parece, escaparam por uma janela estreita. Dois dias depois, ela se fechou.

Os investidores estavam dispostos a comprar títulos da Exxon recém-emitidos a 2,25 pontos percentuais acima da taxa do governo na terça-feira. Mas, na quarta-feira, eles estavam exigindo 2,39 pontos percentuais acima dessa taxa para negociar esses mesmos títulos no mercado. Da mesma forma, os títulos da Pepsi foram negociados em baixa após sua emissão. Isso redefiniu os termos para as novas emissões de títulos que se seguiram no dia seguinte, o que exigiu que as empresas apresentassem taxas de juros cada vez mais altas para encontrar investidores dispostos a comprá-los. Foi um ciclo vicioso que refletiu a perigosa situação dos mercados financeiros.

Wall Street foi um gigantesco ciclo apocalíptico autorrealizável. Bilhões de dólares saíram de fundos mútuos, o que significou que esses fundos tiveram que vender suas participações para atender aos pedidos de resgate, o que reduziu os preços. "Isso é muito ruim", disse Jonny Fine a seu chefe, Dan Dees, codiretor da divisão de banco de investimento do Goldman, na sexta-feira, 20 de março. "A menos que haja alguma intervenção política séria em breve, o mercado vai quebrar."

CAPÍTULO 15

RESGATADO

Naquele sábado, 21 de março de 2020, Doug Parker estava de volta a Dallas, parado na sala de jantar de sua casa no luxuoso bairro de Park Cities, quando Steven Mnuchin ligou. O CEO da American Airlines e o secretário do Tesouro mantinham contato quase constante desde que as companhias aéreas firmaram sua difícil trégua noturna com os sindicatos trabalhistas. Nos dias que se seguiram, a perspectiva financeira das companhias aéreas só piorou. No dia anterior, o número de passageiros das companhias aéreas dos Estados Unidos havia caído para menos de 500 mil, apenas um terço do que havia sido na semana anterior.[63] As companhias aéreas queimavam milhões de dólares todos os dias. O US$1 bilhão que Parker, escondido em uma sala lateral na sede do lobby alguns dias antes, havia persuadido os executivos do banco a desembolsar parecia ridiculamente insuficiente. A American precisava do tipo de dinheiro que só poderia vir de Washington.

Mnuchin repetiu sua oposição aos subsídios, dizendo a Parker que era a favor apenas de empréstimos federais que as companhias aéreas teriam de pagar. O secretário do Tesouro tinha aliados poderosos no Congresso, principalmente Pat Toomey, o senador mais jovem da Pensilvânia. Parker, agora um porta-voz de fato do setor, tentou propor outros benefícios que as companhias aéreas poderiam oferecer, como estender seu compromisso de manter rotas menos lucrativas que atendessem a cidades menores.

"Doug, você precisa entender", disse Mnuchin. Na última semana, o quadro econômico passou de ruim para calamitoso. Não eram apenas as companhias aéreas que enfrentavam um abismo financeiro. As fábricas de automóveis de Detroit haviam fechado as portas. A liquidez no mercado de títulos havia se esgotado completamente. Trump invocou uma lei da época da Guerra da Coreia, a Lei de Produção de Defesa, para pressionar fabricantes privados a produzir ventiladores e máscaras.[64] Em um episódio extremamente desfavorável, a Coreia do Norte testou dois mísseis balísticos. Mnuchin recebeu críticas até mesmo da página editorial ultraconservadora do *Wall Street Journal*, que, naquele dia, publicou um artigo criticando-o por uma resposta tardia e confusa do governo e comparando-o com a — na opinião do jornal — liderança firme de Hank Paulson em 2008.[65] Em suma, Mnuchin tinha problemas muito maiores do que a forma exata com que o governo daria US$50 bilhões às companhias aéreas. O governo federal precisava evitar que toda a economia entrasse em colapso.

"Vamos fazer isso, e você deve saber que fez um ótimo trabalho e conseguiu entrar", ele disse a Parker. "Nenhum outro setor está envolvido. Mas são US$50 bilhões e são todos empréstimos. Não há nenhuma chance de haver subsídios."

A inflexibilidade de Mnuchin não foi totalmente uma surpresa, mas, ainda assim, foi como um soco no estômago de Parker. No dia anterior, quando os sinais ficaram mais claros de que não havia apoio político para subsídios multibilionários, ele perguntou a Nate Gatten, chefe de assuntos governamentais da American, se havia mais alguma coisa que eles pudessem tentar. Gatten retornou com uma jogada política final, sua última esperança. "Precisamos que Chuck Schumer diga a McConnell que ele vai retirar o apoio dos democratas, a menos que essa cláusula seja incluída", ele disse. Ou seja, Schumer, o líder dos democratas do Senado, precisava dizer publicamente que estava disposto a colocar em xeque uma legislação de US$2 trilhões destinada a salvar toda a economia dos EUA do colapso, apenas para ajudar as companhias aéreas. Era uma tentativa improvável e ridícula. Apenas alguns dias antes, Schumer havia discursado no plenário do Senado, manifestando-se contra resgates para setores específicos, defendendo, em vez disso, mais dinheiro para departamentos estaduais de auxílio-desemprego, pequenas empresas e hospitais públicos. "Nosso foco principal não pode se basear no resgate a companhias aéreas, empresas de cruzeiros e outros setores", ele disse.[66] "Vamos nos lembrar de que as empresas não são pessoas. Pessoas são pessoas."

Parker viu apenas uma opção. O setor trabalhista era o principal eleitorado de Schumer. As companhias aéreas não eram. Ele suspirou, pegou o telefone e ligou para Sara Nelson, a chefe do sindicato dos comissários de bordo. "Ele não fará isso por nós", anunciou. "Talvez ele faça isso por você." Nelson prometeu tentar.

Quando desligaram, Parker olhou para o relógio e percebeu que estava atrasado. Era aniversário de sua esposa, e o casal deveria jantar na casa de Robert Isom, presidente da American, a poucos quarteirões de distância da própria casa de 1.200m^2 no sofisticado bairro de Park Cities, a alguns quilômetros ao norte do centro de Dallas e a vinte minutos de carro da sede da empresa.

Parker saiu de fininho entre o prato principal e a sobremesa e ligou para Calio. Os dois se falavam com tanta frequência que a filha adolescente de Calio costumava gritar: "Tio Doug no telefone", quando o celular do lobista tocava à noite. Agora Calio estava organizando uma chamada de emergência com os CEOs do setor.

Calio confirmou o que Parker já sabia, graças a seus contatos com Mnuchin: o pedido de subsídios que eles haviam planejado em Washington alguns dias antes foi reprovado ao chegar ao Congresso. Ele tentou animar o grupo. Eles não receberiam subsídios, mas havia um pacote de empréstimos recorde sobre a mesa, em condições financeiras com as quais todos poderiam concordar. "É hora de aceitar a vitória, parar de brigar e administrar as companhias aéreas", ele disse.

Parker não estava desistindo totalmente de uma ajuda do governo. Nelson havia lhe dado o número do celular de Nancy Pelosi e pediu que ele entrasse em contato. Ao pegar o telefone, ele se surpreendeu com a estranheza do momento. Em sua carreira, por mais que tenha sido marcada por crises, ele teve poucas oportunidades de fazer lobby com os membros do Congresso.

"Senhora presidente, aqui é Doug Parker, da American Airlines", ele enviou uma mensagem às 22 horas daquela noite. "Peter DeFazio sugeriu que eu entrasse em contato com a senhora para lhe dar a perspectiva de CEO da companhia aérea sobre esse projeto de lei e as implicações de resultados alternativos. Gostaria de conversar quando for conveniente. Este é meu celular." Ele ficou de olho no telefone à espera pelo balão de reticências, que sinalizaria uma resposta sendo digitada. Ele não apareceu. Ele se deitou na cama, pensando consigo mesmo: *Estamos fritos.*

O IMPASSE PARTIDÁRIO VEIO para socorrê-los. Naquele domingo, 22 de março, os democratas do Congresso se recusaram a levar a Lei CARES ao plenário para votação, argumentando que o projeto de lei não fazia o suficiente para expandir o auxílio-desemprego e ajudar os governos estaduais e locais em dificuldades. A votação foi um retrocesso impressionante após dias de negociações que produziram o maior pacote de ajuda governamental da história dos Estados Unidos. Foi um sinal preocupante de partidarismo — o Congresso não conseguiu se unir nem mesmo em relação a um pacote de resgate que quase todos concordaram ser necessário — e, para os especialistas em política, isso lembrou o fracasso inicial do Troubled Asset Relief Program no plenário da Câmara em 2008, um revés que atrasou a ajuda aos mercados financeiros em dificuldades e, provavelmente, aprofundou a crise em Wall Street.

Para Parker, no entanto, foi um vislumbre de esperança. Talvez as companhias aéreas ainda estivessem na jogada.

Seu bom humor não durou muito. A esposa de Parker não estava se sentindo bem. Ela e a filha haviam feito o teste naquela tarde de domingo e ambas tiveram resultado positivo dois dias depois. Parker se sentia bem, mas sabia que havia potencialmente exposto seus colegas CEOs e funcionários, dezenas de pessoas, ao longo daqueles dois dias aglomerados em pequenas salas de conferência.

Ele enviou um e-mail a todos às 16h20 do dia 24 de março. "Estou me sentindo ótimo", ele disse após compartilhar a notícia do diagnóstico das duas. "Estive com minha filha por dois dias antes de sair de casa em 16 de março e não estive com ela nem com minha esposa até me despedir de todos vocês no dia 19; então, se por acaso eu estiver com o vírus, espero que ainda não estivesse contagioso quando começamos a compartilhar o espaço do escritório no dia 17 (felizmente, ele não se dissemina por meio de chamadas de teleconferência!)."

Parker também havia informado seus principais assistentes, mas não queria alarmar o restante da força de trabalho — ou potencialmente o mercado, que poderia reagir negativamente à informação de que ele havia sido exposto e aguardava os resultados dos testes. "Prefiro que isso não se torne notícia no setor", ele escreveu, pedindo a discrição de seus colegas CEOs.

E foi atendido. Quando seu teste de Covid-19 deu negativo cinco dias depois, ele escreveu para o grupo e agradeceu pelo fato de a notícia não ter vazado. "Isso é bastante notável, visto que tive que contar a cada um de nossos concorrentes", ele escreveu. "Todos vocês demonstraram sua excelência."

Alguns dias depois, na tarde de 25 de março e até tarde da noite, ele falava ao telefone a cada poucos minutos com Mnuchin, que estava sozinho em uma antessala no Capitólio com um grupo central de senadores republicanos. Seus votos foram cruciais para obter apoio suficiente para o pacote de ajuda ao coronavírus, que incluía bilhões em ajuda às companhias aéreas. O líder da maioria, Mitch McConnell, estava lá, junto com os senadores Pat Toomey, Mike Crapo e Roger Wicker.

As tensões políticas se intensificaram ao longo das frenéticas negociações de duas semanas, e as cinco figuras políticas no escritório de painéis de madeira do líder da maioria, no final daquela noite, não chegaram a um acordo. Mnuchin continuou insistindo em empréstimos em vez de subsídios, por dois motivos. Primeiro, ele tinha que cuidar do contribuinte norte-americano, e os empréstimos seriam pagos com juros. Em segundo lugar, ao se tornar um credor dessas empresas, o governo teria mais poder de influência para exigir mudanças, como limites para a remuneração dos executivos e a vinculação de bônus de subscrição que dariam lucro ao Tesouro se os preços das ações se recuperassem. Ele tinha um aliado leal em Toomey, o senador mais novo da Pensilvânia, um republicano de governo pequeno que se opunha aos resgates por motivos ideológicos. Do outro lado, estavam dois colegas republicanos, fazendo lobby para que uma porcentagem maior do dinheiro fosse na forma de subsídios: Wicker, um voto importante no comitê de transporte, e Crapo, o poderoso presidente do comitê bancário do Senado. A certa altura, Mnuchin e Toomey ligaram para o presidente, pedindo que ele se manifestasse. "Resolvam isso entre vocês", respondeu o presidente.

Mnuchin continuou a lançar ideias, apoiando-se em sua experiência no Goldman Sachs, onde passou o final da década de 1980 e o início da década de 1990 no pregão, em uma época que valorizava a complexidade e deu origem a uma geração de produtos financeiros totalmente novos. Se um investidor detivesse ações, mas desejasse se expor a títulos, ou tivesse dívidas de taxa variável, mas desejasse a certeza de uma taxa fixa, Wall Street tinha um produto para isso. Os negociadores daquela época fatiavam e dividiam o risco, atendendo aos clientes exatamente com o que eles queriam e nada mais — e garantindo um lucro saudável para si mesmos.

Essa era a posição em que Mnuchin se encontrava agora. Ele precisava criar algo que se parecesse com uma concessão, para que as companhias aéreas e seus aliados democratas no Congresso aprovassem, e que se parecesse o suficiente com empréstimos, para que ele e o grupo contrário ao resgate pudessem aceitar. E precisava garantir que o próprio Tesouro e, por extensão, os contribuintes norte-americanos não corressem o risco de sofrer perdas graves.

Uma ideia que ele apresentou a Parker foi fazer com que as companhias aéreas dessem bônus de subscrição de ações ao Tesouro juntamente com um empréstimo. Se, quando o empréstimo vencesse, os preços das ações das empresas tivessem subido o suficiente para que os ganhos com os bônus cobrissem o valor do empréstimo, as companhias aéreas não precisariam pagar o empréstimo. Mas, se isso não ocorresse, elas teriam que compensar a diferença para o Tesouro.

"Isso é um empréstimo", rebateu Parker. "Você está obtendo um retorno garantido." E qualquer auditor sensato trataria esse dinheiro como uma dívida no balanço patrimonial da American, que já estava com problemas antes da pandemia e, agora, tinha bilhões a mais em empréstimos e títulos adicionais acumulados.

"Se você tornar isso muito difícil", disse Parker, "haverá companhias aéreas que não aceitarão. E elas acabarão dispensando funcionários. Sua empresa poderia estar desesperada o suficiente para aceitar qualquer dinheiro que pudesse obter, mas aquelas em situação financeira mais sólida, principalmente a Delta e a Southwest, quase certamente torceriam o nariz para os termos que Mnuchin estava oferecendo. E Parker não tinha certeza de que elas conseguiriam sobreviver a uma paralisação de meses sem isso.

"Tudo bem, ligo de volta", disse Mnuchin. Poucos minutos depois, o telefone tocou novamente com outra estrutura complexa que Mnuchin esperava que pudesse ser o fio da meada para o acordo. Mais uma vez, Parker disse que não conseguiria vendê-lo a seus colegas CEOs. E assim foi até tarde da noite. Toomey também estava ligando para Parker, apresentando algumas das mesmas ideias. Parker suspeitava de que estava acontecendo um jogo do policial bom e do policial mau e temia que o senador da Pensilvânia estivesse estimulando a frente unida do setor a encontrar um elo fraco — um CEO que pudesse concordar e ser capaz de persuadir os demais.

Quando o relógio marcava quase meia-noite, McConnell entrou na conversa. Ele havia ficado de fora da politicagem sobre o projeto de lei, cedendo lugar a Mnuchin e a Nancy Pelosi, e havia ficado em cima do muro em relação aos principais pontos enquanto tentava controlar uma bancada indisciplinada. Os US$50 bilhões devem ser divididos igualmente em subsídios e empréstimos, ele disse. Mnuchin entrou em uma sala lateral e ligou para a Casa Branca, entrando em contato com Trump, que, como sempre, estava acordado até tarde assistindo à televisão. Mais cedo, Trump havia aparecido no programa de televisão de Sean Hannity, da Fox News, dizendo a Hannity que havia adiado uma ligação com o presidente chinês Xi Jinping para poder participar do programa. Agora ele estava na residência presidencial. Mnuchin informou Trump sobre o acordo, dizendo ao presidente que isso abriria caminho para a aprovação do projeto de lei mais amplo. "Bem, o que você achar melhor, Steve", ele disse ao secretário do Tesouro.

Mnuchin voltou à reunião e assinou, com um ajuste. Ele insistiu que fosse acrescentada uma disposição ao projeto de lei que lhe dava controle sobre os US$25 bilhões em verbas de subsídios — uma autoridade que ele usaria mais tarde para converter grande parte do dinheiro em empréstimos reembolsáveis.

A Lei CARES foi aprovada no dia seguinte, um tsunami de dinheiro de US$2 trilhões com o objetivo de evitar o colapso da economia. O pacote incluía bilhões de dólares em ajuda para pequenas empresas e hospitais sobrecarregados, auxílio-desemprego adicional para aqueles que haviam perdido o emprego e cheques enviados diretamente a milhões de norte-americanos. E destinava US$50 bilhões para as companhias aéreas do país e negócios relacionados.

Paulson, que havia sido secretário do Tesouro durante a crise de 2008, quando o departamento foi amplamente criticado pelo público e pelo Congresso por despejar dezenas de bilhões de dólares nos bancos de Wall Street, tinha se irritado com a palavra "resgate". Mnuchin não estava ansioso para ser rotulado com o mesmo termo.

Seria o suficiente?

O gráfico estava estampado na primeira página do *New York Times*. Na sexta-feira, 27 de março, o jornal disponibilizou a coluna da direita da página — o espaço mais valioso do jornalismo impresso — para um gráfico que mostrava um aumento nos pedidos de auxílio-desemprego provocado pelo surto de coronavírus na economia dos EUA. O recorde anterior de pedidos semanais de auxílio-desemprego foi de 695 mil, em 1982, e, mesmo durante a Grande Recessão, os pedidos chegaram a 665 mil.[67] Os pedidos semanais de auxílio-desemprego agora eram capturados em um gráfico que ocupava quase toda a altura da primeira página: 3,3 milhões. A manchete registrou dois marcos sombrios: "Perda de empregos dispara; casos de vírus nos EUA estão no topo do mundo."

As empresas norte-americanas haviam demitido funcionários quando o coronavírus se espalhou pelo mundo, adoecendo milhões e provocando lockdowns que afetaram suas vendas. No final de março, 10 milhões de norte-americanos haviam perdido seus empregos devido ao avanço econômico do vírus. Sete mil morreram, um número que parecia assustador na época, mas que acabaria ultrapassando um milhão. O Dow Jones Industrial Average, que havia ultrapassado a marca de 30.000 pontos no final de fevereiro, fechou o mês em 21.917 pontos. Ícones do varejo norte-americano estavam paralisando suas operações, buscando ajuda do governo, demitindo funcionários e se perguntando se seus negócios ainda faziam sentido. Milhões de pequenas empresas haviam falido.

Foi um desenrolar impressionante para a maior economia do mundo. E até mesmo o número de vítimas, então desconhecido, empalideceu em comparação com a perda de vidas. Em todo o mundo, quase 40 mil morreram e os hospitais estavam lotados. Em Nova York, ainda o epicentro do surto nos Estados Unidos — e agora a cidade mais mortal em relação à Covid-19 do planeta, tendo ultrapassado áreas no norte da Itália —, as sirenes das ambulâncias eram constantes. Os moradores colocavam a cabeça para fora de suas janelas todas as noites às 19 horas, batendo colheres em panelas para mostrar sua gratidão aos profissionais de saúde.

No último dia do mês, David Solomon, o CEO do Goldman, observou de seu escritório no 41º andar o navio-hospital *Comfort,* da Marinha dos Estados Unidos, atracado no porto de Nova York. O navio estava lá para fornecer um hospital flutuante para os milhares de pacientes com coronavírus que as autoridades de saúde pública esperavam que procurassem os hospitais da cidade, que lotavam rapidamente.

"Lá vem a cavalaria", Solomon disse a ninguém e tirou uma foto.

CAPÍTULO 16

TIRO NO ESCURO

Na terça-feira, 17 de março, Jim Hackett, CEO da Ford, pegou o telefone no escritório de sua casa, no oeste de Michigan, e ligou para a Casa Branca. "Quero lhe dar um aviso", ele disse a Larry Kudlow, consultor econômico sênior de Trump. "Vamos fechar as fábricas."

As 48 horas que as Três Grandes montadoras de Detroit haviam solicitado ao UAW durante a ligação do fim de semana com o chefe do sindicato, Rory Gamble, haviam expirado. Elas haviam discutido internamente para decidir se fechariam as fábricas, pesando os prós e os contras. Para começar, ninguém sabia ao certo como fazer isso. As empresas industriais têm planos de contingência para fechar uma fábrica individual para manutenção ou modernização, mas fechar centenas de fábricas de uma só vez era completamente diferente. Além disso, havia a questão de reiniciá-las no fim da crise, o que, segundo Hackett, levaria no máximo algumas semanas.

Mas, naquela manhã, ele havia recebido uma notícia que o convenceu de que era a decisão certa. Um trabalhador horista de uma fábrica sindicalizada da Chrysler em Sterling Heights, Michigan, que montava caminhonetes Dodge Ram, havia testado positivo para o vírus. O funcionário não frequentava a fábrica há mais de uma semana, mas isso pouco importava no ambiente repentinamente carregado de meados de março. O vírus estava semeando o medo nos Estados Unidos e colocando os executivos das empresas na defensiva, pois eles se viram sendo acusados de priorizar o lucro em detrimento da segurança dos trabalhadores. A Chrysler anunciou às pressas uma série de medidas de segurança, incluindo o escalonamento dos intervalos entre turnos, para evitar a aglomeração de funcionários nas salas de descanso e o fornecimento de produtos desinfetantes, panos e luvas aos trabalhadores no início de cada turno, a fim de que pudessem higienizar as próprias estações. Mas Hackett sabia que era apenas uma questão de tempo até que ele tivesse que fechar todas as fábricas da empresa. Não fazia sentido adiar o inevitável.

Detroit pode estar a décadas de seus áureos tempos como motor — literalmente — do setor automobilístico global, mas ainda era considerada o coração simbólico do setor. A decisão, quando fosse anunciada, provavelmente provocaria ondas de choque no mercado de ações. Ele temia que Trump criticasse o setor pelo Twitter por "não acreditar nos Estados Unidos" — conforme ele disse a Jim Farley, recentemente promovido ao cargo de principal assistente de Hackett. Ele esperava conseguir evitar isso ao explicar seu pensamento diretamente ao principal conselheiro econômico do presidente.

"Não posso falar por Mary", disse ele, referindo-se a Mary Barra, CEO da General Motors. Mas a Ford, o ícone da primeira era industrial dos Estados Unidos, ficaria às escuras no dia seguinte, ele disse em seguida ao conselheiro. Os trabalhadores receberiam, pelo menos por enquanto, aproximadamente o valor do salário integral, com pagamento suplementar definido no contrato para complementar os salários cobertos pelo auxílio-desemprego estadual.

Kudlow respirou fundo. A economia estava em franca expansão, o que impulsionou as perspectivas de reeleição de seu chefe no outono, e ele disse a Hackett que esperava que a economia dos EUA pudesse superar o vírus sem grandes quedas de produtividade. "Eu sei, e vamos superar isso", Hackett respondeu. "Mas não podemos ter pessoas lá dentro neste momento." Kudlow disse que entendia, porém acrescentou: "Só tenho medo de não conseguir fazê-los voltar ao trabalho se estiverem vivendo de esmolas."

Foi um indício inicial de um debate econômico que se intensificaria mais tarde, depois que os cheques de incentivo e pagamentos extras do auxílio-desemprego mostraram a muitos trabalhadores norte-americanos que era igualmente lucrativo ficar em casa. Isso também pressagiava um desafio que se desenrolaria meses depois, quando lojas, hotéis e restaurantes reabrissem, apenas para descobrir que muitos trabalhadores que haviam sido demitidos ou dispensados estavam relutantes em voltar — alguns achando confortável sobreviver com a ajuda do governo, outros tendo poucas opções de creches, pois as escolas permaneceram fechadas, e outros, ainda, com medo de pegar o vírus.

Buscando dar uma resposta um pouco mais leve, Hackett falou: “Quem sabe, talvez possamos fazer ventiladores mecânicos.”

Na verdade, essa era uma ideia em que o CEO vinha pensando há alguns dias, desde que Boris Johnson, o primeiro-ministro do Reino Unido, que havia relatado cerca de 1.500 casos e 55 mortes causadas pelo coronavírus, pediu aos fabricantes industriais da Grã-Bretanha que alterassem suas linhas de montagem para a produção de equipamentos médicos essenciais, como máscaras e ventiladores mecânicos. Hackett refletiu sobre isso por dois dias e, agora, deixou escapar quase como um comentário casual.

“Bem, Jim, isso seria útil”, respondeu Kudlow, prometendo ajudar a abrir caminho em Washington da maneira que pudesse.

Hackett rapidamente ligou para Jim Baumbick, chefe de gerenciamento da linha de produtos corporativos da Ford, e lhe disse para começar a elaborar um planejamento. Ele colocou Baumbick em contato com Nick LaRusso, presidente do departamento de medicina da Mayo Clinic, e John Kennedy, um empresário do setor de equipamentos de saúde. Baumbick já estava pensando se a Ford poderia ajudar. Uma conversa com um de seus assistentes na semana anterior havia ficado gravada em sua mente; a cunhada desse homem era médica no Rush Hospital, em Chicago, e havia dito que os funcionários do hospital estavam reutilizando luvas e aventais descartáveis e usando guardanapos e lenços como máscaras improvisadas.

Na quinta-feira anterior, 12 de março, Baumbick havia sido instruído a ficar em casa como parte de um plano-piloto de trabalho remoto. A empresa estava elaborando uma abordagem de divisão de equipes que reduziria o número de pessoas no escritório, facilitaria o rastreamento de contatos, caso alguém ficasse doente, e permitiria que substitutos sem contato prévio com o infectado, assumissem o trabalho. “Quando forem para casa, levem o que precisar, porque vocês provavelmente não voltarão”, ele disse à equipe. Assim como no Goldman Sachs, o plano nunca foi implementado; na segunda-feira, 16 de março, toda a força de trabalho não fabril da empresa foi instruída a ficar em casa. As fábricas fechariam dois dias depois.

Agora, de sua casa em Novi, Michigan, um subúrbio de Detroit, Baumbick reuniu uma equipe central de cerca de uma dúzia de assistentes, que, juntos, gerenciavam centenas de engenheiros. Até pouco tempo atrás, eles estavam trabalhando duro em um projeto secreto, de extrema importância, em andamento na Ford: um compromisso imenso com novos veículos elétricos, incluindo uma versão totalmente elétrica de sua picape icônica, a F-150, que eles esperavam lançar em 2021. Foi um ponto crucial para a Ford, que, como grande parte do setor automotivo dos Estados Unidos, havia perdido lugar para concorrentes do Vale do Silício e para as montadoras estrangeiras na corrida para abandonar os automóveis a gasolina. Agora eles tinham um novo desafio, com o qual, segundo Baumbick, o país estava contando.

"A Ford fabricava bombardeiros; nós fabricávamos pulmões de aço", diria Baumbick mais tarde. "Tem que haver algo que possamos fazer." Ele logo descobriria o quanto essa ajuda era desesperadamente necessária.

As fábricas de automóveis de Detroit permaneceram fechadas. Após o primeiro caso de teste positivo para o coronavírus, o do trabalhador da Chrysler em 17 de março, tiveram outros: um trabalhador da Chrysler em uma fábrica de montagem da Jeep em Warren, Michigan, e depois mais um dos 2.800 trabalhadores horistas em uma fábrica de montagem do Ford Bronco em Wayne. Uma fábrica da Chrysler, em Detroit, que produzia o Dodge Durango, parou por noventa minutos depois que um trabalhador da linha de montagem vomitou. Os funcionários da manutenção se recusaram a limpar o vômito por medo de contrair o vírus, a histeria se espalhou e os trabalhadores se recusaram a retornar à linha de montagem. As fábricas que antes produziam milhares de carros por dia permanecem inativadas, símbolos imponentes de uma economia paralisada pelo medo.

Em vez de andar pelo chão de fábrica ou ajustar os planos de modelo, Baumbick estava em seu escritório em casa, em uma ligação com um funcionário júnior do escritório de manufatura da Casa Branca chamado Christopher Abbott, para falar sobre o tipo de equipamento médico de proteção necessário, como seria a cadeia de suprimentos e qual papel a

Ford poderia desempenhar. As primeiras discussões giraram em torno dos ventiladores mecânicos, as máquinas complexas e caras que mantêm vivos os pacientes cujos pulmões estão danificados demais para bombear o ar por conta própria. Enquanto os dois conversavam, um médico que estava prestando consultoria à Casa Branca sobre a crise entrou no escritório de Abbott e perguntou com quem ele estava falando. Abbott o colocou no viva-voz, e ele começou a descrever o desastre que estava acontecendo no setor médico.

Segundo ele, a maior preocupação do médico era que os médicos e a equipe de enfermagem de terapia intensiva estavam adoecendo. Se não houvesse ninguém para tratar os pacientes, a crise se agravaria. Além disso, com os hospitais ficando rapidamente sobrecarregados, muitos contavam com que equipes de voluntários — profissionais de saúde aposentados — voltassem ao serviço. Se eles não se sentissem seguros, não voltariam. A necessidade imediata era de protetores faciais e outros equipamentos para proteger os médicos e a equipe de enfermagem. Um engenheiro do Departamento de Defesa estava trabalhando em um novo projeto para um dispositivo conhecido como respirador movido a ar purificado, ou PAPR, que aspira o ar, o filtra e o alimenta em um capuz e um protetor facial, semelhante ao usado em um traje de proteção contra substâncias perigosas. Esses respiradores eram muito mais simples do que os complexos ventiladores mecânicos que mantinham os pacientes entubados vivos e, provavelmente, poderiam ser produzidos em grande escala. "Se conseguir fazer isso, poderia salvar muitas pessoas", disse o médico.

Enquanto ele falava, Baumbick teve uma ideia. Ele nunca tinha ouvido falar de um PAPR, mas os componentes pareciam muito com o que era usado nos sistemas de ar-condicionado de um carro.

Ele desligou o telefone e imediatamente entrou em contato com seus principais engenheiros de controle climático. O que a Ford tinha disponível em grande quantidade que poderia funcionar?

Essa ligação deu início a um dos maiores projetos corporativos de serviço público da história, no qual a Ford transformou suas fábricas, ociosas devido à pandemia, em instalações de produção de equipamentos de proteção e equipamentos médicos extremamente necessários. Batizado de Projeto Apollo, em homenagem ao filme *Apollo 13*, no qual os engenheiros da NASA criaram o maior de todos os sistemas de circulação de ar para manter vivos três astronautas que necessitavam desesperadamente de oxigênio, usando a capa de um manual de voo, peças de um traje espacial e uma meia. Dessa vez, o desafio também era um problema relacionado à falta de oxigênio. Os norte-americanos com Covid-19 estavam sufocando até a morte, e os hospitais não tinham equipamentos suficientes para salvá-los. Os profissionais de saúde que tratavam de um fluxo incessante de pacientes com Covid-19 respiravam ar contaminado sem o equipamento de proteção de que precisavam.

Baumbick acabou organizando sua equipe em torno de três produtos. Um grupo trabalharia no PAPR para equipes de emergência. Em dois dias, seus engenheiros voltaram com um plano desenhado à mão para um dispositivo que usava motores de ventilação das unidades de corrente alternada das picapes F-150 e baterias das ferramentas elétricas DeWalt que eram usadas nas linhas de montagem, conectadas a um filtro de ar e um capuz. Uma fábrica da Ford em Michigan, que havia produzido muscle cars Mustang durante cinquenta anos, foi convertida em questão de dias e logo estava produzindo capuzes amarelo-vivo conectados a mangueiras que mantinham o fluxo de ar limpo. Eles os chamaram de "PAPRs de sucata".

Outro grupo se concentrou nos ventiladores. Trump falava sobre a necessidade de 100 mil respiradores, ordens de grandeza acima do que era produzido a cada ano.[68] Protetores faciais e respiradores eram relativamente simples de fazer; mas ventiladores mecânicos têm milhares de peças, cada uma perfeitamente calibrada para substituir a capacidade do corpo de respirar por conta própria. Mesmo que mais ventiladores pudessem ser produzidos, havia um problema grave. As autoridades de saúde pública cogitavam — e, em alguns casos, já estavam trabalhando na criação — de hospitais de campanha no estilo militar, para lidar com o excesso de pacientes depois que os hospitais lotassem. Essas instalações provavelmente não teriam um excedente de tomadas elétricas em funcionamento. A equipe de Baumbick encontrou uma empresa na Flórida, a Airon, que havia projetado um sistema pneumático que funcionava com pressão de ar em vez de energia elétrica. Se a Ford conseguisse construir um ventilador, ele poderia funcionar sem uma conexão elétrica, alimentado apenas por tanques de oxigênio.

Baumbick retornou a Hackett contando sobre seu progresso. Ele estimou que isso custaria cerca de US$600 milhões, dinheiro que a Ford, com sua receita diminuindo e uma enorme carga de dívidas e dividendos para financiar, não poderia dispor facilmente. "Não pare. Não olhe para trás", Hackett disse a ele. "Se alguém criar problemas, peça para me ligar."

Era um momento oportuno para um tiro no escuro. A Ford, segundo seus críticos, estava presa a seus hábitos há muito tempo e havia cedido lugar na próxima geração de carros — futuristas, autônomos, elétricos, modernos — para rivais na China e no Vale do Silício, onde a Tesla produzia carros elétricos silenciosos como um sussurro, mas que gritavam potência e sofisticação. Hackett estava tentando forçar a empresa a se mover mais rápido, a ser mais ágil e menos isolada. Na verdade, naquela época, a Ford estava na fase intermediária do projeto da versão elétrica de sua icônica picape F-150, chamada Lightning. O cronograma do projeto previa um protótipo que estaria pronto em menos de dois anos, o que seria mais de dois anos mais rápido do que qualquer veículo novo projetado e construído pela empresa. Mas a mudança da cultura da empresa foi lenta e difícil: os engenheiros tinham a tendência de comandar a Ford, e seu incrementalismo natural e sua afinidade com ajustes e refinamentos se infiltraram na cultura da empresa.

No entanto, talvez mais do que qualquer outra empresa norte-americana, a Ford tinha uma ideia intencional e profundamente arraigada de que, em tempos de crise, deveria ajudar seu país. A família fundadora da empresa, que ainda a controlava por meio de ações com supervoto, há muito sentia que era seu dever agir em tempos de crise nacional. Durante a década de 1940, a empresa fabricou máquinas conhecidas como pulmões de aço para pacientes com poliomielite. Durante a Segunda Guerra Mundial, ela encerrou sua produção de veículos civis para dedicar recursos ao esforço de guerra, produzindo dezenas de milhares de aviões, motores, planadores e geradores — apesar do fato de Henry Ford, com quase 80 anos na época e ainda o CEO da empresa, ser um pacifista fervoroso que havia se oposto à entrada dos Estados Unidos na guerra.[69]

Quarenta dias após o primeiro telefonema de Baumbick para a Casa Branca, a primeira remessa de PAPRs partiu para a região de Nova York, onde mais de 8 mil pessoas haviam morrido. A Ford produziria mais de 40 mil até o final de julho. Um site de impressão 3D na Espanha, que antes produzia protótipos de novos volantes e virabrequins, produzia 5 mil protetores faciais por dia. Os engenheiros da Ford foram de carro da sede em Michigan até uma instalação da 3M em Dakota do Sul que estava produzindo máscaras N95 essenciais para tornar suas linhas de montagem mais eficientes.

Tudo isso enquanto tentava, e às vezes falhava, manter os próprios funcionários seguros. Enquanto os funcionários administrativos em todo o mundo se recolheram em escritórios e mesas de cozinha de suas casas, a princípio com certo contentamento e, depois, mais mal-humorados à medida que a pandemia avançava, milhões de trabalhadores norte-americanos — e seus colegas em países ao redor do mundo — não tiveram esse luxo. Eles continuaram comparecendo ao trabalho em fábricas e frigoríficos, abastecendo prateleiras de supermercados, dirigindo empilhadeiras em armazéns, pilotando aviões a jato e ônibus urbanos na presença de um vírus mortal.

Empresas de todo o mundo passaram por mudanças, reequipando as linhas de montagem e redirecionando as cadeias de suprimentos para enfrentar a escassez incapacitante de equipamentos de proteção necessários aos profissionais de saúde. Os times de beisebol transformaram suas fábricas de uniformes em fábricas de máscaras e aventais hospitalares. Joe Tsai, vice-presidente da gigante chinesa do comércio eletrônico Alibaba, intermediou um acordo secreto para liberar 2,6 milhões de máscaras da China, onde foram retidas por funcionários do governo ofendidos pela retórica crescente do presidente Trump sobre a "Kung Flu". Um jato do Alibaba as entregou em Nova York. A Coca-Cola doou 875 mil quilos de plástico para uma pequena empresa de encadernação de livros em Baltimore, que começou a produzir protetores faciais.

ENQUANTO ISSO, OUTRO projeto ambicioso estava em andamento em Washington. Com milhões de norte-americanos desempregados e pequenas empresas sob risco de falência, Mnuchin estava esboçando um plano de resgate para eles. Ele acabaria sendo chamado de Paycheck Protection Program (Programa de Proteção ao Contracheque), ou PPP, e teria um início turbulento até se tornar um programa governamental modelo — bem projetado e implementado e o tipo de esforço tecnocrata e de bom senso que, muitas vezes, é prejudicado pela política.

Mike Faulkender tirou a gravata do gancho na parte de trás da porta de seu escritório, dentro do gigantesco prédio de pedra que abriga o Departamento do Tesouro. Ele era secretário adjunto de política econômica, supervisionando um pequeno grupo de economistas PhDs encarregados de controlar o pulso da economia dos Estados Unidos, a maior do mundo, com US$21 trilhões em produção anual. Mnuchin havia flexibilizado o código de vestimenta para a equipe reduzida do Tesouro que permaneceu trabalhando no escritório após meados de março, quando a maioria dos funcionários foi mandada para casa. As gravatas eram opcionais, exceto para negócios no Congresso ou na Casa Branca. Nesse dia, ele estava indo até o Senado para resolver um problema.

Seu chefe, Mnuchin, havia proposto o esboço de um pacote de resgate que garantiria aos trabalhadores de pequenas empresas oito semanas de pagamento, com o governo cobrindo seis delas. O valor estimado da folha de pagamento das pequenas empresas nos Estados Unidos era de US$50 bilhões por semana; portanto, a proposta inicial de Mnuchin era um pacote de US$300 bilhões. Ele acabou sendo negociado a US$350 bilhões.

Mas, então, o Senado teve acesso ao projeto de lei. O comitê de pequenas empresas, presidido pelo republicano da Flórida, Marco Rubio, e pelo democrata de Maryland, Ben Cardin, expandiu enormemente o projeto de lei e seu valor em questão de dias. O plano deles exigia dezessete semanas de folha de pagamento, além de fundos para cobrir os pagamentos de serviços públicos, aluguel e hipotecas. A equipe de Faulkender tinha analisado os números e o valor estava muito acima de US$1 trilhão. Um trilhão de dólares! Isso era mais do que o programa de compra de títulos hipotecários problemáticos de 2008; mais do que o incentivo de 2009, uma combinação de cortes de impostos, expansão dos programas de assistência alimentar e de auxílio-desemprego e gastos com infraestrutura destinados a tirar a economia da crise. Apesar do rápido crescimento do alarme sobre os efeitos econômicos do coronavírus, um programa de trilhões de dólares parecia extremamente alto, mesmo que Rubio e Cardin achassem que tinham apoio suficiente no Congresso para isso. Coube a Faulkender orientá-los na matemática.

O Capitólio, fechado para visitantes e pessoal não essencial, parecia uma cidade fantasma. Faulkender foi recebido por um funcionário e escoltado até uma sala de audiências, onde Rubio e Cardin, junto com Jeanne Shaheen, uma democrata de New Hampshire, e Susan Collins, uma republicana do Maine, estavam espalhados, socialmente distantes, ao redor da plataforma elevada.

Simplesmente não funcionaria, Faulkender lhes disse. Cardin o chamou de "contador de feijões". Mais tarde, Faulkender contaria a amigos que esse foi um de seus momentos de maior orgulho.

O Programa de Proteção ao Contracheque deu errado logo de cara.

O Congresso havia aprovado um empréstimo de US$350 bilhões para empresas com menos de quinhentos funcionários, dívida que poderia ser perdoada pelo governo se os beneficiários usassem pelo menos 75% do dinheiro para continuar pagando os funcionários. Na verdade, a tarefa de liberar esse dinheiro era de Jovita Carranza, que havia sido nomeada para dirigir a Small Business Administration (SBA) apenas alguns meses antes. Mas, para os executivos dos bancos encarregados de processar as solicitações e, de fato, conceder os empréstimos, o programa era uma bagunça.

Que tipo de informação eles precisavam coletar dos tomadores de empréstimos? Eles poderiam vender os empréstimos após conseguirem o financiamento? Os bancos que ainda não eram credores aprovados pela SBA também poderiam participar? O sistema de empréstimos da SBA, que havia processado apenas US$6,6 bilhões em empréstimos em todo o ano de 2019, conseguiria lidar com a enxurrada de solicitações que chegariam? Na noite de 2 de abril de 2020, véspera da abertura do PPP, o Departamento do Tesouro ainda não havia emitido as versões finais de muitos formulários de que tanto os bancos quanto os tomadores de empréstimos precisariam para se inscrever.

Os bancos só podiam cobrar juros de 0,5% sobre os empréstimos, menos do que muitos bancos menores precisavam pagar a seus correntistas e a outros credores. A taxa também era muito baixa para atrair os gerentes financeiros a comprar os empréstimos dos bancos. Os bancos temiam que seus balanços patrimoniais fossem obstruídos por empréstimos pouco lucrativos. (Na noite anterior à abertura do programa, Mnuchin disse que a taxa de juros seria aumentada para 1% a pedido dos bancos comunitários.) Tony Wilkinson, executivo-chefe de um grupo comercial para credores que originam empréstimos da SBA, disse ao *Wall Street Journal* que a versão preliminar do formulário "não era tão simples quanto esperávamos" e que, à medida que os credores descobriam mais sobre o programa, "a probabilidade de participação era cada vez menor".[70]

Um dia antes, o JPMorgan Chase disse às pequenas empresas, suas clientes, que não esperava começar a aceitar pedidos de empréstimo na data amplamente anunciada de 3 de abril e disse aos repórteres que ainda estava aguardando a orientação da SBA e do Departamento do Tesouro antes de conceder os empréstimos. O Bank of America planejava conceder empréstimos PPP em meados de fevereiro apenas a clientes de pequenas empresas que já haviam aberto contas-correntes e feito empréstimos no banco.

Todos os pequenos bancos em todo o país enfrentaram incertezas. O Maine Community Bank em Biddeford, Maine, já havia respondido a mais de trezentas perguntas sobre o programa antes de seu dia de abertura e tinha poucas respostas para dar.[71] "Até recebermos essa orientação da SBA, estamos aguardando", disse a CEO Jeanne Hulit ao *Wall Street Journal* em 2 de abril.

Foi organizada uma coletiva de imprensa na Casa Branca para tentar acalmar essas preocupações. Na noite anterior, Faulkender havia ficado no escritório até as 2 horas, quando passou a orientação aos advogados do Tesouro, que ainda estavam editando o texto.

"Acredito que acabamos de publicar o registro federal com as novas diretrizes para os credores", disse Mnuchin.

O Tesouro não havia feito isso. De volta à sede do departamento, os advogados ainda discutiam os detalhes do documento. Faulkender ligou para um conselheiro-geral adjunto designado para o programa de pequenas empresas. "Publique logo essa droga", ele disse. Por volta das 16h30 no dia da abertura do PPP, 9.779 empréstimos no valor total de cerca de US$3,2 bilhões foram aprovados.[72]

Nos dois meses seguintes, US$525 bilhões seriam entregues a mais de 5 milhões de tomadores de empréstimos — quase exatamente o que os contadores financeiros do Tesouro haviam planejado. No final das contas, a maioria nunca seria paga — 95%. Foi uma tábua de salvação sem precedentes para as pequenas empresas norte-americanas e, politicamente, foi um argumento poderoso contra as críticas populistas que estavam por vir: o fato de o governo ter socorrido as grandes empresas pela segunda vez em doze anos.

A eficácia do programa seria debatida à medida que a pandemia acalmasse. Como acontece com qualquer influxo de dinheiro desse tamanho, muitas empresas que não estavam em situação difícil tiraram proveito. Mais tarde, pesquisadores da Brown University determinariam que o programa havia salvado apenas cerca de 1,5 milhão de empregos a um custo de US$377 mil cada.[73] Faulkender defenderia publicamente o programa, ao qual o Tesouro atribui o crédito por salvar 18 milhões de empregos.[74] Ele certamente evitou que milhões de trabalhadores fossem jogados no sistema de auxílio-desemprego, que estava se afogando em meio a uma enxurrada de pedidos nos primeiros dias da pandemia. As empresas que receberam empréstimos demitiram menos funcionários do que as que não receberam e foram mais rápidas na recontratação, validando as previsões do governo.

Independentemente de ser ou não considerado um sucesso, o Programa de Proteção ao Contracheque talvez tenha sido o sinal mais claro da determinação do governo federal de não deixar a economia quebrar. Embora haja um amplo histórico de auxílio a grandes corporações em tempos de crise — vide o auxílio às companhias aéreas após o 11 de Setembro ou o resgate do setor automotivo em 2008 — nunca antes a generosidade de Washington havia chegado às pequenas empresas.

CAPÍTULO 17

ANJOS CAÍDOS

O governo federal está tentando salvar a Ford!", Jonny Fine gritou ao telefone. Era quinta-feira, 9 de abril, e ele tinha acabado de receber uma notícia que o levou a ligar para seu chefe, Dan Dees, codiretor do banco de investimentos do Goldman Sachs.

O Federal Reserve estava expandindo um programa, anunciado três semanas antes, para ajudar o mercado de títulos, que havia sido assolado por negociações caóticas que tornaram praticamente impossível para as empresas, mesmo as de alta classificação, levantar dinheiro. No final de março, o banco central lançou um programa de compra de títulos corporativos com alta classificação, aqueles com pelo menos uma classificação triplo B, que refletia a qualidade de crédito subjacente das próprias empresas. (A escala exata de letras varia entre as três maiores agências de classificação de crédito, mas geralmente se estende de triplo A, no patamar superior, a C, no patamar inferior.)

O corte nas classificações parecia uma medida sensata três semanas antes, quando o programa, oficialmente conhecido como Linha de Crédito Corporativo do Mercado Primário, foi criado. O Fed não perde dinheiro — nunca. E, mesmo em uma crise cada vez mais profunda, ele não estava interessado em começar a usar o dinheiro do contribuinte para comprar títulos podres, ou junk bonds. Esses títulos tinham uma classificação baixa por algum motivo, refletindo o estresse financeiro ou o aumento do endividamento das empresas. O banco central esperava que, ao fornecer suporte para os títulos com classificação mais alta, ele acalmaria o mercado como um todo.

Mas não acalmou. O mercado de títulos mergulhou no caos. E, naquela manhã, o Fed havia anunciado um pequeno ajuste nos termos da linha de crédito. Isso teria significado pouco para o norte-americano médio, mas Fine, andando de um lado para o outro no pátio de sua casa com vista para o rio Hudson, explicou isso para seu chefe. As empresas que haviam sido classificadas como grau de investimento antes da pandemia, mas que, desde então, haviam sido reclassificadas como "junk" — ou seja, consideradas muito arriscadas para a maioria dos investidores de grande porte — agora estavam elegíveis para o programa.

Foi uma mudança curiosa. Apenas cerca de duas dúzias de empresas se enquadravam nos critérios. Mas foi um reconhecimento impressionante do Fed que mesmo empresas saudáveis — aquelas com administração prudente e negócios viáveis que, provavelmente, ainda seriam viáveis após o fim da crise — poderiam não durar tanto tempo. Muitos fundos de investimento simplesmente não podem manter títulos podres, não importa quanto seus gerentes acreditem nas perspectivas da empresa. Quando uma empresa é rebaixada, esses investidores vendem seus títulos em massa, o que reduz seus preços e pode tornar praticamente impossível a emissão de novos títulos a taxas acessíveis. Em Wall Street, essas empresas são chamadas de "anjos caídos". As primeiras semanas da pandemia geraram algumas, entre elas a Delta Air Lines, a Royal Caribbean — e a Ford. Em abril de 2020, o ponto comum entre a maioria dos membros do clube era que ninguém queria o que elas tinham para vender. Ninguém estava comprando passagens aéreas ou carros novos.

Nenhuma dessas empresas estava em situação mais precária do que a Ford, que tinha dívidas avaliadas em US$114 bilhões, 25 vezes mais do que a Delta. Cerca de US$37 bilhões de seus títulos tinham acabado de ser expulsos sem cerimônia do clube de grau de investimento para a lata do lixo dos títulos podres, o que, em Wall Street, é o equivalente a ser transferido para a mesa das crianças em um evento familiar. O rebaixamento ocorreu apesar de uma pressão judicial do CEO Jim Hackett e do CFO Tim Stone, que fizeram lobby com as agências de classificação, argumentando que o contratempo era temporário e que o balanço patrimonial da Ford ficaria bem.

O rebaixamento não poderia vir em um momento pior. A Ford estava perdendo dinheiro. Seus showrooms estavam fechados, assim como a maioria de suas linhas de montagem. Mesmo que pudesse retomar suas operações, ninguém estava comprando carros. As vendas de veículos novos caíram mais de um terço no primeiro trimestre de 2020. Em 19 de março, a empresa suspendeu seus dividendos em um esforço para acumular dinheiro em caixa e retirou a orientação que havia dado aos investidores de Wall Street sobre os ganhos em 2020. Ela havia emprestado US$15 bilhões de uma linha de crédito existente de bancos e, no início de abril, tinha cerca de US$30 bilhões em caixa — um impressionante fundo de guerra em tempos normais, mas uma tábua de salvação incerta agora que suas fábricas foram fechadas.

A empresa começou a conversar discretamente com os banqueiros sobre a possibilidade de fazer um acordo de títulos para levantar dinheiro. Após o rebaixamento das classificações da S&P em 25 de março, os investidores cobrariam da Ford uma taxa de juros muito mais alta para comprar os títulos, se é que concordariam em comprá-los.

Em sua casa no oeste de Michigan, Hackett ligou para Powell, encontrando-o em seu escritório em uma sede do Federal Reserve praticamente vazia. O CEO da Ford tinha o hábito de entrar em contato com funcionários do governo e políticos quando estava em Washington e já havia se encontrado com o presidente do Fed antes, mas, ainda assim, ficou um pouco surpreso por ele ter atendido ao telefone. "Eu sei que você está ocupado", começou. Ele estava sob pressão da diretoria da empresa, dos investidores e dos concorrentes para levantar dinheiro, e não havia dúvida de que a Ford precisava disso. A última coisa que Hackett queria era cortar os dividendos da Ford, que ofereciam uma renda estável a milhares de aposentados da empresa, sem falar nos milhões de dólares anuais para seus benfeitores, a família Ford.

Segundo ele, os mercados de crédito estavam desordenados, e pagar altas taxas de juros para tomar empréstimos só colocaria mais pressão sobre a posição de caixa cada vez menor da empresa. "Não quero fazer muito barulho ao tentar levantar dinheiro que vou ter que devolver", ele disse a Powell. Quase se desculpando, ele sugeriu algum tipo de ajuda federal. Havia alguma alternativa?

Powell estava a poucos dias de anunciar um grande programa do governo para apoiar o mercado de títulos, no que seria a intervenção governamental mais agressiva nos mercados financeiros desde a crise de 2008. Ele estava se mantendo discreto, mas tranquilizador, repetindo uma frase que havia proferido no palco do Fed alguns dias antes, dessa vez sem o jargão do banco central: "O governo dos Estados Unidos estará aqui, Jim."

Ainda abalado, a próxima ligação de Hackett foi para Larry Fink, CEO da BlackRock. Ele adotou um tom casual, de um executivo-chefe para outro. "Larry, não quero colocá-lo em uma posição ruim", ele disse.

Na verdade, Fink estava em uma situação bastante desconfortável há semanas. A BlackRock, a maior gestora financeira do mundo, havia sido contratada pelo Tesouro dos Estados Unidos para implementar seu programa de compra de títulos, usando sua enorme operação de negociação de títulos para adquirir centenas de bilhões de dólares em títulos corporativos, títulos hipotecários e letras do Tesouro em nome do governo. No início de março, o governo havia anunciado seus planos de comprar centenas de bilhões de dólares em ativos para desobstruir mercados de crédito congelados e disfuncionais e contratou a BlackRock para fazer isso.

A designação foi, sob muitos aspectos, um golpe, um reconhecimento de que a BlackRock, fundada por Fink em 1988, era uma das empresas financeiras mais poderosas do país. Mas também foi um conflito de interesses inevitável para a empresa, que administrava centenas de fundos de investimento que detinham os mesmos títulos que o governo dos EUA havia contratado a BlackRock para comprar. A escolha dos títulos a serem comprados e a que preço não se resumia facilmente à ciência do mercado e, no mínimo, criava a oportunidade de autonegociação, que Fink conhecia muito bem. Fink também era um titã na coesa comunidade de figurões corporativos, e muitas das empresas cujos títulos ele estava sendo solicitado a analisar — e potencialmente, comprar, aumentando, assim, seus preços e lançando uma tábua de salvação financeira para seus emissores corporativos — eram administradas por amigos dele. Tudo estava muito confuso. Incluindo Hackett.

"Eu sei que você tem que ser imparcial", ele disse. "Portanto, vou apenas apresentar o argumento de por que acredito que a Ford atende às exigências do que você está tentando fazer. Somos exatamente o tipo de empresa que você está tentando garantir que não faça algo estúpido", como cortar investimentos ou terceirizar empregos para economizar dinheiro. "Estou mantendo as pessoas empregadas. Estou protegendo os funcionários", ele disse. A Ford não havia demitido nenhum de seus funcionários e havia fechado suas fábricas — por insistência do sindicato dos trabalhadores do setor automotivo, sem dúvida, mas com um grande custo para seus resultados financeiros.

"Você está certo", disse Fink. "Deixa-me ver o que posso fazer."

Esta mensagem chegou ao escritório de Mnuchin, levando ao anúncio que deixou Jonny Fine entusiasmado: o Fed estava lançando uma tábua de salvação. O banqueiro de investimentos vinha consultando Stone, CFO da Ford, e seu vice, Dave Webb, há mais ou menos uma semana, mas os alertou de que havia pouco apetite no mercado para os títulos existentes, sem falar nos novos que a empresa poderia emitir para levantar dinheiro.

Agora, o governo dos EUA havia dito que estava disposto a comprar os títulos da Ford, o que Fine sabia que enviaria uma mensagem ao restante dos investidores de Wall Street de que eles estavam seguros. E, na hora certa, o preço dos títulos existentes da Ford disparou com a notícia. Os títulos da Ford, que apenas um dia antes haviam sido negociados com um desconto de quase 50% em relação ao valor nominal, agora eram vendidos por quase US$0,80. Em outro sinal de confiança do mercado, o custo para segurar a dívida da montadora contra a inadimplência caiu quase 2 pontos percentuais. Um contrato que teria protegido um investidor contra a inadimplência por cinco anos agora custava cerca de US$77 por US$1.000 de dívida da Ford coberta, abaixo dos quase US$100 do dia anterior.

Esse novo otimismo dos investidores do mercado de títulos abriu as portas para que a Ford emitisse novos títulos, a fim de reabastecer seus cofres cada vez menores. Após desligar o telefone com Dees, Fine ligou para Stone na Ford. Sua mensagem: é agora ou nunca.

A Ford era um dos clientes mais importantes do Goldman. O banco de investimento havia aberto o capital da montadora em 1956, naquela que foi, na época, a maior oferta de ações da história dos Estados Unidos, e permaneceu como seu consultor preferido ao longo dos anos. Sidney Weinberg, sócio-gerente do Goldman por quase seis décadas, em meados do século XX, havia se juntado à diretoria da Ford, e o relacionamento continuou sendo um dos mais importantes para a empresa de Wall Street, valendo dezenas de milhões de dólares por ano em honorários. Agora a Ford estava em apuros e, se quisesse encontrar uma saída para seus problemas financeiros cada vez mais graves, o Goldman queria pavimentar o caminho.

Não se preocupe com as medidas tradicionais de credibilidade, Fine disse a Stone e Webb. E continuou: "A única coisa que realmente importa é quanto dinheiro e quanto tempo você tem" antes que acabe? Os US$30 bilhões em dinheiro que a Ford tinha em seus cofres em 9 de abril não durariam muito se a empresa não estivesse fabricando carros.

Na segunda-feira seguinte, 13 de abril, a Ford fez um registro de valores mobiliários no qual divulgou alguns resultados financeiros do primeiro trimestre que deveriam ser anunciados alguns dias depois e disse que estava considerando maneiras de levantar dinheiro. As vendas de veículos novos haviam caído 21% em relação ao ano anterior durante os três meses encerrados em 31 de março, e isso incluía apenas algumas semanas de impacto total do coronavírus na América do Norte, que respondia por quase metade de suas vendas anuais. O anúncio foi um sinal luminoso de néon para o mercado: nós vemos o que vocês veem. A ação do Fed encorajou a empresa a mergulhar nos mercados de capitais e esperar que não se afogasse.

Os investidores indicaram que não estavam interessados em títulos emitidos pela própria Ford, mas que estavam abertos a comprar títulos emitidos por sua subsidiária financeira, a Ford Motor Credit Company, que emprestava dinheiro aos consumidores que compravam carros novos. Essa subsidiária era mais digna de crédito porque os investidores poderiam, teoricamente, buscar o reembolso dos consumidores subjacentes que haviam tomado o dinheiro emprestado.

Mas a Ford percebeu o blefe do mercado.

Nos cinco dias seguintes, a Ford realizaria a maior oferta de títulos podres da história. A transação foi um sinal claro de que os esforços do Fed estavam funcionando e que os investidores, por mais assustados que estivessem, se comportavam de maneira muito diferente do que em 2008. O que começou como uma oferta de títulos de US$3 bilhões acabou em US$8,5 bilhões, com pedidos de investidores totalizando quase US$40 bilhões.

Os títulos não garantidos da American Airlines estavam sendo negociados a cerca de US$0,30, um sinal de que os investidores acreditavam que a empresa estava passando por sérios problemas financeiros.

Alguns membros da diretoria sugeriram recomprar alguns dos títulos. Assim como as empresas podem recomprar suas ações — e muitas vezes o fazem quando elas parecem subvalorizadas pelo mercado —, elas também podem recomprar títulos, liquidando algumas de sua dívida a um custo baixo. Derek Kerr, diretor financeiro da empresa, sabia que as agências de classificação de crédito provavelmente rebaixariam aquela série específica de títulos, que era uma pequena parcela da dívida multibilionária da empresa. Mas Kerr acreditava que valeria a pena negociar a dívida com um grande desconto e, assim, informou aos funcionários das três grandes agências de classificação — Moody's, S&P e Fitch — que a American estava considerando a mudança.

O S&P voltou com uma bomba: eles estavam ameaçando rebaixar a classificação de toda a empresa, não apenas do título em questão. (Em geral, as empresas têm vários conjuntos de títulos, respaldados por diferentes tipos de garantias, que têm classificações diferentes. Aqueles respaldados por ativos tangíveis, como aviões, tendem a ser altamente classificados, independentemente da qualidade de crédito da própria empresa controladora. Os títulos não garantidos, como os que a American estava considerando recomprar, têm classificações mais baixas.) Esse rebaixamento teria sido catastrófico. Teria marcado claramente a American como a empresa mais fraca do grupo — o que era verdade, embora Kerr não estivesse ansioso para admitir. Isso, em Wall Street, seria como sangrar em um tanque de tubarões. Os preços de todas as dívidas pendentes da American teriam despencado. Quaisquer planos de pedir novos empréstimos estaria fora de cogitação. O custo para garantir esses títulos — swaps de inadimplência de crédito como aqueles que fizeram Bill Ackman ganhar uma fortuna nos primeiros dias da pandemia — teria disparado, o que poderia desencadear uma narrativa autorrealizável de que a empresa estava com problemas existenciais. O que começou como uma maneira inteligente de economizar algum dinheiro poderia custar a vida da companhia aérea.

Kerr recuou, dizendo ao S&P que, no fim das contas, a American não recompraria os títulos, mas a agência de classificação não desistiu. O fato de a American estar *pensando* em fazer isso era motivo para rebaixar sua classificação de crédito. Isso estava acima do nível de remuneração de Kerr. Ele ligou para o chefe e lhe contou a má notícia.

Parker logo estava ao telefone com um grupo de analistas do S&P. "Sou o presidente do conselho da American Airlines!", ele disse. "Posso lhes dizer que não estamos pensando nisso."

Crise evitada, por enquanto.

BRIAN CHESKY ACORDOU cedo. Ainda estava escuro quando ele abriu um documento do Google no qual estivera trabalhando até tarde da noite. O Airbnb estava demitindo um quarto de sua equipe, e ele queria que os funcionários soubessem disso por ele. "Não podemos nos dar ao luxo de fazer tudo o que costumávamos fazer", ele escreveu. "As viagens neste novo mundo serão diferentes e precisamos fazer com que o Airbnb evolua de acordo com isso."

Os funcionários demitidos receberiam quatorze semanas de indenização, mais uma semana para cada ano que estivessem na empresa. Eles foram autorizados a ficar com os notebooks da empresa para permanecerem conectados durante o desligamento, e o Airbnb encarregou um grupo de recrutadores internos de ajudar os funcionários a encontrar novos empregos, uma medida que vai contra o *éthos* implacável do Vale do Silício. Mais tarde, Chesky disse em um podcast que "você deve cortar quanto for necessário" para manter os funcionários fora do limbo.

CAPÍTULO 18

FAÇA O QUE FOR NECESSÁRIO

Scott Hamilton, gerente-geral do hotel Hilton McLean em Tysons Corner, Virgínia, precisava de álcool em gel para as mãos.

Em uma espécie de roubo corporativo bem-intencionado, Hamilton pediu que seu chefe de operações caminhasse algumas centenas de metros pela rua arborizada que cruzava o discreto parque de escritórios onde o hotel estava localizado. Por acaso, a sede corporativa da Hilton ficava na mesma rua. Mohamed Khalif saiu quinze minutos depois com algumas caixas de produtos de limpeza e lenços umedecidos, que levou de volta ao hotel quase deserto.

Hamilton, um homem de 46 anos bem-vestido, com cabelos loiros bem penteados, começou a trabalhar como gerente do Hilton McLean Tysons Corner em 2 de março, alguns dias após a primeira morte por Covid-19 registrada nos Estados Unidos. Ele havia sido transferido do Hilton Hawaiian Village Waikiki Beach Resort, um hotel da rede no Havaí. Foi inegavelmente um rebaixamento em seu estilo de vida, trocando as praias de areia branca de Oahu pelos parques de escritórios sem alma da Tysons Corner, mas o cargo foi, de certa forma, um passo à frente: o hotel ficava na mesma rua da sede corporativa da Hilton, o que significava muito tempo em contato direto com o CEO da empresa, Chris Nassetta, que costumava passar por lá para conversar com os funcionários.

No entanto, uma semana após o início no novo emprego, o mundo havia mudado e, assim como os executivos de empresas em todo o mundo, Hamilton estava lutando para manter seus funcionários e clientes seguros em um mundo onde ninguém sabia o que isso significava. A orientação do CDC mudava a cada dia: primeiro, o vírus podia viver em superfícies — por até nove dias, de acordo com alguns relatórios iniciais — e, depois, não podia mais. As máscaras eram desnecessárias e, depois, cruciais. Em todo o mundo, os executivos buscavam equipamentos de proteção individual, como máscaras e aventais, extremamente escassos a essa altura. Ele havia pegado algumas máscaras de obra do porão de um Hilton DoubleTree em Crystal City, que haviam sobrado das reformas feitas alguns anos antes, sem ter ideia se ainda eram eficazes. Quando Hamilton soube que a NBC News estava chegando para fazer uma reportagem sobre o fechamento de hotéis, ele ligou para a Cintas, a empresa que fornece uniformes e material de limpeza para o hotel, e disse que, se eles conseguissem levar mais álcool em gel para as mãos até o hotel no dia seguinte, o logotipo da empresa apareceria no noticiário da noite.

MAS, AGORA, ESSE holofote havia se tornado uma exposição incômoda. O Tysons Corner Hilton, do outro lado do Potomac, na capital do país, ganhava a maior parte de seu dinheiro recebendo eventos corporativos, lobistas e conferências do setor. E praticamente todos haviam sido cancelados. Os turistas também haviam desaparecido. Hamilton ainda não tivera tempo de procurar uma casa na área de D.C. e estava morando no hotel com a esposa e os dois filhos pequenos, que usavam o elevador de serviço para evitar serem expostos aos poucos hóspedes que usavam os elevadores principais. Eles roubavam guloseimas da loja de presentes do hotel e comiam comida pronta que uma empresa de bufê entregava três vezes por semana.

Ele mesmo varria o chão do estacionamento e do refeitório, pois tinha suspendido o contrato da empresa com zeladores externos, a fim de economizar dinheiro. Uma vez por dia, ele caminhava pelos corredores, lembrando-se de *O Iluminado*, o filme de terror de 1980 sobre um hotel mal-assombrado, e batia às portas para ver se os hóspedes estavam se sentindo bem. Pelo menos uma vez, ele acompanhou um hóspede sintomático por uma saída de incêndio até uma ambulância que o aguardava. A maioria dos hóspedes restantes fazia parte de um grande grupo de mais de cem diplomatas e empresários da Arábia Saudita que não puderam sair do país em virtude do fechamento das fronteiras de seu país de origem e que, agora, estavam morando no Hilton com todas suas despesas pagas pelo reino. (Foi uma perversão pandêmica de um incidente amplamente divulgado no qual dezenas de membros da realeza e ministros sauditas foram mantidos como reféns pelo príncipe herdeiro do país no Riyadh Ritz-Carlton em uma demonstração do poder do jovem príncipe.)

Depois das companhias aéreas, talvez, o setor hoteleiro foi o mais atingido pela pandemia. As viagens de negócios e de lazer pararam. Mas seus custos indiretos não. O Hilton em Tysons Corner, localizado em um campus suburbano com vista para Washington, era popular entre os visitantes do Departamento de Defesa e da CIA, ambos nas proximidades. Hamilton havia administrado um grande departamento de alimentos e bebidas em um hotel de Las Vegas durante a recessão de 2008 e tinha visto o que acontece quando as pessoas param de viajar.

Ele dispensou 80% da equipe do hotel. E considerou seriamente fechá-lo completamente, mas sua equipe financeira lhe disse que custaria US$600 mil por mês para manter o hotel fechado, entre impostos, serviços públicos e outros custos fixos. Também custa dinheiro reabrir um hotel fechado a partir de um ponto morto. Com o contingente saudita e alguns hóspedes do governo que entravam e saíam de bicicleta, mal valia a pena manter o hotel aberto com uma equipe mínima.

No final de abril, a Hilton anunciou uma parceria com a Reckitt Benckiser, fabricante do Lysol, para estabelecer novos protocolos de limpeza para seus quartos de hotel, lacrando as portas dos quartos higienizados com um adesivo que informava aos hóspedes que eles estavam seguros. (A parceria, anunciada como Hilton CleanStay, começou com uma divulgação fria no LinkedIn de Anu Saxena, a chefe de gerenciamento de suprimentos da Hilton, para o CEO da Reckitt. "Tenho certeza de que o senhor está passando por tempos estranhos", ela escreveu em 4 de abril, adotando o tipo de tom que se tornaria comum nos meses seguintes.) Para dar aos protocolos um selo de aprovação médica, Nassetta havia contratado a Clínica Mayo, para a qual o então octogenário Conrad Hilton havia doado US$10 milhões em 1972, a fim de construir um laboratório com seu nome. Utilizando-se um pouco dessa conexão, Nassetta perguntou se o prestigiado centro médico poderia apresentar alguns protocolos de limpeza que pudessem ser seguidos pela Hilton. A ideia era colocar um selo em cada uma das portas dos quartos do hotel, garantindo aos hóspedes que eles haviam sido higienizadas de acordo com os padrões dos melhores médicos do mundo.

A situação na Hilton era tão sombria que o contingente de sauditas, que foi obrigado a ficar lá por mais de oito semanas, transformou o hotel de Hamilton no de maior faturamento em toda a empresa. Um executivo do Park Hotel & Resorts, empresa proprietária dos hotéis McLean e Waikiki e que licencia a bandeira da Hilton, brincou com Hamilton dizendo que, agora, ele administrava duas das propriedades de maior faturamento do portfólio da empresa.

Em outro sinal do desânimo que a pandemia continuaria a causar no país, de maneira direta e indireta: o hotel recebeu um influxo de hóspedes inesperados e extremamente fora de época em janeiro de 2021, quando foi lotado por tropas da Guarda Nacional trazidas depois que uma multidão que esperava impedir a certificação da eleição presidencial invadiu o Capitólio dos EUA em 6 de janeiro.

Era o jeito clássico de Andrew Cuomo: direto ao ponto e intimidador.

"Fiquei sabendo que a Ford fabricará ventiladores e quero 15 mil", disse o governador de Nova York ao CEO da Ford, Jim Hackett, por telefone. Nova York havia se tornado o epicentro do surto nos Estados Unidos e estava rapidamente se tornando o epicentro do mundo.

"Estamos trabalhando como nunca, pode acreditar, mas isso tem que funcionar", Hackett disse ao governador. As máquinas eram complicadas. A empresa precisava contornar as patentes existentes e testar tudo o que fosse criado. Também precisava de aprovações da Food and Drug Administration para certificar que os ventiladores eram eficazes e seguros. Hackett disse ao governador que a Ford provavelmente não teria um ventilador funcionando até junho, no mínimo.

"É tarde demais", disse Cuomo, desligando o telefone.

Não foi apenas Cuomo. O CEO da Ford tinha ouvido governadores de meia dúzia de estados, incluindo Michigan, Illinois e Ohio, todos correndo atrás de equipamentos de proteção e equipamentos médicos. Hackett já havia passado por crises antes e estava acostumado a lidar com políticos. Em 2008, ele fez parte da diretoria do Fifth Third Bank, o gigante do setor de empréstimos do Meio-Oeste dos EUA, e, durante um lanche no oeste de Michigan, discutiu com o presidente George W. Bush os esforços do governo para apoiar os bancos em dificuldades do país. Mas isso era diferente.

O desafio e o medo do vírus estavam sendo amplificados pela política. Não havia ajuda do governo federal, e as autoridades estaduais e locais estavam recorrendo a conexões informais para tentar proteger seus cidadãos. Um exemplo disso estava acontecendo no quintal de Cuomo. O Mount Sinai, o hospital da cidade de Nova York, estava com um número muito baixo de ventiladores. Ele havia fechado um acordo com Joe Tsai, executivo da empresa chinesa de comércio eletrônico Alibaba e proprietário do Brooklyn Nets, um dos times da NBA da cidade, para doar mil ventiladores e milhares de máscaras faciais extremamente necessárias.[75] Mas havia um problema: Trump vinha aumentando sua retórica anti-China, chamando o coronavírus de "vírus chinês" ou "Kung Flu", e o governo chinês estava se recusando a deixar o avião decolar. Bill Ford ligou para Kathy Wylde, da Partnership for New York, e disse que o ex-executivo do Goldman Sachs, John Thornton, havia telefonado, dizendo que Cuomo precisava falar com o embaixador chinês.

"Ótimas notícias", dizia o e-mail que chegou à caixa de entrada de Kathy Wylde. "Os ventiladores doados pelo Alibaba receberam sinal verde do governo da China para seguirem para a cidade de Nova York, bem a tempo." Em 3 de abril, o estado havia acabado de sofrer o dia mais mortal da pandemia até então. Nas 24 horas anteriores, 562 nova-iorquinos haviam morrido, elevando o número de mortos para 2.953 — de longe o maior número de todos os estados.

Foi o culminar de uma semana de disputas geopolíticas nos bastidores, envolvendo John Thornton, Joe Tsai e um telefonema entre Cuomo e o embaixador chinês.

NÃO FOI APENAS Andrew Cuomo que dificultou a vida de Jim Hackett.

A visita do presidente em 21 de maio à fábrica da Ford em Ypsilanti, que havia sido adquirida pelo Projeto Apollo, foi desconfortável desde o início.

A Ford é uma empresa extremamente apolítica, especialmente em ano eleitoral. Ela tinha como norma não receber candidatos de nenhum dos partidos tão perto de uma eleição. Além disso, Michigan era um estado crucial no campo de batalha e, independentemente do objetivo declarado da visita — ver os respiradores da Ford —, Hackett sabia que ela se transformaria em um evento de campanha. Além disso, havia o problema de que as declarações e ações públicas de Trump haviam minimizado o perigo do vírus. Ele não usava máscara em público e rejeitou as evidências que diziam que elas ajudavam a retardar as infecções. Ele rejeitou um estudo da Universidade de Columbia que concluiu que 36 vidas norte-americanas poderiam ter sido salvas se o governo tivesse agido apenas uma semana antes para incentivar o distanciamento social em vez de esperar até 15 de março, chamando a universidade de "muito liberal".

Ainda assim, esse era o tipo de momento patriótico que a Ford tinha em seu DNA e estava orgulhosa de mostrar o que havia construído. Hackett ligou novamente para o assessor econômico de Trump, Larry Kudlow, na Casa Branca, para fazer o convite, mas acrescentou que o presidente não poderia comparecer se não usasse uma máscara. A Ford estava se preparando para reabrir suas fábricas e precisava de 100% de conformidade com o uso de máscaras por parte de seus funcionários. Se o presidente viesse sem máscara, Hackett sabia que sua tarefa de fazer com que os trabalhadores da fábrica levassem a sério o uso de máscaras seria mais difícil.

Quando o presidente chegou à fábrica de Rawsonville, um repórter já havia lhe perguntado se usaria máscara e ele respondeu sem rodeios: "Vamos dar uma olhada nisso. Muitas pessoas têm me perguntado isso." Bill Ford e Hackett se encontraram com Trump em uma sala de reuniões, ambos os executivos usavam máscaras. Hackett agradeceu a Trump pelo esforço de seu governo em ajudar a Ford a obter as aprovações necessárias da Food and Drug Administration para seus ventiladores.

Então, Trump se virou para Bill Ford e disse: "Acho que terei que usar uma máscara, não é?"

"Sim, senhor", respondeu o executivo. Trump saiu da sala e voltou com uma máscara azul-marinho com o selo presidencial, exibindo-a para os executivos antes de colocá-la. "Estou bonito, não é?", observou. Ele declarou que usaria a máscara na visita à fábrica, mas provavelmente a tiraria quando fosse falar com a imprensa. "Não quero que eles pensem que estou, você sabe...", ele disse, encerrando sua fala.

Ele terminaria a frase mais tarde, diante das câmeras dos noticiários, dizendo que estava usando uma máscara antes, mas "não queria dar à imprensa o prazer de vê-la". Bill Ford, usando máscara e óculos de proteção, foi questionado momentos depois por um membro da imprensa itinerante se ele havia dito ao presidente que não havia problema em não usar máscara. Ele simplesmente levantou os braços, encolhendo os ombros em um ato exasperado.

SENTADO NO ESCRITÓRIO de sua casa no oeste de Michigan, Hackett pegou uma caneta, depois a largou e esfregou os olhos. Nas últimas semanas, ele e seu presidente, Bill Ford, haviam criado uma divisão de trabalho sombria. Quando um funcionário da Ford morria de coronavírus, Bill ligava para a família e Hackett escrevia uma carta, algo que os familiares poderiam guardar.

Quando o final da primavera chegou a Michigan, no início de junho, os dois executivos já haviam repetido isso uma dúzia de vezes. Cada carta foi difícil para Hackett escrever, mas essa foi a pior. Era a terceira morte em uma única família. A primeira foi a de um homem na casa dos 60 anos, um veterano do chão de fábrica. Quando ele morreu, Hackett escreveu para seus dois filhos. Algumas semanas depois, um dos filhos morreu e o CEO escreveu para o irmão sobrevivente. Agora ele também estava morto.

Não havia mais ninguém a quem escrever.

O CAPITÃO JASON AMBROSI olhou pela janela de seu escritório no oitavo andar para a vasta extensão do Aeroporto Hartsfield-Jackson de Atlanta, sede da Delta Air Lines, sua empregadora há vinte anos. Em tempos normais, o Hartsfield é o aeroporto mais movimentado do país, com mais de 100 milhões de passageiros passando por ele em 2019. Agora, em uma tarde fresca e ensolarada de junho de 2020, ele estava praticamente vazio. O único barulho era ensurdecedor: uma garra descendo de um guindaste, destruindo um avião.

Era um MD-88, uma das muitas centenas de aviões que a Delta estava aposentando durante a pandemia para simplificar sua frota. O MD-88 era o avião de Ambrosi e tinha sido durante a maior parte de sua carreira de vinte anos na Delta. Era um modelo antigo, que consumia muita gasolina e conhecido como burro de carga — bastante seguro para voar, mas temperamental na cabine de comando, que não era tão automatizada quanto os modelos mais novos. "A Boeing constrói aviões, a McDonnell Douglas constrói caráter", dizia o velho ditado entre os pilotos.

No início da pandemia, a Delta tinha 47 desses aviões em serviço e, agora, decidiu aposentá-los. Não havia passageiros suficientes para ocupar os aviões mais novos e, com menos pilotos treinados nos antigos MD-88, os antigos eram de pouco valor para a empresa. A maioria deles estava sendo levada para um depósito de aviões em Blytheville, Arkansas, onde seriam desmontados para a obtenção das peças. Mas alguns precisavam de manutenção antes de estarem aptos para voar. Não fazia sentido consertar um avião apenas para destruí-lo; então a empresa contratou equipes de demolição para fazer o trabalho ali mesmo em suas pistas.

CAPÍTULO 19

ESPAÇO PARA UM

David Solomon estava sentado no Lobster Deck da rede Duryea's em Montauk. O chefe do Goldman havia acordado cedo naquela sexta-feira, trabalhado pela manhã na sala de sua casa alugada na cidade litorânea de Long Island, no leste do país, e agora encontraria amigos que vinham de Nova Jersey para almoçar no restaurante de frutos do mar, um antigo local de mergulho que servia sanduíches de lagosta para viagem e que, desde então, havia se transformado em um restaurante com um serviço de alto nível.

Solomon ouviu seu nome e se virou, deparando-se com uma mulher de 20 e poucos anos. Ela se apresentou como funcionária júnior do Goldman Sachs e fez sinal para uma mesa com meia dúzia de outros jovens colegas que, segundo ela disse ao CEO da empresa, totalmente destemida, haviam tirado o dia de folga e vindo para a praia. Solomon lhe agradeceu por tê-lo cumprimentado. "Tenho certeza de que você está fazendo um ótimo trabalho", ele disse.

Ele voltou sua atenção para seus convidados, particularmente irritado. Como funcionário júnior, ele nunca teria tido coragem de abordar o CEO, muito menos no meio de um dia de trabalho, e menos ainda no meio de um turno de trabalho remoto, que vinha incomodando Solomon havia semanas. Ele estava farto disso.

Durante o verão de 2020 no hemisfério Norte, o medo que manteve as pessoas dentro de casa e transformou cidades outrora vibrantes em cidades-fantasmas havia diminuído ou, pelo menos, sido superado pelo desejo de festejar. Nova York voltou à vida, com coquetéis para viagem e multidões lotando os onipresentes galpões ao ar livre que tomaram conta das calçadas por toda a cidade. Ao longo de três meses, o clima passou de fúnebre a festivo. O barulho de panelas e frigideiras batendo nas janelas todas as noites, uma manifestação comunitária de apoio aos profissionais da área médica e de emergência, há muito havia cessado, substituído pelo som mais familiar de foliões pela cidade. Solomon fazia caminhadas de fim de semana pelo badalado bairro Soho, no centro de Nova York, onde morava, passando por bares e restaurantes ao ar livre lotados de jovens, e na segunda-feira pela manhã chegava aos escritórios do Goldman — que haviam reaberto no final de junho para os funcionários que quisessem voltar — e o encontrava deserto. Para ele, parecia que seus funcionários estavam confortáveis o suficiente para se arriscar a pegar o vírus em troca de uma cerveja, mas não para voltar ao escritório. Para ele, essa era a prova de que era loucura continuar com o trabalho remoto.

A irritação de Solomon sobre o assunto pareceu, para muitos de seus subordinados, um pouco hipócrita, visto que o próprio Solomon viajou livremente durante grande parte da pandemia, passando os fins de semana — embora raramente dias úteis — em locais de veraneio nas Bahamas e nos Hamptons. Alguns dias depois de seu encontro desconfortável com os analistas juniores nos Hamptons, ele também se apresentaria em um festival de música eletrônica em Southampton, que seria severamente criticado por especialistas em saúde pública e pelo governador do estado, Andrew Cuomo, que citou "violações flagrantes do distanciamento social".

Mais tarde, Solomon admitiria à diretoria do Goldman que isso havia sido um erro. Mas sua irritação permaneceu enquanto o verão se estendia. Solomon pertencia a uma geração anterior de executivos financeiros obstinados. Ele chegou a Wall Street em meados da década de 1980 e passou seus primeiros anos no mundo mercenário das dívidas de alto rendimento, primeiro na Drexel Burnham Lambert, onde Michael Milken inventou o mercado de junk bonds antes de ser condenado por abuso de informações privilegiadas, e depois na Bear Stearns, onde levantou dinheiro para os barões do private equity. Ele ingressou no Goldman em 1999, logo após a abertura de capital, e subiu na hierarquia como um chefe obstinado. Foi nomeado CEO em 2019 e construiu uma reputação de ousado, embora ditatorial, com uma visão clara da empresa e pouco tempo para divergências.

Ainda assim, ele havia se curvado a uma cultura em transformação em Wall Street e às atitudes de uma nova geração de trabalhadores, implementando políticas que garantiam que os funcionários mais jovens e sobrecarregados do Goldman tivessem direito a seus fins de semana. Ele falava com frequência sobre a necessidade de trabalhar duro, mas ter uma vida pessoal. A pandemia e o subsequente regime de trabalho remoto, no entanto, haviam perturbado esse equilíbrio. O Goldman foi mais rápido do que outras empresas de Wall Street em mandar seus funcionários para casa — notadamente, isso evitou o tipo de surto no pregão que varreu o JPMorgan em maio, quando o banco ainda estava pressionando os funcionários a irem ao trabalho —, mas tudo isso estava começando a irritar Solomon. Wall Street, em um grau visto em poucos outros setores, é um setor de aprendizado. Os graduandos universitários ingressam aos milhares e aprendem a andar com os próprios pés. (Literalmente, no caso do Goldman, no qual os estagiários de verão costumavam receber em seu primeiro dia, além de seu crachá, um banquinho dobrável para carregar consigo de mesa em mesa enquanto acompanhavam os executivos mais antigos.)

No verão e no outono de 2020, à medida que a pandemia abrandava em alguns pontos críticos como Nova York, os executivos se esforçavam para descobrir o que fazer e como falar com os milhares de funcionários que eles haviam mandado para casa meses antes. O número de creches disponíveis ainda era escasso, o que deixava muitos pais à beira da loucura, trabalhando em dupla jornada. O vírus ainda era predominante, e as primeiras notícias sobre vacinas, embora promissoras, ainda estavam a meses de distância. Mais de 150 mil norte-americanos e mais de 650 mil pessoas em todo o mundo haviam morrido até o final de julho e 165 mil haviam testado positivo para o vírus na última semana do mês. Mas o longo Dia da Marmota de um verão parecia, para muitos líderes empresariais, incluindo Solomon, ter gerado um senso de direito ou autoindulgência. Seus funcionários haviam fugido da cidade para aluguéis de longo prazo em Catskills ou cidades novas e badaladas como Austin e Miami. Os que permaneceram estavam ficando fartos de meses de quarentena e aproveitando as confraternizações ao ar livre.

A grande experiência do trabalho remoto nos Estados Unidos estava em andamento.

Em junho de 1729, um grande edifício de pedra foi inaugurado em Londres. Acredita-se que tenha sido a primeira sede corporativa moderna, lar da Companhia das Índias Orientais, a organização quase governamental que, naquela época, já havia reivindicado áreas da Ásia em nome da coroa e do capitalismo. Era uma visão imponente e magistral na Londres georgiana: três andares de altura com cinco colunas de mármore, encimadas por uma cornija — arquitetura que um historiador diria, mais tarde, que foi projetada "para inspirar confiança e impressionar os acionistas". Tinha, inclusive, uma sala de reuniões em cuja chaminé de mármore havia sido gravada uma cena de nativos de pele escura oferecendo pérolas, porcelana, chá e outras riquezas exóticas à Britannia, a guerreira com capacete que personificava a Inglaterra.

Nos três séculos desde então, os escritórios ficaram mais altos e grandiosos, mas seu propósito permanece o mesmo: em parte conveniência logística e, em parte, projeção do poderio corporativo. Nos últimos dias do século XX, quando as conexões de internet se tornaram mais rápidas e mais difundidas, muitos previram a extinção dos escritórios. Algumas grandes empresas, incluindo a IBM e o Yahoo, adotaram o trabalho remoto, prometendo liberdade aos funcionários e se gabando de poder recrutar os melhores talentos do mundo, onde quer que eles estivessem. Em 2009, um relatório da IBM afirmou que 40% de seus cerca de 386 mil funcionários em 173 países "não têm escritório algum". A empresa havia economizado US$2 bilhões ao eliminar mais de 5 milhões de metros quadrados de espaço para escritórios e considerou sua política de trabalhar de qualquer lugar como um modelo a ser copiado por outras empresas.

Isso não durou. Em 2013, a nova executiva-chefe do Yahoo, Marissa Mayer, ordenou que seus funcionários voltassem ao escritório, dizendo que a interação espontânea e as conexões humanas eram cruciais para a empresa fazer seu melhor trabalho. (O melhor trabalho do Yahoo, como se viu, ficou para trás; Mayer saiu em 2017, e a empresa foi efetivamente vendida em partes nos anos seguintes.) A IBM fez o mesmo quatro anos depois.

Ao mesmo tempo, as empresas investiram bilhões de dólares em reluzentes campi corporativos, substituindo os bebedouros por "lounges de inovação" e bares de kombucha, a fim de atrair os funcionários de volta e incentivar o tipo de colaboração que Mayer considerava tão importante para o sucesso corporativo. Algumas empresas adotaram uma abordagem mais rígida; a Bloomberg, a empresa de notícias e dados financeiros, registrava o horário que os funcionários chegavam ao trabalho pela manhã e compensava a rigidez com o tipo de regalias mais comuns no Vale do Silício, desde sorvetes à tarde até carrinhos de manteiga de amendoim itinerantes. A cultura do escritório no final da década de 2010, às vésperas da pandemia, estava firmemente enraizada na proximidade física.

Brian Chesky também estava se sentindo solitário. O extrovertido CEO do Airbnb estava recluso em sua casa em São Francisco há semanas. Em tempos normais, ele adorava visitar os anfitriões e frequentemente se hospedava no Airbnb com nomes falsos para testar a experiência dos viajantes. Agora ele estava preso dentro de casa há semanas.

Os lockdowns poderiam ter acabado com o Airbnb, mas, em vez disso, inspiraram uma reviravolta. Antes da pandemia, a empresa tinha uma pequena unidade que permitia aos viajantes reservar experiências em vez de acomodações — como degustação de vinhos em Napa ou passeios nas copas das árvores em Belize. Com a paralisação das viagens, o Airbnb tornou esse negócio virtual, permitindo que as pessoas oferecessem experiências virtuais, como passeios ou aulas. O favorito de Chesky era "Os cães de Chernobyl", um tour de vídeo de US$50 e uma hora de duração em que um apresentador usava uma câmera GoPro e percorria a zona de exclusão do local do acidente nuclear e alimentava centenas de cães selvagens, descendentes de animais de estimação que foram abandonados quando os moradores fugiram. (Chesky o recomendou a Michael Grimes, seu banqueiro no Morgan Stanley, que participou do evento com a esposa e os filhos em idade universitária.)

A pandemia também trouxe outra oportunidade inesperada. Em maio, Chesky começou a notar um aumento nas reservas para estadias de longo prazo. As escapadelas de fim de semana para destinos distantes estavam sendo substituídas por períodos de várias semanas ou mais, na maioria das vezes a algumas centenas de quilômetros das cidades de residência dos hóspedes. Os residentes urbanos estavam procurando aluguéis de temporada em vilas e cidades vizinhas, para que não precisassem viajar de avião.

Em 8 de julho, a empresa atingiu um marco importante. As reservas de hóspedes finalmente voltaram ao seu nível diário antes do início da pandemia. O IPO que Chesky planejava no início de 2020, adiado quando a pandemia começou — e que, às vezes, naquela primavera, enquanto o Airbnb implorava por dinheiro em Wall Street e demitia um quarto de sua equipe, parecia ridículo — estava de volta à mesa de discussão.

Os banqueiros do Airbnb no Morgan Stanley haviam elaborado uma apresentação naquela semana com o objetivo de fazer duas coisas: convencer o Airbnb de que poderia abrir seu capital e fazer com que o Morgan Stanley fosse contratado para liderar o IPO. A apresentação foi chamada de "Space of One" [Espaço para Um, em tradução livre] e era uma proposta refinada de Wall Street, projetada para despertar o interesse de um cliente em potencial. No lado esquerdo do slide do PowerPoint, havia uma coluna intitulada "Usual", marcando as maneiras pelas quais uma empresa normal, em tempos normais, se posicionaria perante os investidores. A coluna da direita dizia "Space of One", mostrando linha por linha como a listagem do Airbnb seria diferente. A maioria das empresas abriu o capital quando seus resultados de curto prazo eram sólidos. O Airbnb abriria seu capital "durante [a] pior crise do setor de viagens em um século". A maioria das empresas teria administrado a crise "para preservar o valor apenas para os acionistas". O Airbnb "abraçaria a mudança a partir da crise e atenderia a todas as partes interessadas". Um aspecto que encantou particularmente Chesky: "Abrir o capital com um curto prazo incerto só pode atrair investidores de longo prazo por definição." Ou seja, os resultados financeiros do Airbnb desde o início da pandemia foram tão ruins — e o fim da crise ainda era tão nebuloso — que qualquer investidor disposto a comprar suas ações tinha que estar preparado para permanecer por muito tempo com elas. Isso é música para os ouvidos de qualquer executivo corporativo, que lamenta os acionistas que se amontoam no IPO, apenas para vender as ações em troca de dinheiro rápido.

Os banqueiros estavam chegando ao seu bem ensaiado ato final, a parte de qualquer apresentação de negócio em que a cereja do bolo é colocada. A "narrativa de sucesso" de qualquer outra empresa — a história que ela conta aos grandes investidores antes do IPO, para aumentar a demanda pela ação — seria baseada na valorização da empresa em rodadas anteriores de captação de recursos. Os investidores ficariam impressionados com o aumento constante das avaliações, o que mostraria que os investidores institucionais estavam cada vez mais confiantes na empresa. Mas isso não funcionaria para o Airbnb. Sua avaliação, que já chegara a US$31 bilhões, foi reduzida para apenas US$18 bilhões no investimento de abril da Silver Lake e da Sixth Street.

Segundo os banqueiros, o Airbnb contrariaria essa tendência. Sua narrativa não estaria atrelada a uma avaliação cada vez mais alta ou a um crescimento impressionante. Em vez disso, ela seria "baseada em realizar o impossível" — sobreviver.

CAPÍTULO 20

COLOQUE OS AVIÕES NO AR

Doug Parker caminhava pelos corredores da sede da American no início de junho quando passou por uma sala de reuniões com paredes de vidro e viu seu principal assistente, Robert Isom, e seu diretor de receita, Vasu Raja, examinando alguns documentos. Raja viu o CEO e acenou para que ele entrasse e ouvisse uma proposta tão ousada que teria sido inimaginável algumas semanas antes.

A economia relacionada ao setor de aviação havia mudado. Agora, o governo federal estava cobrindo a folha de pagamento dos 107 mil funcionários da American. Os aviões tinham um custo fixo; mesmo que estivessem parados, as companhias aéreas ainda pagavam os aluguéis. Basicamente, restavam apenas combustível de jato e taxas de pouso, e Raja havia feito as contas, mostrando que mesmo um voo com menos da metade da capacidade poderia cobrir esse custo. "Todos estão indo na direção errada", Raja disse a Parker, convencendo-o a voltar com o cronograma de voos de maneira agressiva, em uma tentativa de conquistar participação no mercado. "O que você acha?", ele perguntou a seu chefe. "Parece fantástico", Parker disse. "Isso é o que devemos fazer. Coloque os aviões no ar."

Após obter ajuda federal em março, a American intensificou seus esforços. A empresa trouxe de volta cerca de metade dos 410 jatos que havia deixado parado naquela primavera nas pistas de Tulsa, Pittsburgh e no deserto do Novo México, nos arredores de Roswell. Enquanto seus rivais hesitavam, a empresa adicionou o equivalente a uma companhia aérea inteira à sua programação — cerca de 4 milhões de assentos, aproximadamente o tamanho da JetBlue antes da pandemia — e, em meados de julho, tinha mais do que o dobro de assentos no ar em relação à United e 50% mais do que a Delta. Sua sede em Dallas/Fort Worth chegou a ser o aeroporto mais movimentado do mundo.[76] No final do mês, quase setecentos aviões decolavam todos os dias, abaixo dos novecentos do ano anterior, mas acima dos cerca de duzentos nos dias mais tranquilos da primavera. Suas salas de espera haviam sido reabertas e, ocasionalmente, uma fila se formava no Chick-fil-A do Terminal D.

Os concorrentes criticavam. Em um memorando interno enviado aos funcionários em junho, a United, que havia acrescentado apenas 640 mil assentos no mês em que a American adicionou 1,2 milhão, disse, sem citar nomes, que alguns concorrentes estavam operando uma "programação inflada" que acabaria se revelando um erro que levaria a prejuízos. Bastian prometeu aos analistas de Wall Street que a Delta adotaria "a abordagem mais conservadora do setor em relação à capacidade".

Mas a última aposta de Parker parecia estar funcionando. Os voos domésticos da American estavam quase 70% lotados em junho — tão lotados que o CEO, em uma viagem no final de maio para sua casa de férias no Panhandle da Flórida, não conseguiu um assento em um voo da American e acabou viajando pela Southwest, uma companhia aérea que, certa vez, ele comparou a um "vagão de gado". A certa altura, Raja recebeu uma ligação irritada de um funcionário sênior dos Centros de Controle de Doenças, que tinha visto que a American estava vendendo voos com desconto para Daytona Beach. A estratégia de Parker de colocar os aviões no ar, ao que parecia, não era popular na comunidade de saúde pública.

NÃO ERAM APENAS viagens aéreas. A economia dos EUA voltou a crescer no verão e no início do outono de 2020. Cansados dos lockdowns e tentados pelo clima quente, os norte-americanos se libertaram dos grilhões da pandemia, desligando a Netflix e guardando suas massas fermentadas de volta na geladeira. Após encolher 31% no segundo trimestre, a economia dos EUA cresceu 38% entre julho e outubro.[77] O país havia recuperado três quartos dos empregos perdidos desde o início da pandemia e o desemprego estava em 5,4%. As vendas nos restaurantes também voltaram a atingir 80% dos níveis pré-pandemia. Ainda não era o suficiente para apagar o dano econômico da primavera de 2020 — faltavam cerca de US$280 bilhões da atividade econômica total do país —, mas estava perto disso.

Era uma boa notícia para Chris Nassetta. O CEO da Hilton tinha reduzido suas expectativas financeiras com relação à empresa em março, tomando emprestado US$1,5 bilhão de Wall Street e levantando outros US$1 bilhão de um acordo de pontos de cartão de crédito que tinha com a American Express. As receitas da Hilton haviam caído dois terços no segundo trimestre. No final de junho, as ações da empresa ainda estavam em US$70, quase 40% abaixo das máximas de fevereiro. O CEO, que havia passado mais de duzentos dias na estrada em 2019 — uma agenda tão penosa que o levou a se refugiar em Cabo para descansar —, estava inquieto por estar preso principalmente em sua casa em Arlington. Ele havia aproveitado o tempo extra com a família — suas cinco filhas mais velhas voltaram para casa, juntando-se à mais nova, que ainda estava no ensino médio —, mas estava ansioso para voltar a um mundo mais normal. E temia que investidores e clientes estivessem descartando a Hilton para sempre. Em agosto de 2020, os hotéis da Hilton estavam com uma lotação de 40% em um dia bom. As viagens de negócios mostravam poucos sinais de melhora, e os viajantes a lazer haviam trocado as estadias de fim de semana em hotéis das cidades por estadias de longo prazo em áreas mais rurais.

"Eles achavam que estávamos mortos", ele disse à esposa, Paige, enquanto esfregava uma travessa de lasanha. "Não estamos."

Colocar mais aviões no ar não era suficiente. Mesmo com sua nova estratégia, as finanças da American Airlines estavam complicadas. Em março, a empresa gastou US$65 milhões por dia, e US$86 milhões por dia em abril, o que viria a ser o ponto mais baixo, outros US$56 milhões por dia em maio e US$30 milhões por dia em junho, apesar dos cortes de custos, incluindo o congelamento de salários e a redução de um terço da equipe da sede. A empresa esperava que o programa de empréstimos do governo de US$25 bilhões, dos quais US$4,8 bilhões haviam sido alocados para a American, taparia seu rombo financeiro cada vez maior, mas as negociações sobre os detalhes dos empréstimos estavam se arrastando. Os banqueiros do Departamento do Tesouro, da empresa PJT Partners, de Wall Street, queriam garantias suficientes para proteger os contribuintes, e a American tinha relativamente pouco a oferecer. A maioria de seus aviões era alugada ou financiada de outra forma, e a empresa já havia contraído empréstimos em suas rotas mais lucrativas.

Jim Murray, o principal banqueiro da PJT, sugeriu que a American oferecesse sua nova e reluzente sede como garantia. O local de 121 hectares, concluído em 2019, era motivo de orgulho para a empresa. Ostentava um novo centro de operações de última geração, arte moderna e um refeitório ensolarado ladeado por reservas naturais construídas para esse fim, na qual alguns linces espreitavam. A sede custou quase US$1 bilhão, incluindo cerca de US$350 milhões para o prédio principal, e Parker não queria onerar o imóvel com uma garantia. Assim, o diretor financeiro da American, Derek Kerr, ofereceu uma alternativa. Uma empresa externa tinha avaliado seu programa de milhagem em US$25 bilhões. Um segredo sujo do setor aéreo era que eles ganhavam mais dinheiro com suas parcerias de cartão de crédito com grandes bancos do que com a venda de passagens aéreas. Kerr perguntou a Murray: "Será que o Tesouro dos EUA aceitaria esse valor?"

Os banqueiros do governo estavam céticos. O que aconteceria se a American fosse à falência? Se as milhas acumuladas por seus passageiros frequentes fossem zeradas, o programa não teria valor, expondo o contribuinte norte-americano a enormes prejuízos. Kerr garantiu à PJT que isso não aconteceria e que, mesmo em falências anteriores de companhias aéreas, seus programas de fidelidade haviam saído intactos. "Existe valor nisso aqui", ele lhes disse.

Os US$25 bilhões em ajuda à folha de pagamento que as companhias aéreas receberam como parte da Lei CARES em março estavam programados para expirar em 30 de setembro, e Parker vinha conversando com Sara Nelson há algumas semanas sobre a possibilidade de a coalizão política que eles haviam formado em março se manter para uma segunda rodada de ajuda. Nelson disse a Parker que achava que sim, mas Nate Gatten, chefe de assuntos governamentais da American, estava menos otimista. Ele disse a seu chefe que havia menos vontade política de aumentar o auxílio às companhias aéreas. Isso já havia sido suficientemente desagradável para a maior parte do Congresso na primeira vez, e a luta política por uma segunda rodada de incentivos no outono já estava complicada o suficiente. Os democratas estavam buscando cheques maiores para famílias individuais e mais ajuda para hospitais e governos estaduais e locais, enquanto os republicanos pressionavam por um pacote menor e mais direcionado.

A falta de apoio político também se espalhou, e alguns críticos se perguntaram se o resgate contínuo às companhias aéreas era semelhante ao bem-estar corporativo.[78] Não havia reservas para hoteleiros ou proprietários de imóveis cujas propriedades se esvaziaram e cujos inquilinos começaram a procurar maneiras de escapar de seus aluguéis. As centenas de milhares de restaurantes que fecharam não tiveram nenhuma proteção especial, apesar dos apelos apaixonados de chefs famosos e grupos comerciais reunidos às pressas para fazer lobby em seu nome.

Os CEOs das companhias aéreas se uniram novamente para uma reunião em meados de junho, dessa vez pelo Zoom. A frente unificada que eles haviam mantido em março, quando suas necessidades urgentes eram mais ou menos iguais, começou a se desgastar. À medida que a crise se arrastava, seus pontos fortes e fracos subjacentes vieram à tona: a Delta e a Southwest, que haviam entrado na crise com menos dívidas e balanços patrimoniais mais sólidos, começaram a recuar em seus esforços para uma segunda rodada de auxílio, enquanto outras empresas, especialmente Parker, da American, que tinha mais dívidas do que suas concorrentes, estavam entusiasmados. Nick Calio, o chefe da organização de lobby, havia dito em particular a Parker que, embora Bastian e Gary Kelly, da Southwest, não estivessem fazendo nada de mais para frustrar as negociações em Washington, na época ainda incipientes, eles também não estavam se esforçando tanto para que dessem certo. Ele manteve o tópico de uma segunda rodada de auxílio fora da pauta da reunião, que, em vez disso, concentrou-se em saúde e segurança, incluindo uma atualização sobre um estudo que as companhias aéreas haviam encomendado na primavera à T. H. Chan School of Public Health de Harvard.

Enquanto os executivos passavam pelos itens da agenda, Parker interveio. “Tenho mais uma coisa”, ele disse e apresentou uma ideia para uma extensão limpa do programa de ajuda à folha de pagamento das companhias aéreas. O programa de empréstimos que havia sido tão problemático da última vez não faria parte disso. “Parece improvável”, disse Bastian, “mas quem não aceitaria isso?” Para Parker, isso foi um voto de confiança e, assim que desligou, ele enviou um e-mail para Gatten: "Agora essa é a principal prioridade da American Airlines."

Mas as negociações estavam se arrastando e, em junho, a empresa não aguentava mais. Foi então que o Goldman Sachs, a empresa de Wall Street conhecida por seu pensamento criativo, até mesmo desonesto quando se tratava de arrecadação de fundos, procurou Derek Kerr com uma ideia. E quanto à propriedade intelectual da American — logotipos, patentes e outros ativos frágeis, mas potencialmente valiosos? A American tinha seu icônico logotipo "AA", seu cartão de crédito AAdvantage, além de direitos sobre o site aa.com e outros ativos. O governo não estava disposto a aceitá-los como garantia, mas talvez os investidores privados aceitassem.

Um avaliador independente estimou o valor das marcas registradas em mais de US$7 bilhões, o que foi suficiente para os banqueiros do Goldman levantarem US$1 bilhão em dívidas sênior. No entanto, em um sinal de quão frágil os investidores acreditavam que a empresa era, a taxa de juros foi fixada em 11,75%. Em fevereiro, a American havia vendido títulos sem nenhuma garantia por 3,75%. Ou seja, os investidores estavam tão preocupados com a possibilidade de a American não lhes pagar que cobraram três vezes mais em juros — embora, se isso tivesse acontecido, eles teriam sido os orgulhosos novos proprietários de propriedade intelectual avaliada em bilhões de dólares e estampadas em cartões de crédito em todo o país.

(Essa não foi a primeira vez durante a crise que uma empresa ofereceu uma marca conhecida como garantia para levantar dinheiro. Quando os banqueiros do Morgan Stanley estavam finalizando uma rodada de captação de recursos para a Carnival Cruise Line na primavera, a empresa ofereceu seus navios e suas licenças de operação como garantia. No último minuto, um banqueiro sugeriu que o logotipo e a marca registrada da Carnival fossem adicionados ao pacote, dizendo a um colega: "Não vejo muita demanda para a 'Morgan Stanley Cruise Line'.")

Entre os títulos de propriedade intelectual e outros US$2,15 bilhões em ações e títulos conversíveis emitidos na mesma época, a American tinha dinheiro suficiente para sobreviver por mais alguns meses.

Assim foi para uma empresa de primeira linha após a outra na primavera e no verão de 2020. Diferentemente de 2008, quando os mercados de dívida ficaram praticamente fechados por mais de um ano, havia dinheiro disponível, ainda que caro.

A perda diária de caixa da empresa não cairia para menos de US$10 milhões até março de 2021 e não se tornaria positiva até abril, um ano inteiro após o início da crise. Ao longo desses doze meses, a American levantaria quase US$23 bilhões em dinheiro novo, cerca de dois terços do governo federal e o restante em uma série de transações de ações e títulos no mercado.

KERR FINALMENTE CONSEGUIU uma vitória. Os banqueiros da PJT que representavam o Tesouro disseram que estavam dispostos a aceitar o programa de cartão de crédito da companhia aérea como garantia para os US$4,8 bilhões em empréstimos concedidos à companhia aérea com base na Lei CARES.

Seus banqueiros do Goldman, sempre percebendo uma oportunidade, sugeriram uma isca e uma troca. Por que a American não levava esse selo de aprovação do governo para o mercado e via se os investidores o aceitariam? Greg Lee, um dos banqueiros de investimento sênior da empresa, apresentou a ideia a Kerr em meados do verão, algumas semanas depois de o banco ter vendido os títulos garantidos pela IP.

Segundo o banqueiro, havia duas vantagens nisso para a American. Em primeiro lugar, deixaria a empresa com seus ativos mais tradicionais — aviões, peças de reposição e, se fosse o caso, sua sede — que poderiam ser usados para obter empréstimos de investidores privados no futuro. Em segundo lugar, permitiria que a American mantivesse certos detalhes comerciais para si mesma. Ao contrário de outras companhias aéreas que tinham um único parceiro de cartão de crédito, a American tinha dois: Citigroup e Barclays. A empresa havia se esforçado muito para manter em segredo os detalhes exatos dos dois acordos, para que os bancos pudessem se defender mutuamente em busca de melhores condições quando, ocasionalmente, renegociassem seus contratos. Se o Tesouro tivesse direitos sobre o programa de cartão de crédito, isso poderia tornar esses contratos um assunto de registro público. Qualquer divulgação dos detalhes do programa de fidelidade inevitavelmente enfureceria o Citigroup ou o Barclays — e Kerr sabia que não era um bom momento para irritar os bancos. A empresa poderia ser mais seletiva em suas divulgações a investidores privados e, pelo menos, manter os detalhes de seus contratos fora do site do governo dos EUA. Ele admitiu que havia alguma lógica no acordo.

No entanto, apenas algumas semanas antes, a American tinha sido obrigada a pagar juros de 11,75% para convencer os investidores a concederem empréstimos garantidos por sua propriedade intelectual. O Tesouro estava oferecendo empréstimos garantidos pelo programa de cartão de crédito, com juros de 3,75 pontos percentuais acima da taxa de referência, e Kerr sabia que era um bom negócio financeiro. “Perdoe-me se não estou tão exultante quanto o Goldman Sachs, mas quanto isso vai me custar?”, ele perguntou a Lee. O banqueiro deu uma risadinha. “Muito mais”, ele disse, afirmando que os investidores provavelmente exigiriam 10% ou 11%.

O acordo do Tesouro saiu vitorioso. (O Goldman logo apresentaria o mesmo acordo à United Airlines, que se tornou a primeira companhia aérea a vender títulos garantidos por seu programa de fidelidade ao mercado. A Delta viria em seguida, no outono. A American acabaria fazendo o mesmo em março de 2021, após pagar o empréstimo concedido pelo Tesouro e recuperar os direitos de propriedade de seu programa. Os títulos tinham uma taxa de juros de cerca de 5%, aproximadamente metade do que o Goldman havia cotado para Kerr dez meses antes.)

A empresa conseguiu outros US$700 milhões quando a Southwest, que estava em uma situação financeira muito melhor, decidiu não aceitar o dinheiro. Houve uma data no outono em que as companhias aéreas tinham que dizer se realmente tomariam o dinheiro emprestado, e a Delta não o fez. Assim, a American também recebeu o dinheiro da Delta, outros US$2 bilhões, elevando o total de empréstimos do governo para US$7,5 bilhões. (Os executivos da American ficaram perplexos; mesmo que a Delta não precisasse do dinheiro, eles imaginaram que a empresa o aceitaria apenas para que não fosse para uma concorrente.)

As companhias aéreas são rápidas em anunciar novas rotas que estão abrindo. Mas elas fecham rotas de maneira discreta. Foi isso que tornou incomum um comunicado à imprensa emitido pela American em 20 de agosto. Tratava-se de uma lista de quinze pequenas cidades para as quais a empresa cortaria o serviço a partir de outubro — lugares como Sioux City, em Iowa e Kalamazoo, no Michigan. Tratava-se de pura política, com o objetivo de irritar os congressistas cujos distritos eram atendidos por esses aeroportos. "A companhia aérea continuará a reavaliar os planos para esses e outros mercados, pois uma extensão [da ajuda federal] continua sob deliberação", a empresa comunicou.

Parker estava de volta a Washington, reprisando o papel que havia desempenhado em março como principal negociador de um setor aéreo que havia recebido bilhões de dólares em ajuda governamental e que, agora, precisava de outros bilhões. Ele havia trocado o Willard Hotel, em um centro da cidade sinistro e desolado, pelo Four Seasons em Georgetown, onde pelo menos alguns restaurantes estavam abertos e ele podia caminhar às margens do Rio Potomac, o que fazia quase diariamente no calor sufocante de Washington, D.C., na maioria das vezes com o telefone pressionado contra o ouvido. Ele se tornou uma figura conhecida no hotel, que estava praticamente vazio, informando-se com o gerente sobre as taxas de ocupação. Na maioria dos dias, estavam na casa de um dígito. "Eu te entendo, cara", disse Parker.

Em 10 de setembro, ele ligou para Nancy Pelosi. Tinha sido difícil conseguir falar ao telefone com a presidente da Câmara, uma cautela que refletia a situação política em que ela se encontrava. A eleição presidencial estava se aproximando, e a sabedoria política estava se fortalecendo em torno da ideia de que, se outro grande pacote de auxílio fosse aprovado, isso aumentaria as chances de reeleição de Trump e ajudaria os republicanos que esperavam obter o controle da Câmara, o que custaria a Pelosi o martelo de presidente.

Além disso, a frente unida da força de trabalho organizada que havia ajudado os democratas a reunir os votos para a primeira rodada de auxílio em março agora estava se desgastando. A American Federation of Teachers estava pressionando para que o dinheiro fosse reservado para ajudar as escolas a reabrirem com segurança, e sua presidente, Randi Weingarten, não escondeu seu descontentamento com outra exceção para funcionários de companhias aéreas. Isso contribuiu para que a bancada de Pelosi mantivesse uma posição firme em relação à ajuda adicional aos governos estaduais e locais, que se tornou um ponto fundamental nas negociações. (Esse auxílio também ajudaria os hospitais públicos duramente atingidos pela pandemia.)

A pedido de Pelosi, Peter DeFazio, o presidente do comitê de transporte da Câmara, que havia assumido o papel de especialista no assunto durante as negociações de auxílio às companhias aéreas, também participava da ligação. Ele estava de mau humor — os incêndios florestais estavam assolando o oeste do Oregon e ele, junto com milhares de seus eleitores, havia sido evacuado de sua casa — e rapidamente interrompeu a conversa.

"Nancy, você está do lado errado da batalha", disse DeFazio. A insistência dos democratas em pressionar por mais dinheiro para os governos estaduais e locais foi bem-intencionada, porém míope. A American e a United haviam alertado que, sem uma extensão da ajuda federal, elas dispensariam mais de 30 mil funcionários. "Vamos pegar o que pudermos. Depois usaremos isso e venceremos as eleições e, então, voltaremos e conseguiremos mais. Se não ganharmos a eleição, teremos problemas maiores de qualquer forma." O congressista continuou a repreender a líder de seu partido, parecendo se esquecer de que Parker participava da ligação. Parker deixou o microfone mudo e se voltou para seu principal lobista, Gatten. "Apenas deixe-o falar", disse Gatten. "Ele está lutando a própria batalha."

DeFazio continuou, pedindo a Pelosi que suavizasse sua posição. Segundo ele, em 30 de setembro, dezenas de milhares de funcionários de companhias aéreas estariam desempregados. "Nancy, eles não estão blefando. Temos que fazer isso", ele disse. Então a linha ficou abafada, como se alguém estivesse com a mão sobre o receptor e falando ao fundo. DeFazio voltou a falar. "Tenho que ir", ele disse. "Estão evacuando meu bairro." *Clique.*

CAPÍTULO 21

A ECONOMIA YOLO

Parecia que Deus havia pegado o mundo, sacudido todas as pessoas de dentro dele e o colocado de volta no lugar. James Gorman caminhava por uma Times Square vazia, com destino ao seu escritório. Era 8 de outubro de 2020. Ele havia passado quase três meses sozinho em seu apartamento, um choque repentino para um homem que mal ficava uma semana seguida em Nova York desde que se tornara CEO do Morgan Stanley, dez anos antes. Ele fazia longas caminhadas à noite para pensar, passando por restaurantes escuros e lojas fechadas com tapumes enquanto os protestos por justiça racial haviam tomado conta de grande parte da cidade de Nova York e do país após a morte de um homem negro, George Floyd, pelas mãos da polícia de Minneapolis em maio.

Gorman foi o 13º funcionário do Morgan Stanley a contrair Covid-19. Mais de vinte morreriam, incluindo um segurança que trabalhava do lado de fora do escritório do CEO no andar executivo do banco. Foram necessárias dez semanas para que Gorman voltasse a se sentir como ele mesmo. Respirações profundas provocavam um crepitar em seus pulmões e um aperto no peito. Todos os dias, ele tentava ver se o seu olfato havia retornado, enfiando o nariz em um pote de Vegemite, uma pasta preta e saborosa feita na Austrália com fermento de cerveja, adorada pelos australianos, mas que o restante do mundo não reconhece como alimento. Naquela manhã, ele mergulhou o dedo no pote e, depois, o lambeu. Nada ainda.

Ele havia iniciado 2020 com uma grande aquisição, o acordo para a E*Trade, e estava prestes a anunciar outra.

Tudo começou em junho. O Morgan Stanley, cujo braço de administração de recursos era um peixe pequeno em Wall Street, cobiçava a Eaton Vance há anos. Era um grande varejista dos fundos mútuos e outros produtos da Eaton Vance por meio de sua corretora de varejo. Gorman havia entrado em contato com Tom Faust, o CEO da Eaton Vance, para falar sobre a aquisição da empresa. Os dois conversaram pelo Zoom, Gorman em seu apartamento em Manhattan e Faust em sua casa de fim de semana no Maine. A equipe de Gorman havia dado a ele um equipamento de iluminação, mas, como sempre o deixava cair, ele o havia guardado em um armário semanas antes.

Ele sabia que o momento era ruim. Uma segunda onda de Covid havia agitado os mercados novamente durante o verão e provocou o tipo de lockdown que poderia prejudicar a economia por anos. Ele não se importava. Havia ignorado os pessimistas quando o Morgan Stanley adquiriu a Smith Barney, a gigantesca corretora de varejo, em 2012. Na época, ele se sentiu como o menino do filme *Expresso Polar*, ouvindo um sino que ninguém mais conseguia ouvir. (Em 2017, um assessor lhe deu um sino de trenó de prata que ele mantinha em sua mesa.) Ele sabia que sairia caro. E sabia que enfrentaria reações negativas. Todas as fusões são difíceis, mas aquelas entre empresas financeiras muitas vezes são vítimas de disputas culturais internas que podem ser fatais. Os banqueiros são egoístas e inconstantes. Os traders são pugilistas. Os gerentes de portfólio são arrogantes e reservados. Juntar essas diversas áreas de diferentes empresas pode ser uma receita para o desastre. O Morgan Stanley já havia passado por um desses desastres uma vez, em 1997, quando se associou à Dean Witter, o que desencadeou uma década de golpes administrativos e agressividade que atormentaram a empresa durante anos.

"O mundo está cheio de executivos sentados em suas mesas, tentando comprar grandes propriedades a baixo custo", Gorman disse a seus assessores enquanto eles debatiam a sensatez de fazer um grande negócio para a Eaton Vance. "Eles se sentam e lembram uns aos outros como são espertos por conseguirem não pagar muito caro. Quando uma porta se abre, você tem que passar por ela."

Agora ele estava caminhando pela Times Square para uma teleconferência às 7 horas da manhã com seus principais assessores, para informá-los sobre o acordo, que seria anunciado pouco antes da abertura do mercado. Era a primeira vez que ele voltava ao escritório em meses. Em determinado dia, apenas cerca de 5% de seus funcionários estavam na sede do banco na Times Square.

ENQUANTO MANHATTAN PERMANECIA parcialmente vazia, o mundo das negociações de ações online estava em alta.

O mercado de ações dos EUA voltou das profundezas com força total. Em 19 de agosto, o mercado em baixa que havia se instalado em meados de março terminou oficialmente, com as ações fechando em um novo recorde de alta. Foi o mercado de baixa mais curto da história.[79] Mais de uma dúzia de novas máximas de fechamento seriam atingidas até o final do ano. Foi uma recuperação impressionante, quase absurda, para um mercado de ações que, apenas alguns meses antes, havia sofrido suas piores perdas em décadas.

O Vale do Silício liderou o caminho. Em um frenesi que lembrava a bolha das pontocom duas décadas antes, as ações de tecnologia dispararam — muito além do que os lucros de suas empresas aparentemente à prova de pandemia poderiam suportar. Em 2018, a Apple construiu uma nova ala do castelo da realeza tecnológica quando se tornou a primeira empresa do mundo a valer US$1 trilhão; em 19 de agosto, quando o mercado de ações atingiu a maior alta de todos os tempos, a primeira desde fevereiro, ela se tornou uma empresa de US$2 trilhões.[80,81] A Amazon e a Microsoft não ficaram muito atrás, se algumas centenas de bilhões de dólares podem ser consideradas triviais, e, no Vale do Silício, nos últimos dias do longo verão pandêmico, até poderiam.

As riquezas do rali, é claro, não foram compartilhadas igualmente. Apenas cerca de metade do país detinha ações, e quase 90% delas estavam nas mãos dos 10% dos norte-americanos mais ricos.[82] Sem dúvida, eles também sofreram perdas na queda, mas, agora, com o mercado batendo um recorde após o outro, eles mais do que compensaram isso. (Contadores criativos também conseguem obter isenções fiscais ao escolher as perdas de investimento a serem computadas.)

Empresas de todos os tipos acharam quase fácil demais levantar dinheiro quando o verão se transformou em outono. E, se Wall Street estivesse de bom humor, Derek Kerr estaria lá. O CFO da American Airlines havia passado a maior parte dos oito meses anteriores implorando por dinheiro — de bancos, de detentores de títulos, do Tesouro, do Congresso e novamente de bancos. Ela havia hipotecado seu programa de milhagem, o icônico logotipo vermelho e azul estampado na cauda de seus cerca de 950 aviões — em suma, tudo em que conseguiu pensar. (Ele fixou um limite importante — recusou-se a penhorar sua sede como garantia para empréstimos do governo.)

Em 9 de novembro, os investidores receberam a notícia que esperavam desde março: às 6h45, a Pfizer anunciou que a vacina desenvolvida em parceria com a BioNTech era 90% eficaz na proteção dos participantes de um estudo inicial contra o vírus.[83] Eles começaram a comprar no sino de abertura e, no final do dia, o S&P 500 havia atingido seu segundo nível mais alto de todos os tempos. Até mesmo a mistura de vencedores e perdedores do dia foi uma prova da confiança dos investidores de que, com vacinas eficazes no horizonte, a pandemia estava chegando ao fim. Netflix, Clorox, Zoom e Peloton, todos queridinhos da pandemia, perderam um total de US$55 bilhões em valor de mercado. Os maiores vencedores do dia foram os perdedores da pandemia — Kohl's, Carnival Cruise Line e American Airlines, cujas ações subiram 15%.

Sentado em seu escritório em Fort Worth — na verdade, apenas um cubículo ao ar livre no andar executivo da sede da American —, Derek Kerr sabia o suficiente para aceitar o dinheiro. Ele ligou para seu contato no Bank of America. Disse que a companhia aérea queria vender US$500 milhões em ações e, como presente de agradecimento por participar do empréstimo de US$1 bilhão que a American precisou em março, a empresa queria contratar o Bank of America para intermediar a venda.

Era o que é conhecido em Wall Street como um bloco de negociação, em que um banco concorda em comprar as ações de uma empresa e assumir o risco de vendê-las a outros investidores. Devido ao risco envolvido — um banco pode avaliar mal a demanda e ficar com ações que não consegue vender — os bancos normalmente cobram taxas de 4% ou 5%. Mas, agora, em um sinal da rapidez com que o apetite do mercado se tornou positivo, o Bank of America estava tão certo de que poderia vender as ações com um lucro rápido que cobrou da American pouco menos de 2%. Por volta das 8 horas da manhã, o Bank of America já havia repassado as ações aos investidores, lucrando menos de US$1 milhão por um dia em um mercado que funcionava a combustível de jato.

ERA O DESPERTAR da economia YOLO. A sigla, em inglês, quer dizer "*you only live once*", ou seja, "você só vive uma vez". Ela existe desde pelo menos a década de 1990 e foi popularizada no início da década de 2010 pelo rapper Drake, que, mais tarde, desculpou-se por isso. Em 2012, após perder o prêmio de palavra do ano para "GIF" e ser ridicularizada no *Saturday Night Live*, a sigla parecia ter desaparecido. Mas, um ano após o início da pandemia, ela se tornou o lema de uma classe de norte-americanos que decidiu abandonar tudo. Eles pediram demissão de seus empregos, se mudaram para o outro lado do país, colocaram as economias de suas vidas em investimentos que eram um tiro no escuro. "YOLO!", eles postavam no Twitter ou no Reddit. Era uma bandeira dissonante em um ano marcado por tantas mortes.

Os norte-americanos comuns correram aos milhões para o mercado de ações, impulsionados pelo tédio, turbinados por um fluxo constante de propaganda nas mídias sociais e com as contas cheias de dinheiro após um ano de gastos controlados e generosos incentivos do governo, que eles carinhosamente chamavam de "estimulantes" nos fóruns de mensagens da internet, como o Reddit, onde trocavam ideias e incentivavam uns aos outros. Eles se juntaram a startups como a Robinhood, que ofereciam negociações gratuitas em aplicativos que apresentavam o mercado como um jogo a ser vencido.

O rebanho trovejante voltou. E a nuvem de poeira que ele levantou elevou nomes de empresas de uma era passada: GameStop, um problemático varejista de videogames que já foi presença constante em shoppings suburbanos, e BlackBerry, o fabricante original de smartphones que foi derrotado no próprio jogo pela Apple e pelo Google. A AMC, a rede de cinemas cujos negócios e ações foram prejudicados pela pandemia e que, nos primeiros meses de 2020, avisou que poderia fechar as portas.

Seu desafio diante da sabedoria convencional sobre investimentos foi um reflexo financeiro do populismo que abalou o cenário político nos anos anteriores. Ambos foram alimentados por mágoa e rejeição, uma sensação de que as classes dominantes em Washington e em Wall Street haviam traído os norte-americanos comuns. Para a base republicana que levou Trump ao poder, foram as elites políticas. Para a multidão do Reddit que fez as ações de empresas quase falidas dispararem, foi uma cabala de fundos de hedge e bancos que esmagaram os investidores de varejo sob sua bota.

A maioria desses traders amadores provavelmente não conseguiria articular as forças econômicas que os empurravam para investimentos tão objetivamente irracionais. Mas a ciência fazia sentido: em um mundo de taxas de juros ultrabaixas, o caminho para a riqueza não era depositar uma fatia de cada contracheque em uma carteira conservadora de investimentos de longo prazo, apostando na matemática de centavos compostos ao longo do tempo. Era apostar tudo em um único giro da roda, uma aposta de baixa probabilidade, mas de alto retorno — um cálculo semelhante ao de muitos dos eleitores que, em 2016, votaram em Donald Trump.

Esses investidores de varejo levaram consigo gerentes financeiros profissionais. Ao fazer isso, eles derrubaram um equilíbrio de poder que, na década pós-2008, havia visto o recuo de selecionadores de ações individuais e dos day traders das empresas pontocom e a ascensão de gigantes da gestão de ativos, que administravam trilhões de dólares em fundos que simplesmente detinham uma fatia de todo o mercado, igualando seus retornos financeiros sem nenhuma expectativa de superá-los. Essas empresas — sendo que a maior delas era a BlackRock, de Larry Fink, com quase US$10 trilhões sob seu controle — ofereciam produtos de investimento prudentes e de baixo custo, uma abordagem do tipo "definir e esquecer" elaborada para construir riqueza ao longo do tempo. O exército de varejo do Reddit tinha um grito de guerra diferente: "Até a Lua."

Alimentando o aumento, também estava um produto inovador que estava sendo promovido em Wall Street: a empresa de cheque em branco, na qual um gestor financeiro venderia ações ao público e usaria esses fundos para adquirir uma empresa privada, que então se tornaria publicamente negociada por meio da fusão com a empresa de fachada. As sociedades de aquisição de propósitos específicos, conhecidas como SPACs, surgiram quase do nada para levantar US$83 bilhões em 2020 e continuariam a levantar outros US$100 bilhões em 2021, que seus gestores usaram para adquirir empresas.[84] As SPACs e as ações zumbis personificavam a economia YOLO, que se baseava na crença de que o mercado só poderia subir, apenas alguns meses depois de uma lição objetiva em contrário.

Brian Chesky ficou sem palavras. Durante uma aparição na Bloomberg Television na manhã de 10 de dezembro, o repórter tinha acabado de lhe dizer que as ações do Airbnb, que começariam a ser negociadas a qualquer momento naquela manhã na bolsa de valores Nasdaq, pareciam abrir a US$139 por ação. "É a primeira vez que ouço esse número", disse Chesky. As sobrancelhas escuras e espessas de Chesky se ergueram e permaneceram lá enquanto ele fazia as contas em sua cabeça, piscando rapidamente. O financiamento emergencial que ele havia obtido na primavera com empresas de private equity, que mantiveram o Airbnb em funcionamento, tinha avaliado a empresa em cerca de US$18 bilhões. Agora, a qualquer momento, a empresa estaria sendo avaliada em mais de US$90 bilhões. "Eu, eu não sei mais o que dizer", gaguejou Chesky, que agora valia US$15 bilhões no papel, mas não conseguia formar uma frase completa para salvar sua vida. "Sinto-me humilhado por isso." Na verdade, as ações do Airbnb se saíram um pouco melhor, abrindo a US$146 por ação, avaliando a empresa em pouco mais de US$100 bilhões. O aumento não alterou os US$3,5 bilhões que o Airbnb embolsou quando distribuiu suas ações do IPO para investidores selecionados, mas foi uma avaliação impressionante, especialmente para uma empresa descartada por todos na primavera, exceto alguns investidores experientes.

No Vale do Silício, "unicórnio" é o termo atribuído a uma startup que consegue atingir uma avaliação privada de US$1 bilhão. Em algum momento, havia tantas que os investidores e jornalistas pararam de contar. Dan Primack, colunista da Axios, sugeriu um nível mais alto para o conjunto de mais de US$10 bilhões: "dragões". O Airbnb, dado como morto há apenas nove meses e resgatado por duas empresas de Wall Street no equivalente a uma liquidação no Vale do Silício, agora valia US$100 bilhões.

A empresa não apenas sobreviveu, como também prosperou. Seu IPO foi um dos maiores de todos os tempos e contou a história das maneiras surpreendentes pelas quais os consumidores — aqueles que tiveram a sorte de manter seus empregos, pelo menos — continuaram gastando durante os lockdowns. Os moradores da cidade buscaram dar algumas escapadelas para as montanhas, e os pais enlouquecidos em seus minúsculos apartamentos esbanjaram dinheiro em propriedades no campo. As vendas de bicicletas ergométricas Peloton dispararam. Assim como os pedidos de entrega de comida. No final do verão, a Hilton também começou a observar uma recuperação nas reservas, não para viagens internacionais ou de negócios, mas para famílias que procuravam um lugar para onde pudessem ir de carro durante um fim de semana, apenas para sair um pouco de casa.

O capitalismo de consumo, mesmo em uma pandemia, sempre encontra um caminho.

CAPÍTULO 22

APOSTAS

Doug Parker não queria ser o cara que arruinou o Natal.

Ele havia prometido aos 12 mil funcionários dispensados em outubro que, depois que a ajuda do governo acabasse, receberiam um salário no Natal, e ele queria muito cumprir essa promessa. Os funcionários da American haviam passado por um inferno — pressionados por políticos, dispensados pela empresa em que confiavam, deixando muitos deles em dificuldades financeiras. Mais de 19 mil funcionários haviam sacado o dinheiro de seus fundos de aposentadoria para ajudar a superar a crise, retirando da conta uma média de US$30 mil cada um. Outros 8 mil haviam feito empréstimos consignados. O maior grupo era formado por membros da equipe de serviço de frota da empresa: os trabalhadores que transportam bagagens, guiam os aviões até o portão de embarque ou fazem a limpeza dos aviões depois que os passageiros saem. A maioria ganhava menos de US$20 por hora antes de serem dispensados. Eles estavam fazendo uso de um fundo de emergência que não tinham.

E foi assim que os executivos da American Airlines se reuniram na sala da diretoria da empresa em Fort Worth, em 21 de dezembro. Parker havia feito essa promessa semanas antes, quando as perspectivas de uma segunda rodada de ajuda do governo pareciam mais prováveis. Mas o projeto de lei de US$900 bilhões, que incluía uma extensão dos US$25 bilhões destinados a cobrir a folha de pagamento das companhias aéreas, havia sido paralisado antes das eleições presidenciais e, agora, Washington estava puro caos, com os republicanos tentando impedir qualquer impulso que uma maioria democrata, prestes a assumir a presidência também, pudesse conseguir. Parker percebeu que havia feito uma promessa multibilionária que talvez não pudesse pagar.

Gatten, o principal lobista interno da companhia aérea, ligou de Washington para fazer um prognóstico. O projeto de lei havia sido aprovado na Câmara e parecia que seria facilmente aprovado no Senado, mas a grande questão era se o presidente o sancionaria. A conta oficial da Casa Branca havia tuitado seu apoio ao projeto de lei, mas o boato em Washington era de que Trump, que havia se mudado para Mar-a-Lago após sua derrota para Joe Biden, não o sancionaria. Gatten disse que achava que o presidente o faria e que a American poderia começar a preencher os milhares de cheques para o pagamento.

"Espere um segundo", Parker disse. Ele saiu da sala de reuniões e ligou para Steven Mnuchin, que atendeu no primeiro toque. "Tenho que decidir agora mesmo o que farei em relação a esse cheques", Parker disse. "Se você fosse eu, o que você faria?"

Era uma decisão arriscada. O secretário do Tesouro certamente não tinha obrigação de agradar a American Airlines. E, de fato, a notícia da consagração do projeto de lei quase certamente movimentaria os mercados financeiros, o que significava que Mnuchin precisava manter discrição. Mas os dois tinham desenvolvido um relacionamento franco e produtivo nos últimos nove meses e, com bilhões de dólares em jogo, valia a pena tentar.

Parker não obteve nada do calado Mnuchin, o que ele interpretou como um sinal de que havia uma chance real de que o presidente, em estado de choque pós-eleitoral na Flórida, pudesse simplesmente deixar o projeto de lei de lado. Isso significava que a American estava prestes a gastar bilhões de dólares que não tinha. Parker manteve suas preocupações para si mesmo quando voltou para a sala de reuniões. "Dane-se", ele disse e mandou sua equipe emitir os cheques. Os trabalhadores da American já haviam se sacrificado o suficiente. O mínimo que ele podia fazer — após um ano de licenças, aposentadorias antecipadas, doenças e mortes — era lhes dar um cheque de pagamento até o Natal.

No dia seguinte, o telefone de Parker tocou. Era Mnuchin, que iniciou a conversa com uma risada nervosa. "Você viu o que está acontecendo?" Trump tinha acabado de divulgar um vídeo dizendo que não assinaria o projeto de lei. "O projeto de lei que eles estão planejando enviar de volta para minha mesa é muito diferente do previsto. É realmente uma vergonha", ele disse para a câmera. Entre suas queixas: dinheiro de incentivo para os familiares de imigrantes sem documentos, US$86 milhões em ajuda externa ao Camboja, US$25 milhões para combater as espécies invasoras da carpa asiática, US$1 bilhão para os museus Smithsonian. Ele também queria que os auxílios de US$600 enviados para as famílias, que ele chamou de "ridiculamente baixos", fossem aumentados para US$2 mil e o projeto dispusesse mais dinheiro para pequenas empresas.

Mnuchin disse a Parker que não tinha previsto isso, mas que uma dúvida persistente era o motivo pelo qual ele havia sido cauteloso no dia anterior. "Aguente firme", ele disse ao CEO, que acabara de gastar bilhões de dólares que sua empresa não tinha para gastar.

Seis dias depois, Parker estava em seu carro em Telluride, no Colorado, esperando sua esposa sair do supermercado. O casal tinha ido esquiar no Ano Novo, embora Parker tivesse passado a maior parte da viagem ao telefone com sua equipe, preocupado com as finanças da American. Quando a empresa emitiu milhares de cheques de pagamentos para os funcionários que haviam sido dispensados no início do outono, ele esperava que o Congresso aprovasse outra rodada de auxílio à Covid e que o presidente a sancionasse. Isso ainda não havia acontecido, o que significava que não havia dinheiro do governo entrando para substituir os milhões de dólares dos salários dos funcionários.

O setor aéreo ainda estava sangrando. Um aumento nas viagens de férias — que as autoridades de saúde pública criticaram duramente e logo culpariam por um aumento nos casos de Covid-19 — pouco fez para tirar as transportadoras do buraco financeiro que a pandemia havia cavado. E o presidente Trump não havia sancionado o projeto de lei concedendo US$900 bilhões de auxílio à Covid-19, o segundo grande projeto de incentivo aprovado pelo Congresso para combater os efeitos econômicos do coronavírus. Parker procurava qualquer pessoa em quem pudesse pensar para obter garantias; Mark Meadows, chefe de gabinete de Trump, lhe assegurou que ele havia feito a coisa certa ao emitir os cheques e que o presidente realmente sancionaria o projeto de lei, que enviaria bilhões de dólares em ajuda para a folha de pagamento das companhias aéreas, a fim de compensar os cheques que a empresa acabara de emitir.

Em um momento de frustração, Parker ligou para o celular de Roy Blunt, um senador republicano do Missouri, para saber o que estava acontecendo. Blunt disse a Parker que não sabia o motivo do atraso; o presidente Trump havia mudado de ideia e indicado que sancionaria o projeto de lei, e o próprio Blunt havia acompanhado pessoalmente o projeto de lei até o aeroporto de Washington, onde Mnuchin e o presidente da Câmara, Kevin McCarthy, o levaram de avião até Mar-a-Lago para que o presidente o revisasse e o assinasse.

Por fim, às 19h10 de domingo, dia 27 de dezembro, o telefone de Parker apitou com uma mensagem de McCarthy. "Consegui com que o presidente assinasse." A mensagem seguinte dizia: "O mais difícil com que já trabalhei. Mnuchin e eu nunca desistimos." Nove minutos depois, o *Wall Street Journal* emitiu um alerta de notícia de última hora, confirmando que o projeto de lei de US$900 bilhões, que havia passado meses parado no Congresso, agora era lei.[85] Parker enviou uma mensagem de gratidão, quase uma bajulação: "O resultado disso é que dezenas de milhões de norte-americanos estão em melhor situação."

Isso certamente era verdade, embora menosprezasse a dor que muitos haviam suportado enquanto os líderes da nação travaram uma disputa política durante o final do verão e do outono. O confronto entre os dois partidos, cada um buscando uma vantagem na eleição de novembro por puro ego, havia custado caro. Embora a economia tenha gerado empregos todos os meses entre maio e novembro, esses ganhos diminuíram constantemente à medida que os empregadores perdiam a confiança nas ações do governo. Cumulativamente, esses ganhos corresponderam a cerca de metade dos 30 milhões de empregos perdidos nos primeiros dois primeiros meses da pandemia. Apenas uma semana depois, os números de dezembro mostrariam que a economia havia perdido 140 mil empregos no mês.[86] O relatório, segundo o que declarou o economista Daniel Zhao à CNBC, mostrou que a economia "não estava apenas pisando no freio, mas, na verdade, estava dando marcha ré".

O que antes havia sido projetado, ou pelo menos esperado, como uma rápida recuperação da economia estava desaparecendo, se é que chegou a existir.

CAPÍTULO 23

OFERTA E DEMANDA

Os galos foram uma surpresa.

Era fevereiro de 2022, dois anos desde o início da pandemia, e Brian Chesky havia decidido, algumas semanas antes, lançar um experimento sobre o futuro do trabalho remoto e começar por ele mesmo. A tendência que havia salvado o Airbnb em seus dias mais sombrios da crise — a mudança de aluguéis de curto prazo para estadias de longo prazo — agora parecia ser uma revolução permanente na forma como as pessoas viviam e viajavam. Será que isso também poderia revolucionar a forma como elas trabalhavam? No outono de 2021, quase metade das noites reservadas no Airbnb faziam parte de estadias de pelo menos uma semana. No ano anterior, mais de 100 mil viajantes haviam reservado estadias de três meses ou mais. Quando o próprio Airbnb abriu doze vagas para as pessoas morarem em qualquer uma de suas propriedades anfitriãs — de graça — por um ano, mais de 300 mil pessoas se inscreveram.

Então Chesky queria descobrir: ele poderia fazer isso sozinho? Sua primeira parada foi Atlanta, depois Nashville, depois Charleston, depois uma casa em Miami — "porque parece ser o tipo de coisa que se faz em Miami", ele disse mais tarde a um repórter — e um chalé em Malibu com vista para o Pacífico.[87] Os quase dois anos que passou sozinho em sua casa em São Francisco, apenas na companhia de uma golden retriever chamada Sophie, foram solitários e sufocantes.

Foi assim que ele se viu fora de Los Angeles, onde rapidamente clicou em um anúncio de uma “Cabana de Conto de Fadas”, uma propriedade de 465 metros quadrados construída na década de 1920, com cachoeiras no quintal e uma casa na árvore que prometia o tipo de refúgio peculiar que ele esperava experimentar. Mas ele não tinha lido a descrição com atenção suficiente, deixando de lado a parte sobre as galinhas e os miniporcos que perambulavam em um pasto cercado. Dois galos cantavam alto todo dia ao amanhecer, outro fato que ele teria notado se tivesse lido o anúncio com mais atenção. O escritório estava em reforma, e foi assim que ele se viu recebendo teleconferências de um escritório improvisado na casa da árvore no quintal. Ele saiu de sua estadia única convencido de duas coisas: que deveria ler as letras miúdas daqui para a frente e que esse era o caminho do futuro.

Em abril de 2022, o Airbnb anunciou que seus 6 mil funcionários poderiam trabalhar de praticamente qualquer lugar do mundo.[88] Isso não era insignificante: a mudança exigiu um investimento da empresa para ajudar seus funcionários a lidar com vistos, impostos, folha de pagamento e outros ajustes rotineiros em mais de cem países. Mas o que Chesky mais tarde chamaria de “grande incômodo com a papelada” foi, segundo ele, mais do que compensado pelos benefícios de poder explorar um pool global de talentos — um pool que estava cada vez mais apegado à liberdade que, independentemente do sofrimento e da angústia que a pandemia havia trazido, era claramente seu lado positivo. Brasil, República Tcheca, Barbados e Islândia estavam entre as dezenas de países que anunciaram novos vistos rápidos para trabalhadores remotos, na esperança de atrair o tipo de consumidor com mobilidade ascendente que poderia impulsionar suas economias na saída da crise.

Em todo os Estados Unidos, os CEOs estavam lidando com funcionários administrativos recém-formados que, após passarem dois anos livres das restrições de deslocamentos de cinco dias por semana e do trabalho pesado no escritório, relutavam em voltar. Em fevereiro de 2022, apenas um em cada três funcionários dos EUA havia retornado ao escritório, com base em dados de RH em mais de cem cidades.[89] Ao mesmo tempo, os postos de controle de segurança do aeroporto estavam recebendo cerca de 80% do volume de passageiros anterior à pandemia. As arquibancadas nos jogos da NBA estavam 95% mais cheias do que em 2019. Os norte-americanos tinham voltado a viver suas vidas — só não tinham voltado para os escritórios.

Alguns chefes optaram por combater esse comportamento. Eles alertaram sobre um futuro distópico, no qual quadrados em uma tela substituíam o tipo de criatividade espontânea dos locais de trabalho agitados — para alguns funcionários, uma visão que superestimava a magia da vida no escritório e subestimava o trabalho monótono das reuniões sem sentido e dos deslocamentos que se tornaram mais longos e menos agradáveis com a deterioração da infraestrutura urbana.

Os executivos de Wall Street — um negócio voltado para a aprendizagem cujo treinamento e monitoramento da conformidade foi dificultado em virtude da pandemia — estavam especialmente interessados em levar seus funcionários de volta à sede. Na primavera de 2021, James Gorman, do Morgan Stanley, disse aos funcionários que voltassem às suas mesas até o Dia do Trabalho ou enfrentariam um possível corte salarial: "Se você pode ir a um restaurante na cidade de Nova York, pode ir até o escritório",[90] ele lhes disse.

Mas não funcionou. Os CEOs, impacientes, haviam subestimado a resistência entre os funcionários. E a chegada da variante ômicron no final de 2021, que varreu o país — quando o vírus recuou, acreditava-se que mais da metade do país tinha contraído o coronavírus de uma variante ou de outra —, deu aos funcionários relutantes um bom motivo para ficar longe do escritório. Em dezembro, a sede do Morgan Stanley na Times Square trabalhava apenas com metade da capacidade em um dia normal. "Eu estava errado sobre isso", disse Gorman a um entrevistador, reconhecendo que havia julgado mal o pouco entusiasmo dos funcionários pelo retorno aos seus deslocamentos e horários anteriores à pandemia. Empresas em todo o país voltaram atrás em relação aos cronogramas que haviam estabelecido anteriormente. A Lyft, o aplicativo de carona, disse que não exigiria que os funcionários voltassem ao escritório até 2023. Na Ford, esperava-se que 30 mil trabalhadores voltassem aos postos de trabalho corporativos — os funcionários das fábricas haviam retornado quase um ano e meio antes — mas, agora, foram informados de que poderiam continuar trabalhando em casa até pelo menos março. O Google e o Uber estenderam o trabalho opcional em casa indefinidamente.

Durante anos antes de começar, os tecno-evangelistas previam a morte dos escritórios físicos e do trabalho maçante que os acompanhava, prometendo que softwares cada vez melhores, da internet ultrarrápida aos headsets de realidade virtual, permitiriam que as pessoas trabalhassem de qualquer lugar sem problemas, recuperando as horas antes gastas no deslocamento e remodelando a vida profissional. Mas isso nunca aconteceu, e experimentos anteriores fracassaram completamente. Quando o Yahoo recrutou Marissa Mayer como sua CEO prodígio em 2013, uma de suas primeiras medidas foi endurecer as políticas de trabalho em casa, que haviam sido flexibilizadas por seu antecessor.[91]

A IBM foi pioneira no trabalho remoto e, em 1979, enviou cinco funcionários de seu laboratório de Santa Teresa, no Vale do Silício, para casa com terminais de computador compactos, na esperança de aliviar o congestionamento dos servidores de seu escritório.[92] Em um relatório de 2009, posteriormente retirado de seu site, a empresa se gabou de que 40% de seus 386 mil funcionários trabalhavam remotamente. Em 2017, a IBM deu um ultimato aos funcionários: voltar para o escritório ou encontrar um novo emprego. A reviravolta repercutiu em todos os escalões da gerência corporativa porque a IBM tinha sido, em suas palavras, "uma empresa cujo negócio era como as outras empresas fazem negócios".[93] Se eles não conseguissem viabilizar a visão futurista, para não falar de baixo custo, de uma força de trabalho descentralizada, ninguém conseguiria.

E o boom do capital de risco da década de 2010, quando as empresas estavam produzindo exatamente os tipos de inovações que poderiam ter permitido um escritório verdadeiramente remoto do futuro, de certa forma fez o oposto, estabelecendo limites profissionais em um raio de trinta quilômetros ao sul de São Francisco. Eles podem ter divulgado aplicativos de bate-papo, software de fluxo de trabalho e conexões de vídeo que poderiam possibilitar uma abordagem de trabalho de qualquer lugar para os clientes que eles apresentavam, mas seus campi corporativos, equipados com cápsulas de soneca, salas de massagem e refeições gratuitas, transmitiam uma única mensagem: queremos vocês no escritório.

No entanto, a pandemia tinha mudado isso. A tecnologia tornou mais fácil manter-se conectado — o FaceTime, aplicativo de bate-papo por vídeo da Apple para iPhone e Mac, existe desde 2011, enquanto o software corporativo de videoconferência proliferou de empresas como Microsoft, Google e, mais tarde, Zoom —, mas nunca houve um teste de suas habilidades técnicas ou de sua ressonância emocional no mundo real. A pandemia proporcionou ambos.

O Airbnb estava preparado para ser líder e beneficiário desse novo mundo, lucrando com um futuro de trabalho menos vinculado a escritórios físicos. Os trabalhadores remotos preencheriam suas propriedades, gerando milhões de dólares em receita. A pesquisa interna do Airbnb mostrou que a maioria das pessoas não gostava de ficar em hotéis por mais de uma semana. Se a força de trabalho profissional dos Estados Unidos fosse pegar a estrada, eles precisariam de um lugar para ficar.

A OFERTA E A DEMANDA são as duas forças básicas em ação em uma economia. Quanto custam as coisas, quanto vale um dia de trabalho, o ritmo da inovação — tudo isso depende do equilíbrio entre a quantidade de coisas que existem e quanto as pessoas querem ou precisam dessas coisas, uma lei simples o suficiente para ser compreendida por uma criança em idade escolar. A maioria das economias encontra esse equilíbrio de forma natural, mesmo que nem sempre de modo suave. Em uma onda de calor, o preço da eletricidade sobe. Quando a oferta dos vendedores corresponde à demanda dos compradores, o preço das ações se estabiliza. Os consumidores querem eletrônicos menores e mais rápidos, de modo que os tijolões com antenas da década de 1990 se transformaram nos smartphones elegantes em menos de uma década.

A pandemia interrompeu esse equilíbrio duas vezes, e quase todo o sofrimento econômico que ela causou — e continuará causando nos próximos anos — pode ser explicado por esse ato de disrupção. Nos primeiros dias da pandemia, a oferta superou a demanda de quase tudo — voos, reservas de hotéis, carros, ingressos para shows, mesas de restaurantes e, até mesmo, mão de obra. As demissões em massa — 22 milhões de empregos foram perdidos nos Estados Unidos — podem ser explicadas academicamente, ainda que de uma forma impiedosa, por um excesso de oferta de trabalhadores em um mundo sem demanda por suas habilidades.[94]

No final da pandemia, essas forças se inverteram. As pessoas começaram a sair de casa carentes das experiências que desejavam e, na maioria dos casos, mais ricas, graças a dois anos de ajuda do governo e às economias de suas longas hibernações. Essa demanda explosiva se deparou com uma enorme escassez de oferta de suprimentos. As fábricas que haviam fechado demoraram a voltar à produção pré-pandemia. Os lockdowns contínuos em todo o mundo, principalmente na China, haviam prejudicado as cadeias de suprimentos globais, levando a uma escassez histórica de componentes e matérias-primas. E muitos dos milhões de pessoas que haviam deixado a força de trabalho, voluntariamente ou em decorrência das demissões causadas pela pandemia, optaram por não retornar.

O resultado, como qualquer economista poderia ter previsto — e muitos previram — foi o aumento dos preços. A taxa de inflação dos EUA, medida pelo custo de uma cesta de bens comumente adquiridos, desde o aluguel mensal até laranjas clementinas, passando por um conjunto de freios novos e um mecânico para instalá-los, passou a década anterior à pandemia oscilando abaixo de 2% ao ano, o que significa que um litro de leite que custava US$3 em 2013 custava cerca de cinco centavos a mais em 2014. O Federal Reserve e a maioria dos outros bancos centrais têm como meta uma inflação de 2%, baixa o suficiente para que as pessoas e as empresas não pensem muito nisso ao tomar decisões financeiras, mas alta o suficiente para que os bancos centrais possam reduzi-la no caso de uma desaceleração econômica sem que caia abaixo de zero. A meta é uma inflação baixa e estável, porque dá aos agentes econômicos a confiança para fazer investimentos como comprar uma casa ou construir uma fábrica, o que, por sua vez, mantém a economia crescendo e o desemprego baixo — as duas principais metas do Fed.

Isso foi por água abaixo no outono de 2021. E Bill Ackman estava esperando.

Ackman ganhou US$2,6 bilhões em sua aposta no início da pandemia contra o mercado de títulos, um dos maiores ganhos em uma única operação da história de Wall Street. E ele fez isso em cerca de três semanas, o que lhe proporcionou um retorno anualizado — a referência pela qual os gerentes financeiros são julgados — de 300.000%, um número quase cômico em um mundo em que retornos anuais de dois dígitos são considerados de primeira linha. A alquimia de qualquer investimento tem três componentes principais: tese, expressão e momento certo. E Ackman havia acertado em todos os três: o risco da pandemia estava, de fato, sendo drasticamente subestimado pelos mercados financeiros; um investimento a descoberto em títulos era a maneira certa de expressar esse ponto de vista; e fevereiro de 2020 foi o momento certo para fazê-lo.

Quase um ano depois, o mundo parecia muito diferente para o bilionário. As primeiras vacinas haviam sido aplicadas. As pessoas estavam cansadas dos lockdowns e prontas para gastar o dinheiro que haviam economizado durante um ano presas dentro de casa.

Ele acreditava que o Federal Reserve não estava agindo corretamente. O banco central havia mantido as taxas de juros próximas de zero desde o início da pandemia, para proteger a economia e manter o fluxo de crédito. Mas os empregos estavam voltando, as empresas estavam reabrindo e os consumidores estavam voltando a gastar, todos sinais de que a economia estava se recuperando rapidamente, o que provavelmente exigiria que o Fed retirasse a mão da balança. A reabertura desencadearia uma enxurrada de gastos dos consumidores, provocando uma inflação não vista há décadas e forçando o Fed a intervir, aumentando as taxas de juros.

Então, no final de 2020, ele começou a realizar outra operação gigantesca, dessa vez investindo US$177 milhões em opções vinculadas a títulos do Tesouro que seriam pagos se as taxas de juros subissem. Assim como sua aposta de crédito um ano antes, o evento em si — nesse caso, o banco central elevando suas taxas de juros de referência — não precisava acontecer para que a aposta de Ackman começasse a dar frutos no papel. Os investidores simplesmente tinham que começar a acreditar que isso aconteceria. E, assim como no início de 2020, quando o mercado acordou, ele o fez rapidamente. No final de março, o investimento de Ackman havia mais do que triplicado de valor. No outono, as preocupações com a inflação tomaram conta de Wall Street e os lucros continuaram aumentando.

Em outubro, ele entrou em uma reunião pelo Zoom com o comitê consultivo de investidores do Fed. O painel, composto por cerca de uma dúzia de investidores e executivos de Wall Street, foi criado na esteira da crise financeira de 2008 como uma espécie de gabinete informal para o banco central, fornecendo informações sobre os mercados e recomendações para ajustes de políticas e intervenções regulatórias, com palestras ocasionais dos membros sobre qualquer assunto preferido. Ray Dalio, diretor do maior fundo de hedge do mundo, o Bridgewater, falou sobre o Bitcoin, e Scott Minerd, da empresa de investimentos Guggenheim Partners, lamentou a falta de liquidez nos mercados de títulos.

Naquele dia, o microfone era de Ackman. Ele não perdeu muito tempo criticando seu anfitrião, o Federal Reserve Bank de Nova York. Ele argumentou que uma abordagem do tipo "esperar para ver" para aumentar as taxas de juros era um erro. Quase 80% dos empregos perdidos durante a pandemia haviam sido recuperados; havia apenas 5 milhões de pessoas a menos empregadas agora do que em fevereiro de 2020, ele disse, e muitas delas provavelmente por opção. Mais de 400 milhões de vacinas haviam sido aplicadas. Apenas quatro dias antes, o presidente do Banco da Inglaterra — homólogo de Jerome Powell na Grã-Bretanha — havia mudado de opinião sobre o fato de os preços mais altos serem temporários ou permanentes e disse que o banco "teria que agir", aumentando as taxas de juros. Por que o Fed estava demorando tanto? De volta à sua casa, em sua cobertura em Manhattan, Ackman fez questão de falar publicamente e de maneira mais incisiva no Twitter. "Continuamos a dançar enquanto a música toca", ele escreveu, "e é hora de baixar o volume da música e sossegar". Segundo ele, o Fed "deve começar a aumentar as taxas o mais rápido possível."

O fato de a empresa ter decidido lucrar não era exatamente um segredo — a Pershing Square havia divulgado a aposta já em março, e ele a havia tuitado junto com um link para a apresentação que ele fez ao Fed. "Nossos investimentos refletem nossas palavras", ele escreveu. Era o mesmo manual que ele havia usado ao longo de sua carreira — em parte defensor do próprio portfólio e, em parte, salvador autointitulado, evangelizando do topo da montanha.

Demorou mais três meses, mas Ackman realizou seu desejo. No final de janeiro, diante das crescentes evidências de que a inflação não era "transitória", como Powell havia dito repetidamente, mas, sim, veio para ficar e precisava ser enfrentada, o Fed sinalizou que começaria a aumentar as taxas de juros em sua próxima reunião, em março. "Este será um ano em que nos afastaremos constantemente da política monetária altamente acomodatícia que implementamos para lidar com os efeitos econômicos da pandemia", ele disse em uma coletiva de imprensa severa que ressaltou o peso de sua mensagem. Depois de mais de uma década despejando dinheiro barato na economia, primeiro para proteger sua lenta recuperação após a crise de 2008 e, depois, para mantê-la à tona durante a pior paralisação econômica da história moderna, o Fed estava fechando a torneira. O dinheiro não seria mais praticamente gratuito.

Ackman, no entanto, já havia ganhado seu dinheiro. A Pershing Square havia começado a vender sua posição nos dias anteriores e já havia saído quando Powell subiu no palanque em Washington. Ele havia feito US$1,25 bilhão com a negociação.

Ackman, mais conhecido por travar uma guerra contra conselhos de administração fora de sintonia e CEOs mal orientados, havia previsto tanto a chegada quanto o fim do maior evento macroeconômico da história. Ele havia adotado duas teses — a primeira, que o vírus seria um cataclismo econômico e, a segunda, que a recuperação do país seria mais rápida e acidentada do que se esperava — e as transformou em lucros de US$4 bilhões. Em ambas as operações, Ackman apostou em algo que o mercado considerou uma hipótese remota. No início de 2020, os investidores não se intimidaram com o avanço do vírus na Ásia e, portanto, estavam dispostos a vender barato o que equivalia a um seguro contra incêndio. Um ano depois, com sinais contraditórios sobre a força da economia, os traders imaginaram que o Fed manteria as taxas de juros baixas, então eles ofereceram grandes chances para quem estivesse disposto a aceitar o outro lado dessa aposta.

Seu cisne negro ficou verde.

CAPÍTULO 24

A GRANDE RENÚNCIA

Os planos de sucessão que Jim Hackett e Bill Ford traçaram em janeiro de 2020 no rancho da montadora em Palm Springs foram bem-intencionados. Eles haviam escolhido o próximo diretor da Ford — Jim Farley, um louco por carros que havia superado os concorrentes e conquistado a lealdade da força de trabalho operária — e traçado um plano para que Hackett anunciasse sua aposentadoria no final do ano e permanecesse até a reunião anual da Ford em 2021, na primavera. Os dois homens pretendiam apresentar o momento exato do anúncio ao conselho em uma votação formal naquele verão. "Planejo permanecer neste trabalho", Hackett disse à CNBC no dia em que a promoção de Farley foi anunciada.

Foi um plano bem elaborado para os padrões das empresas modernas, que passaram a tratar a sucessão do CEO menos como uma passagem de bastão gerencial e mais como uma coroação. E era especialmente verdade para a Ford, que havia passado por três executivos-chefes em sete anos e gerado um nível de intriga palaciana mais frequente em Wall Street do que no cerne industrial.

Mas, como quase tudo na Ford e em empresas em todo o mundo, a pandemia havia cancelado esse plano. Para começar, Hackett estava cansado. Ele tinha visto a empresa passar por uma crise existencial. Ele evitou sua ruína financeira, reabriu suas fábricas e, por algum milagre, manteve os cronogramas de produção de novos modelos, como a picape elétrica F-150, dentro do prazo. Na verdade, grande parte do crédito pelo sucesso da produção recaiu sobre Farley, que provou ser um operador capaz desde sua promoção, em fevereiro, a diretor de operações e aparente herdeiro. Ele havia economizado cerca de US$6 bilhões em toda a empresa durante a recessão, recuperando gastos com publicidade e pagamentos a fornecedores e simplificando os fluxos de trabalho da fábrica. Ele era um profissional de marketing habilidoso e atuava tão bem com fornecedores exigentes quanto com revendedores de automóveis bajuladores.

E, de maneira mais ampla, quando o vírus pareceu se acalmar, no verão de 2020 — uma breve pausa, como se viu, antes que novas variantes trouxessem a segunda, a terceira e a quarta ondas —, Hackett sentiu o encerramento de um capítulo. Assim que a pandemia terminasse, ele sabia que um bom CEO teria que compensar dois anos de viagens limitadas, visitando as fábricas, os fornecedores e os revendedores da empresa em todo o mundo. Ele não estava disposto a passar o ano seguinte dentro de um avião.

Sua percepção foi confirmada por uma conversa com Tony Earley, um veterano CEO do setor de serviços públicos e um dos membros mais antigos da diretoria da Ford, em meados de junho. "O que você acha de Jim assumir o cargo em outubro em vez de maio?", Earley perguntou. Earley tinha grande consideração por Hackett e fez uma analogia com o objetivo de lisonjear, não de persuadir. Michael Jordan, Tom Brady. Os grandes do esporte continuam dizendo a si mesmos que ainda têm mais um bom ano pela frente, Earley disse, e geralmente ficam um ano a mais.

Era tudo o que Hackett precisava ouvir. Em uma tarde sufocante em Detroit, ele ligou para Bill Ford. "Aquele cronograma que definimos", ele disse, "acho que devemos reconsiderá-lo". Farley seria o dono do próximo capítulo da Ford, aquele sem mortes, resgates do governo e política atemorizantes, Hackett disse ao último neto remanescente de Henry Ford. "Ele deveria começar agora."

Em 4 de agosto, a Ford anunciou a aposentadoria de Hackett e a ascensão de Farley, uma promoção no campo de batalha corporativo. A mudança pegou Wall Street de surpresa — embora tenha sido agradável: as ações da Ford subiram 3% naquela manhã. "Não leve para o lado pessoal", Bill Ford disse ao CEO que estava saindo, lembrando-o do comentário que Hackett havia feito três anos antes, quando foi contratado — que Wall Street não gostaria dele.

De acordo com qualquer avaliação justa, o mandato de Hackett foi misto. Conforme prometido, ele cortou da linha de produtos da Ford carros que davam prejuízo e simplificou suas operações. Lançou novas versões de veículos icônicos, como a picape F-150 e o Bronco, e investiu em tecnologias como carros autônomos e veículos elétricos, que ele acreditava firmemente que garantiriam que a empresa, fundada há mais de um século, sobreviveria ao próximo. Mas o placar era desanimador: as ações da Ford haviam caído mais de 40% sob seu comando, e a reestruturação das operações da Ford no exterior, uma reforma de US$11 bilhões, havia reduzido os lucros, tendo pouco para apresentar até agora.[95]

A aposentadoria surpresa de Hackett foi uma das inúmeras no que ficou conhecido como a Grande Renúncia, um êxodo em massa de funcionários que atingiu praticamente todos os setores. Mais de 27 milhões de norte-americanos abandonaram seus empregos entre setembro de 2020 e o final de 2021.[96] Eles abandonaram empregos como professores e em redes de fast-food, pistas de aeroportos e shoppings. Muitos deixaram empregos por serem mal remunerados ou terem horários imprevisíveis e longos deslocamentos. Não havia uma causa única. A incerteza econômica dos primeiros dias da pandemia atrasou as aposentadorias planejadas há muito tempo — apenas dois milhões de norte-americanos deixaram seus empregos voluntariamente em abril de 2020, uma baixa de oito anos. A longa jornada de trabalho durante a pandemia forçou muitos a repensar suas prioridades — o que o professor da Texas A&M que cunhou a frase chamou de "epifanias pandêmicas".[97] Os trabalhadores de colarinho azul estavam preocupados com sua segurança pessoal. Os professores desistiram após dois anos de ensino remoto que, no geral, não funcionou para eles nem para seus alunos. Os trabalhadores de colarinho branco, livres dos escritórios durante a pandemia, preferiram a liberdade que encontraram em escritórios domésticos ou em novas cidades. A falta de creches e o aumento dos custos — uma tendência que foi exacerbada pela saída de milhares de cuidadores mal remunerados do mercado de trabalho — bagunçaram a economia doméstica e, em alguns casos, fizeram com que não valesse a pena continuar trabalhando.

Seja por causa de benefícios governamentais excessivamente generosos, que pagaram às pessoas para não trabalharem, ou por um evento de trauma em massa que as forçou a reconsiderar o que realmente importava, o resultado foi uma escassez de mão de obra diferente de qualquer outra vista em décadas e uma corrida há muito esperada pelas empresas para aumentar os salários e os benefícios. As empresas, que, nos primeiros dias da pandemia, demitiram milhares, no final de 2021, enfrentaram o problema oposto: não conseguiam contratar trabalhadores suficientes. A Macy's havia dispensado a maior parte de seus 125 mil funcionários de lojas de departamentos em março de 2020. Um ano e meio depois, ela aumentou seu salário inicial para US$15 a hora e lançou um programa de assistência para o pagamento de mensalidades universitárias, para atrair candidatos para cerca de 76 mil vagas abertas, já que mais de 2 milhões de trabalhadores do varejo haviam deixado seus empregos naquele verão e no início do outono. Ainda desesperada às vésperas da Black Friday, a empresa recrutou funcionários de seu escritório corporativo para as funções de dobradores de camisas e estoquistas de prateleiras, implorando a executivos de recursos humanos e contadores que participassem de um programa que chamaram de "Elfos de Elevação da Experiência".[98]

Assim como muito sobre o curso da pandemia na economia e na sociedade global, houve uma reversão quase inacreditavelmente rápida. Em abril de 2020, a taxa de desemprego nos Estados Unidos chegou a quase 15%. No final de 2021, estava abaixo de 4% — perto dos níveis mais baixos de todos os tempos — e os empregadores estavam tentando preencher 10 milhões de vagas abertas. Esse desequilíbrio deu nova força a um movimento trabalhista nascente. Em março de 2022, as empresas dos EUA estavam pagando a seus funcionários quase 5% a mais do que no ano anterior. A Target, a Amazon e a Costco estavam envolvidas em uma batalha salarial que fez com que o pagamento por hora passasse de US$15 para US$16 e, depois, para mais de US$20.

O trabalho parece ascendente em outros aspectos. Os trabalhadores apresentaram 1.174 pedidos ao Conselho Nacional de Relações Trabalhistas para formar um sindicato em seus locais de trabalho entre 1º de outubro de 2021 e 31 de março de 2022, um aumento de 57% em relação ao mesmo período do ano anterior.[99] Eles representavam centenas de lojas da Starbucks e um depósito da Amazon em Staten Island, que venceu uma das campanhas de organização mais vigiadas e disputadas da história moderna. Esses esforços não são suficientes para reduzir significativamente a erosão do poder do trabalho nos últimos cinquenta anos, durante os quais o número de associados caiu de mais de um quarto em

1960 para apenas 10% em 2018. Mas o aumento na atividade sindical, combinado com o fato de que as grandes empresas aumentaram os salários após anos de resistência, sugere que o equilíbrio de poder entre a administração e seus funcionários pode estar mudando. A pandemia de coronavírus pode um dia ser encarada como uma reinicialização, o pêndulo não apenas balançando naturalmente, mas sendo puxado de volta na outra direção.

CONCLUSÃO

As pandemias anteriores, além de seu custo humano, provocaram mudanças sísmicas nas economias de seu tempo. Acredita-se que a Peste Negra, que atingiu a Europa em meados do século XIII, tenha matado pelo menos um terço da população do continente. No entanto, ela ajudou a dar início ao nascimento das economias capitalistas, baseadas nas forças de mercado, e não no clientelismo. Antes da peste, a maioria dos trabalhadores europeus eram servos, cativos de proprietários cujos campos cultivavam em troca de proteção e sustento. Assim como a pandemia de Covid-19, a peste bubônica atingiu mais duramente essa classe mais baixa. Mas aqueles que sobreviveram encontraram uma economia transformada: não havia pessoas suficientes para cultivar a terra. O resultado, ainda que breve, foi o poder de barganha. Muitos deixaram de ser servos e, em vez disso, passaram a se vender pelo maior lance — o início da primeira verdadeira economia assalariada do Ocidente. Entre 1348 e 1351, a Inglaterra perdeu quase metade de sua população, e os salários aumentaram em dois terços.[100] Cinquenta anos após o fim da peste, os camponeses britânicos estavam ganhando o dobro do que ganhavam antes de ela começar.

A pandemia de gripe de 1918 também abalou a economia que encontrou. Três anos de morte e agitação política (a obrigatoriedade do uso de máscara, como se viu, foi tão divergente na época quanto seria um século depois), combinados com o preço da Primeira Guerra Mundial, criaram uma geração desorientada, que reavaliaria suas vidas após anos de morte em massa. Eles aceitaram o apelo do presidente Warren Harding por “um retorno à normalidade” — ele mesmo popularizou a palavra ao interpretar mal o termo "normalidade" durante um discurso de campanha em 1920 — e seguiram em frente.[101] O que se seguiu foram os loucos anos 1920, um período de inovação social e econômica que surgiu após anos de torpor e mal-estar.

Nos primeiros dias da recuperação do coronavírus, é possível ver ecos de ambas as pandemias anteriores. O trabalho está em ascensão e, embora os trabalhadores da atualidade não tenham um caminho tão longo a percorrer quanto os camponeses medievais, sua luta por melhores salários e condições ganhou mais força do que em qualquer outro momento desde a Segunda Guerra Mundial, a última vez em que os trabalhadores domésticos foram considerados uma mercadoria escassa.

E o entusiasmo da década de 1920 também é facilmente visível. No início de 2022, o mercado de ações dos EUA estava 40% acima de seu pico pré-pandemia dois anos antes, e a febre das finanças baseadas em memes se acalmou, mas nunca desapareceu totalmente. Não está claro até o momento em que este livro foi escrito se o mercado chegará ao mesmo fim que os loucos anos 1920, mas é facilmente imaginável para aqueles que têm uma compreensão básica sobre os mercados e uma noção de história.

O que está claro é que a economia que emerge da pandemia não é a mesma que se chocou de frente com ela. O aumento da inflação fez com que os consumidores duvidassem do dólar como moeda forte pela primeira vez em quatro décadas. Avanços digitais há muito esperados em telemedicina, colaboração profissional e logística vieram para ficar. O mercado de trabalho levará anos para encontrar um equilíbrio, e esse período testará se a dívida dos Estados Unidos com os trabalhadores essenciais — enfermeiros, funcionários de obras públicas, entregadores e outros — será paga financeiramente na forma de melhores salários e mais investimentos. (Um teste inicial sugere que não: uma proposta do governo Biden de US$400 bilhões em novos gastos para aumentar os salários dos auxiliares de saúde domiciliares, que estão entre os profissionais de saúde mais mal pagos e mais necessários, foi retirada do projeto de lei final.)

O rápido e severo aumento das taxas de juros sinaliza o fim da era da liberação de dinheiro. Nos anos que se seguiram à crise de 2008, os mercados financeiros passaram a contar com a benevolência dos bancos centrais, cujas políticas produziram dívidas baratas e prontamente disponíveis, e com o aumento dos preços das ações — dois cenários que tendem a fazer todo investidor parecer um gênio. Sem esse apoio do governo, os mercados provavelmente serão mais traiçoeiros, mas os riscos serão mais bem avaliados.

A liderança corporativa também foi testada e redefinida pela pandemia. Com a fé no governo compreensivelmente corroída, os funcionários recorreram a seus chefes em busca de orientação, e os CEOs dos Estados Unidos assumiram o comando de bom grado — principalmente por um desejo genuíno de levar suas empresas adiante, embora certamente auxiliados pelo ego. Eles se tornaram mais comunicativos e transparentes, encontraram suas vozes em questões políticas e restabeleceram vínculos com os funcionários que haviam perdido durante uma década benigna que lhes dava o direito de serem distantes.

A reformulação desse papel tem desafios próprios, que só agora estão começando a se manifestar. O engajamento é um caminho escorregadio, e o que começou como posturas descomplicadas durante os primeiros dias unificadores da crise se tornou mais complicado à medida que a pandemia e a agitação social que ela fomentou dividiram o país. As exigências de máscaras e vacinas dividiram funcionários e clientes em linhas ideológicas. As ordens de retorno ao trabalho fizeram o mesmo ao longo das linhas geracionais. Tendo entrado na briga política enquanto corriam para salvar suas empresas e tranquilizar seus funcionários, os líderes corporativos estão achando mais difícil sair dela. As guerras culturais que agitaram a política e a mídia norte-americanas estão chegando diretamente ao comércio, conforme visto nas controvérsias da Disney e da Delta Air Lines sobre suas respostas corporativas aos acontecimentos políticos em seus estados de origem, Flórida e Geórgia, respectivamente. Essas batalhas provavelmente teriam eclodido uma hora ou outra, mas a pandemia as inflamou e as acelerou.

As consequências econômicas da pandemia poderiam ter sido muito piores e, quase certamente, teriam sido sem as ações rápidas tomadas pelas autoridades em Washington. Pode-se discutir se os cheques de incentivo foram muito grandes ou enviados durante muito tempo, se o auxílio às companhias aéreas simplesmente socorreu executivos após anos de planejamento inadequado, se uma supervisão mais rígida ou critérios mais específicos teriam direcionado o dinheiro apenas para as empresas ou famílias mais necessitadas, se os US$6 trilhões que o Fed injetou na economia dos EUA são os culpados pelo que, até agora, tem sido uma recuperação turbulenta. Mas qualquer resposta do governo implica uma compensação entre velocidade e precisão, e o manual de 2020 dos reguladores financeiros e das autoridades eleitas no Congresso evitou um colapso econômico e garantiu que, quando o vírus finalmente acalmasse e as pessoas estivessem prontas para comer fora novamente, pegar um avião e voltar ao trabalho, esses restaurantes, aviões e escritórios ainda estariam lá.

AGRADECIMENTOS

Este livro não seria possível sem a ampla cooperação das pessoas que conversaram comigo ao longo de mais de um ano, mesmo quando o destino das empresas que elas ajudavam a administrar ou regulamentar — e, de fato, toda a economia — estava em perigo. É fácil olhar para trás agora e ver que a economia não quebrou, que uma repetição de 2008 foi evitada. Mas nada disso ficou claro quando muitas dessas fontes começaram a me contar suas histórias. Durante uma segunda onda e, depois, uma terceira, durante a vacinação e as variantes, durante a agitação social e política provocada pela pandemia, que exigiu mais tempo e atenção, eles continuaram atendendo ao telefone. Sou grata.

Paul Whitlatch, da Crown, foi um editor intransigente e solidário. Ele absorveu as neuroses de uma autora iniciante com humor e humanidade, elevando minha escrita e me concentrando no panorama geral diversas vezes. Também quero agradecer a Katie Berry, da Crown. Meu agente, David McCormick, validou a ideia deste livro desde o início e me ajudou a dar opiniões e a fazer revisões precisas durante todo o processo. Charlie McGee forneceu pesquisas cruciais, e Julie Tate foi inestimável diversas vezes.

O *Wall Street Journal* foi uma casa jornalística incrível. Agradeço a Matt Murray, que torceu por mim e, felizmente, não me incomodou quando estava voltando da licença para escrever um livro; a Marcelo Prince, que conduziu o artigo de 8 mil palavras, publicado na madrugada de 4 de abril de 2020, que me convenceu de que havia um livro a ser escrito ali; a Charles Forelle, Jamie Heller, Dana Cimilluca, Elena Cherney e Karen

Pensiero por seu apoio enquanto eu aprendia como fazer o trabalho, como contar histórias, com o dinheiro deles. Foi um privilégio.

Um agradecimento especial a Marie Beaudette, minha editora no *Journal*. A confiança dela me incentivou a assumir este projeto em primeiro lugar, e sua paciência foi fundamental para concluí-lo. Em nossos oito anos trabalhando juntas em diversas funções, ela confiou em meus instintos, repreendeu minha casualidade em relação aos prazos e me incentivou a contar histórias da maneira mais confiável possível — um treinamento sólido para escrever um livro.

Um desafio desse empreendimento foi ficar esperta em relação a setores que eu nunca havia coberto em minhas reportagens. Passei anos escrevendo sobre Wall Street, mas descobri — muitas vezes no momento em que me sentava ao computador para transformar entrevistas em textos legíveis — que não sabia quase nada sobre companhias aéreas, varejistas ou fabricantes de automóveis. Meus colegas do *Journal* generosamente doaram seu tempo e sua experiência, entre eles Alison Sider, Craig Karmin, Andrew Ackerman e a lenda já aposentada Sue Carey.

Rob Copeland ofereceu conselhos sobre como lidar com fontes cautelosas e conforto nos dias em que as palavras não fluíam. Bradley Hope foi uma fonte constante de inspiração e, pelo menos em parte, é responsável por toda essa empreitada: em 2019, ele me apresentou a Paul, meu futuro editor na Crown, dizendo que eu deveria escrever um livro algum dia e dizendo a Paul que ele deveria publicá-lo. O tema do livro parecia não ter importância alguma para Bradley, que encontra histórias épicas com uma facilidade invejável.

Sarah Krouse deixou máscaras cirúrgicas e champanhe à minha porta depois que terminei a proposta que se tornaria este livro, na época em que a cidade de Nova York era solitária e assustadora. Mais tarde, ela leu seções importantes com um olhar crítico e uma alergia saudável a advérbios. Peter Rudegeair assumiu minha carga de trabalho enquanto eu estava de licença e foi um bom ouvinte o tempo todo. Charles Forelle explicou os meandros da política monetária em mais ocasiões e com mais detalhes do que ele ou eu jamais discutiremos publicamente. Serei eternamente grata por seu conhecimento aparentemente infinito e por seu amor por uma boa história. Erich Schwartzel, Maureen Farrell, Tripp Mickle, Eliot Brown, Justin Scheck, Kirsten Grind e Mary Childs — amigos cujos livros eu devorei — compartilharam sua sabedoria.

Um agradecimento especial a Ben Smith por seu entusiasmo com este projeto quando deixei o ninho protetor do *Journal* para me juntar à Semafor. Agradeço também à equipe da Crown que fez este livro acontecer: David Drake, Gillian Blake, Annsley Rosner, Julie Cepler, Stacey Stein, Sierra Moon, Allison Fox e Sally Franklin. E a Meredith, Ileana, Liz e Corey por me manterem sã durante todo o processo.

À minha família: meu irmão, Ben, o melhor escritor que conheço; minha irmã, Diana, cuja coragem e emojis, enviados diariamente por mensagem de texto, me mantiveram firme em meu propósito; Ally, que nos mantém unidos e minha irmã de coração; e minha mãe, Sherrie, que silenciosamente perdoou quando nosso status de vacinação — e a liberdade de nos visitarmos após um ano sem nos vermos — entrou em conflito com as viagens de reportagem. Agradeço, ainda, a David e Kara, cuja casa ensolarada na Califórnia foi um retiro muito bem-vindo para escritores, e a Mary Ellen e Corwin, por tudo.

Este livro é dedicado ao meu pai, Bob Hoffman. Ele foi meu primeiro revisor, preciso na maneira bem-intencionada de um grande pai e na maneira ligeiramente irritante de um grande advogado. Ele era ambos. Ele morreu em 2017 e escrevi grande parte deste livro — e passei grande parte da pandemia — em suas velhas calças de moletom de jardinagem. Gostaria que ele pudesse tê-lo lido. Ele teria feito algumas anotações.

NOTAS

Este livro é baseado em entrevistas com mais de cem pessoas que tiveram uma perspectiva, direta ou indireta, dos eventos narrados. Ele se baseia em lembranças pessoais, anotações, calendários, agendas de reuniões e comunicações pessoais, incluindo e-mails e mensagens de texto da época. O diálogo é apresentado de acordo com as melhores lembranças das pessoas que estavam presentes ou que foram informadas sobre as conversas.

Salvo indicação em contrário, as estatísticas a respeito da contagem de casos, mortes e outros fatos médicos sobre a pandemia são provenientes do Johns Hopkins Coronavirus Resource Center, que se tornou o principal centro de distribuição de dados de saúde pública relacionados à pandemia.

Prólogo

1 Miriam Jordan e Julie Bosman, "Hundreds of Americans Were Evacuated from the Coronavirus Epicenter. Now Comes the Wait", *The New York Times*, 12 de fevereiro de 2020.

2 "1918 Pandemic (H1N1 Virus)", Centros de Controle e Prevenção de Doenças, 20 de março de 2019.

Capítulo 1: Tempo Emprestado

3 Lawrence Wright, "The Plague Year", *The New Yorker*, 28 de dezembro de 2020.

4 Dados do Bureau of Economic Analysis, Tabela 6.19B, Corporate Profits After Tax by Industry, 30 de julho de 2021.

5 James Manyika, Jan Mischke, Jacques Bughin, Jonathan Woetzel, Mekala Krishnan e Samuel Cudre, "A New Look at the Declining Labor Share of Income in the United States", McKinsey Global Institute, 22 de maio de 2019.

6 Negócios corporativos não financeiros; títulos de dívida e empréstimos; passivo, nível, dados econômicos FRED.

7 Dados da Nasdaq, Shiller PE Ratio por mês, 6 de agosto de 2022.

8 Arne Alsin, "Stock Buybacks Made Corporations Vulnerable. Then the Coronavirus Struck", *Forbes*, 24 de abril de 2020.

Capítulo 2: A Década de Champanhe

9 Formulário 10-K da Hilton Worldwide Holdings, Comissão de Valores Mobiliários dos Estados Unidos, 31 de dezembro de 2019.

10 "CHP Closely Monitors Cluster of Pneumonia Cases on Mainland", Governo da Região Administrativa Especial de Hong Kong, 31 de dezembro de 2019.

11 Liz Hoffman, "Morgan Stanley Is Buying E*Trade, Betting on Smaller Customers", *The Wall Street Journal*, 20 de fevereiro de 2020.

12 Bryce G. Hoffman, *American Icon: Alan Mulally and the Fight to Save Ford Motor Company* (Nova York: Crown, 2012).

13 Stephen J. Dubner, "Can an Industrial Giant Become a Tech Darling?", 7 de novembro de 2018, em Freaknomics, produzido por Greg Rosalsky, podcast, áudioMP3, 56:41.

14 Christina Rogers, "Ford's New CEO Has a Cerebral Style — and to Many, It's Baffling", *The Wall Street Journal*, 14 de agosto de 2018.

15 Joann Muller, "Ford CEO James Hackett, Under Fire from Wall Street, Shows Forbes the Early Fruits of His Turnaround Plan", *Forbes*, 6 de setembro de 2018.

16 Stephen Edelstein, "Ford's New CEO Races a 1966 Ford GT40 as His Form of Yoga", Motor Authority, 16 de outubro de 2020.

17 Clare Foges, "This Has Been the Decade of Disconnection", *The Times*, 30 de dezembro de 2019.

18 Eric J. Savitz, "Delta Is Using CES to Talk About Better Baggage Handling, Shorter Lines, and More Wi-Fi", *Barron's*, 7 de janeiro de 2020.

19 "IATA Annual Review 2019", International Air Transport Association, junho de 2019.

20 Mike Baker and Sheri Fink, "Covid-19 Arrived in Seattle. Where It Went from There Stunned the Scientists", *The New York Times*, 22 de abril de 2020.

Capítulo 3: O Grande Problema

21 Shu Yang, Peihua Cao, Peipei Du, Ziting Wu, Zian Zhuang, Lin Yang, Xuan Yu, Qi Zhou, Xixi Feng, Xiaohui Wang, Weiguo Li, Enmei Liu, Ju Chen, Yaolong Chen e Daihai He, "Early Estimation of the Case Fatality Rate of COVID-19 in Mainland China: A Data-Driven Analysis", *Annals of Translational Medicine* 8, no. 4 (2020).

22 Emily Feng e Amy Cheng, "Critics Say China Has Suppressed and Censored Information in Coronavirus Outbreak", NPR, 8 de fevereiro de 2020.

23 Raymond Zhong, Paul Mozur, Jeff Kao e Aaron Krolik, "No 'Negative' News: How China Censored the Coronavirus", *The New York Times*, 19 de dezembro de 2020.

24 "Airlines May See $10-Billion Loss as SARS Takes Its Toll", *Los Angeles Times*, 6 de maio de 2003.

25 Mike Colias, "Ford Increasing Electric Vehicle Investment to $11 Billion by 2022", *The Wall Street Journal*, 14 de janeiro de 2018.

Capítulo 4: Bolhas

26 Claire Moses, "Bill Ackman and Friends Just Dropped $91.5 Million on NYC's Second-Most Expensive Apartment Sale Ever", *Insider*, 10 de abril de 2015.

27 "A Young Bill Ackman Asks Warren Buffett and Charlie Munger a Question in 1994", YouTube, 27 de maio de 2020, vídeo, 5:12, disponível em https://youtu.be/Mp4Je5OCIZ0.

28 "Investment Manager's Report", Pershing Square Holdings, julho de 2019.

29 Tim Reason, "Who's Holding the Bag? Everyone Knows Banks Are Shedding More Risk These Days. So Where Does It Go?", *CFO Magazine*, 27 de outubro de 2005.

30 Iñaki Aldasoro e Torsten Ehlers, "The Credit Default Swap Market: What a Difference a Decade Makes", *BIS Quarterly Review*, 5 de junho de 2018.

31 Federal Reserve Bank de St. Louis, Spread ajustado por opções do ICE BofA US High Yield Index, disponível em https://fred.stlouisfed.org/series/BAMLH0A0HYM2.

32 "CDC Confirms Possible First Instance of Covid-19 Community Transmission in California", Departamento de Saúde Pública da Califórnia, 26 de fevereiro de 2020.

33 Yun Li, "It Took Stocks Only Six Days to Fall into Correction, the Fastest Drop in History", CNBC, 27 de fevereiro de 2020.

34 Julia-Ambra Verlaine e Akane Otani, "Wall Street Prepares for Another Unruly Week", *The Wall Street Journal*, 1 de março de 2020.

Capítulo 5: Vocês Precisam de Ajuda?

35 Eileen Shanahan, "Antitrust Bill Stopped by a Business Lobby", *The New York Times*, 16 de novembro de 1975.

36 Sam Mintz, "Trump Seeks to Stamp Out Airline Bailout Talk", Politico, 4 de março de 2020.

37 Lauren Hirsch e Kevin Breuninger, "Trump Signs $8.3 Billion Emergency Coronavirus Spending Package", CNBC, 6 de março de 2020.

38 Andy Thomason, "U. of Washington Cancels In-Person Classes, Becoming First Major U.S. Institution to Do So amid Coronavirus Fears", *The Chronicle of Higher Education*, 6 de março de 2020.

Capítulo 6: O Grande Desenrolar

39 Noah Higgins-Dunn, "Bill Gates: Coronavirus May Be 'Once-in-a-Century Pathogen We've Been Worried About'", CNBC, 28 de fevereiro de 2020.

40 Richard Dewey, "The Crash of '87, from the Wall Street Players Who Lived It", Bloomberg, 16 de outubro de 2017.

41 Avie Schneider e Scott Horsley, "How Stock Market Circuit Breakers Work", NPR, 9 de março de 2020.

42 Paul Vigna, Avantika Chilkoti e David Winning, "Stocks Fall More Than 7% in Dow's Worst Day Since 2008", *The Wall Street Journal*, 9 de março de 2020.

43 S. P. Kothari, Dalia Blass, Alan Cohen e Sumit Rajpal, "U.S. Credit Markets: Interconnectedness and the Effects of the COVID-19 Economic Shock", Divisão de Análise Econômica e de Risco da Comissão de Valores Mobiliários dos EUA, outubro de 2020.

44 Lucia Mutikani, "U.S. Weekly Jobless Claims Unexpectedly Fall", Reuters, 12 de março de 2020.

45 David Goldman, "Your $3 Trillion Bailout", CNN Money, 5 de novembro de 2008.

Capítulo 7: Corrida por Dinheiro

46 William Lazonick, Mustafa Erdem Sakinç e Matt Hopkins, "Why Stock Buybacks Are Dangerous for the Economy", *Harvard Business Review*, 7 de janeiro de 2020; Mark Jewell, "Stock Buybacks Finally Decline in 4Q", *The Seattle Times*, 28 de março de 2012.

47 Gillian Tan, "Hilton Draws Down $1.75 Billion Credit Line to Ease Virus Hit", Bloomberg, 11 de março de 2020.

Capítulo 8: O Dia em que o Mundo Parou

48 Sridhar Natarajan e Heather Perlberg, "Blackstone, Carlyle Urge Portfolio Companies to Tap Credit", Bloomberg, 11 de março de 2020.

Capítulo 9: Teste de Estresse

49 "Form 10-K Goldman Sachs Bdc, Inc.", Comissão de Valores Mobiliários dos EUA, 20 de fevereiro de 2020.

50 Michael Wayland, "UAW Strike Cost GM up to $4 Billion for 2019, Substantially Higher Than Estimated", CNBC, 29 de outubro de 2019.

Capítulo 10: De Castigo

51 Jamie Freed e Tracy Rucinski, "Governments Scramble to Prop Up Airlines as Virus Forces More Flight, Job Cuts", Reuters, 17 de março de 2020.

52 "American Airlines Group Reports Fourth-Quarter and Full-Year 2019 Profit", Sala de Imprensa da American Airlines, 23 de janeiro de 2020.

53 Dados fornecidos à autora pela Association of Flight Attendants.

Capítulo 11: A Cavalaria

54 Philip Rucker, Josh Dawsey e Damian Paletta, "Trump Slams Fed Chair, Questions Climate Change and Threatens to Cancel Putin Meeting in Wide-Ranging Interview with The Post", *The Washington Post*, 27 de novembro de 2018.

55 Nick Timiraos e Julia-Ambra Verlaine, "Federal Reserve Accelerates Treasury Purchases to Address Market Strains", *The Wall Street Journal*, 13 de março de 2020.

Capítulo 12: Pode Ser o Suficiente

56 Erica Werner, Mike DeBonis e Paul Kane, "Senate Approves $2.2 Trillion Coronavirus Bill Aimed at Slowing Economic Free Fall", *The Washington Post*, 25 de março de 2020.

57 Kenneth P. Vogel, Catie Edmondson e Jesse Drucker, "Coronavirus Stimulus Package Spurs a Lobbying Gold Rush", *The New York Times*, 20 de março de 2020.

58 Sebastian Pellejero e Liz Hoffman, "Bond Market Cracks Open for Blue-Chip Companies—Then Slams Shut", *The Wall Street Journal*, 18 de março de 2020.

Capítulo 14: O Inferno Está Próximo

59 Joe Nocera, "Investor Exits and Leaves Puzzlement", *The New York Times*, 29 de maio de 2009.

60 John McCrank, "Nasdaq Keeps Philadelphia Trading Floor Closed Due to Protests", Reuters, 1º de junho de 2020.

61 Justin Baer e Alexander Osipovich, "Some Asset Managers Argue Markets Should Close, NYSE Urged to Close Trading Floor", *The Wall Street Journal*, 17 de março de 2020.

62 Sebastian Pellejero e Liz Hoffman, "Bond Market Cracks Open for Blue-Chip Companies—Then Slams Shut", *The Wall Street Journal*, 18 de março de 2020.

Capítulo 15: Resgatado

63 "TSA Checkpoint Travel Numbers (Current Year Versus Prior Year(s)/Same Weekday)", Administração de Segurança dos Transportes.

64 Maegan Vazquez, "Trump Invokes Defense Production Act for Ventilator Equipment and N95 Masks", CNN, 2 de abril de 2020.

65 Kate Davidson e Bob Davis, "How Mnuchin Became Washington's Indispensable Crisis Manager", *The Wall Street Journal*, 31 de março de 2020.

66 Sam Mintz, "Democrats Look to Stave Off 'Blank Check' for Airlines", Politico, 17 de março de 2020.

67 Ben Casselman, Patricia Cohen e Tiffany Hsu, "Job Losses Soar; U.S. Virus Cases Top World", *The New York Times*, 27 de março de 2020.

Capítulo 16: Tiro do Escuro

68 Reuters Staff, "Trump Says U.S. Will Make 100,000 Ventilators in 100 Days", Reuters, 27 de março de 2020.

69 David Long, *Henry Ford: Industrialist* (Nova York: Cavendish Publishing, 2016).

70 Ruth Simon, Peter Rudegeair e Amara Omeokwe, "The Rush for $350 Billion in Small-Business Loans Starts Friday. Banks Have Questions", *The Wall Street Journal*, 2 de abril de 2020.

71 Ruth Simon, Peter Rudegeair e Amara Omeokwe, "The Rush for $350 Billion in Small-Business Loans Starts Friday. Banks Have Questions", *The Wall Street Journal*, 2 de abril de 2020.

72 Bob Davis, Ruth Simon e Peter Rudegeair, "Small Firms See Hiccups Applying for New Loans", *The Wall Street Journal*, 4 de abril de 2020.

73 Scott Horsley, "Did Emergency PPP Loans Work? Nearly $800 Billion Later, We Still Don't Know", NPR, 27 de abril de 2021.

74 Michael Faulkender e Stephen Miran, "Time for a Second Round of PPP", *The Wall Street Journal*, 17 de dezembro de 2020.

Capítulo 18: Faça o que For Necessário

75 Equipe da Reuters, "NBA, Knicks, Nets Help Donate One Million Masks", Reuters, 4 de abril de 2020.

Capítulo 20: Coloque os Aviões no Ar

76 Alison Sider, "Airlines Add Flights as Travel Slowed by the Coronavirus Starts to Pick Up", *The Wall Street Journal*, 4 de junho de 2020.

77 "Gross Domestic Product (Second Estimate), Corporate Profits (Preliminary Estimate), Second Quarter 2022", Escritório de Análise Econômica, 25 de agosto de 2022.

78 Andrew Ross Sorkin, "Were the Airline Bailouts Really Needed?", *The New York Times*, 16 de março de 2021.

Capítulo 21: A Economia YOLO

79 Saqib Iqbal Ahmed e Noel Randewich, "Say Goodbye to the Shortest Bear Market in S&P History", Reuters, 18 de agosto de 2020.

80 Rob Davies, "Apple Becomes World's First Trillion-Dollar Company", *The Guardian*, 2 de agosto de 2018.

81 Jessica Bursztynsky, "Apple Becomes First U.S. Company to Reach a $2 Trillion Market Cap", CNBC, 19 de agosto de 2020.

82 "Share of Corporate Equities and Mutual Fund Shares Held by the Top 1%", Federal Reserve Bank de St. Louis, 29 de junho de 2022; "Share of Corporate Equities and Mutual Fund Shares Held by the 90th to 99th Wealth Percentiles", Federal Reserve Bank de St. Louis, 22 de junho de 2022; Lydia Saad e Jeffrey M. Jones, "What Percentage of Americans Owns Stock?", Gallup, 12 de maio de 2022.

83 "Pfizer and BioNTech Announce Vaccine Candidate Against COVID-19 Achieved Success in First Interim Analysis from Phase 3 Study", Pfizer, 9 de novembro de 2020.

84 Ken Shimokawa, "SPAC and Equity Issuance Finish 2021 with Strong Momentum", *S&P Global Market Intelligence*, 3 de fevereiro de 2022.

Capítulo 22: Apostas

85 "What's in the $900 Billion Covid-19 Relief Bill", *The Wall Street Journal*, 27 de dezembro de 2020.

86 Jeff Cox, "Economy Sees Job Loss in December for the First Time in Eight Months as Surging Virus Takes Toll", CNBC, 8 de janeiro de 2021.

Capítulo 23: Oferta e Demanda

87 Brian Chesky (@bchesky), "2. This week I'm in Atlanta. I'll be coming back to San Francisco often, but for now my home will be an Airbnb somewhere", Twitter, 18 de janeiro de 2022.

88 Sara Ashley O'Brien, "Airbnb Says Staffers Can Work Remotely Forever, If They Want", CNN Business, 28 de abril de 2022.

89 Peter Grant, "People Are Going Out Again, but Not to the Office", *The Wall Street Journal*, 14 de fevereiro de 2022.

90 Jack Kelly, "Morgan Stanley CEO James Gorman on His Return-to-Work Plan: 'If You Can Go to a Restaurant in New York City, You Can Come into the Office'", *Forbes*, 15 de junho de 2021.

91 Jenna Goudreau, "Back to the Stone Age? New Yahoo CEO Marissa Mayer Bans Working from Home", *Forbes*, 25 de fevereiro de 2013.

92 Jerry Useem, "When Working from Home Doesn't Work", *The Atlantic*, 15 de agosto de 2017.

93 John Harwood, *The Interface: IBM and the Transformation of Corporate Design, 1945–1976* (Minneapolis: Quadrant, 2011).

94 Heather Long, "U.S. Now Has 22 Million Unemployed, Wiping Out a Decade of Job Gains", *The Washington Post*, 16 de abril de 2020.

Capítulo 24: A Grande Renúncia

95 Mike Colias, "Ford Swings to a Loss, Misses Analysts' Profit Estimates", *The Wall Street Journal*, 23 de janeiro de 2019.

96 "Table 10. Quits Levels and Rates by Industry and Region, Not Seasonally Adjusted", Escritório de Estatísticas Trabalhistas dos EUA, 30 de agosto de 2022.

97 Alex Miller, "A&M Professor Who Predicted 'Great Resignation' Explains Potential Factors of Why Theory Came True", *The Eagle*, 8 de janeiro de 2022.

98 Abha Bhattarai, "Macy's Offers Corporate Workers a 'Valuable Opportunity': In-Store Shifts", *The Washington Post*, 17 de novembro de 2021.

99 "Union Election Petitions Increase 57% in First Half of Fiscal Year 2022", Conselho de Relações Trabalhistas do EUA, 6 de abril de 2022.

Conclusão

100 "The Black Death in the Malthusian Economy", Blog do FRED, 3 de dezembro de 2018.

101 William Deverell, "Warren Harding Tried to Return American to 'Normalcy' After WWI and the 1918 Pandemic. It Failed", *Smithsonian Magazine*, 19 de maio de 2020.

ÍNDICE

SOBRE A AUTORA

Liz Hoffman é editora de negócios e finanças da *Semafor.* Ela passou nove anos no *Wall Street Journal,* saindo em 2022, e trabalhou como repórter sênior, cobrindo temas como mercados financeiros, negociações corporativas e as manobras de Wall Street. Natural da região central da Pensilvânia, ela se formou na Tufts University e na Medill School of Journalism da Northwestern University. Atualmente, ela mora no Brooklyn.

Este livro foi impresso nas oficinas gráficas da Editora Vozes Ltda.,
Rua Frei Luís, 100 – Petrópolis, RJ.